DIETER STIEFEL

Arbeitslosigkeit

Schriften zur Wirtschafts- und Sozialgeschichte

In Verbindung mit Rudolf Braun, Otto Büsch und Peter Czada
herausgegeben von Wolfram Fischer

Band 31

Arbeitslosigkeit

Soziale, politische und wirtschaftliche
Auswirkungen – am Beispiel Österreichs
1918 – 1938

Von

Dr. Dieter Stiefel

DUNCKER & HUMBLOT / BERLIN

Gedruckt mit Unterstützung des Bundesministeriums
für Wissenschaft und Forschung in Wien

Gedruckt 1979 bei Buchdruckerei A. Sayffaerth - E. L. Krohn, Berlin 61
Printed in Germany

ISBN 3 428 04434 7

Längere A. bringt der Arbeiterbevölkerung die Gefahr des materiellen und moralischen Ruins. Die Mehrzahl der Menschen wird durch den regulären Gang der Beschäftigung und des Einkommens auf dem Wege des Guten gehalten, sie strauchelt, sobald dieser Gang unterbrochen wird und die Not an der Türe pocht. Die besten Charaktere erweisen sich schwach gegenüber dieser Gewalt. Auf Viele wirkt es schon sehr abstumpfend, wenn sie infolge längerer A. almosengenössig werden. Die unverheirateten Arbeitslosen geraten leicht ins Wandern, gewöhnen sich ans Nichtstun und Betteln, kommen in den Kleidern herunter, verfallen dem Alkoholgenuß und der Unreinlichkeit und sinken so allmählich in die Klasse der Stromer und Vagabunden, um nicht selten als Verrbecher zu enden. Die unverheirateten weiblichen Arbeitslosen verfallen leicht der Prostitution. Auch die verheirateten Arbeitslosen und mit ihnen ihre Familien verkommen. Der Mann, der wochenlang nichts zu tun hat, wird zum Müßiggänger; oft ist es in solcher Lage nur noch die Frau, welche die Familie und den Mann durch ihre Arbeit erhält, und auch das wirkt leicht demoralisierend auf den Mann. Reicht das von der Frau Verdiente nicht aus, sind die allenfalls vorhandenen kleinen Ersparnisse verzehrt, dann kommen Schulden für die nötigsten Bedürfnisse des Lebens und Mietzinsrückstände und schließlich, wenn der Kredit erschöpft ist, die bitterste Not. Tritt noch Wohnungslosigkeit ein, dann ist der vollständige Zerfall gegeben. Mutlos geworden lassen sie sich gehen und fallen schließlich auf der abschüssigen Bahn allmählichen Verkommens, nicht selten aber auch krank und elend geworden dauernd der Gemeinde zur Last. Manchmal endet aber, ehe es so weit kommt, die durch die A. und Not zur Verzweiflung gebrachte Familie unter erschütternden Szenen in gemeinsamem Tod. Die Arbeitslosen werden leicht irre an der bestehenden Ordnung. Die große Zahl der aus ihnen hervorgehenden Deklassierten und Arbeitsscheuen wird eine öffentliche Gefahr. In den großen Städten bringt der Winter nicht selten bedenkliche Demonstrationen der Arbeitslosen. Bei fast allen Revolutionen wirkte die A. als treibende Kraft mit. 1830 waren es in Paris Arbeitslose, die den Straßenkampf begannen, der Pariser Juniaufstand 1848 war ausschließlich eine Rebellion der Arbeitslosen, die Pariser Kommune von 1871 hing enge mit der Beschäftigungslosigkeit der Arbeiter und Kleinbürger zusammen.

Die Folgen der Arbeitslosigkeit,
Wörterbuch der Volkswirtschaft,
Jena 1911, S. 194

Inhaltsverzeichnis

Einleitung

Diese Arbeit macht den Versuch, das Problem der Arbeitslosigkeit von der wirtschaftlichen und politischen Problematik und von den sozialen Folgen her zu untersuchen. Als zeitlicher Rahmen wurde die Zwischenkriegszeit gewählt, da in diesen zwei Jahrzehnten wie wohl kaum sonst die Arbeitslosigkeit zu einem wirtschaftlichen und gesellschaftlichen Problem ersten Ranges wurde. Das Hauptaugenmerk lag hierbei auf Österreich, nicht nur, da in diesem Land die Arbeitslosigkeit anhaltend hoch war, sondern vor allem, da auf Grund der Erhebungen der Arbeiterkammern und der Untersuchungen von Lazarsfeld die Datengrundlage hier wohl um einiges günstiger zu sein schien, als in den meisten anderen Ländern.

Die Betrachtung auf Österreich allein zu beschränken erwies sich aber weder sinnvoll noch möglich. Auch oder gerade in der Zwischenkriegszeit war die Arbeitslosigkeit ein internationales Problem, ihre Auswirkungen und Ursachen weder auf ein einzelnes Land beschränkt, noch von einem einzelnen Land her allein zu verstehen. Selbst bei der sehr eigenständigen politischen Szene in Österreich war die politische Auseinandersetzung um die Arbeitslosigkeit letztlich doch ein Widerstreit der verschiedenen — liberalen, christlichsozialen, sozialistischen — Wirtschaftsauffassungen, die in ganz Europa vor sich ging. Und selbst der Maßnahmenkatalog gegen die Arbeitslosigkeit entsprach in Österreich grundsätzlich dem der meisten anderen industrialisierten Länder und wurde zum Teil, vor allem von Deutschland, sogar direkt übernommen. Vor allem aber die sozialen Folgen der Arbeitslosigkeit waren nicht oder nur kaum von den Eigenheiten der einzelnen Länder abhängig, sondern vom bestehenden Wirtschaftssystem selbst. Für die Untersuchung der sozialen Folgen muß dies sogar ausdrücklich als Prämisse formuliert werden. Denn neben den österreichischen Erhebungen wurden auch Einzeluntersuchungen aus anderen Ländern herangezogen, vor allem Deutschland, Großbritannien und den USA, um sie an den in Österreich belegbaren Verhältnissen zu überprüfen, zu verifizieren oder in Frage zu stellen.

Im Mittelpunkt dieser Arbeit steht demnach das Problem der Arbeitslosigkeit, wenn auch gerade die Verhältnisse in Österreich genau durchleuchtet werden. Diese Arbeit will daher österreichische politische Geschichte und österreichische Wirtschafts- und Sozialgeschichte darstellen. Sie will aber gleichzeitig eine Art Fallstudie für das Problem der Arbeitslosigkeit sein.

Wien 1978 *Dieter Stiefel*

Was ist „Arbeitslosigkeit"?

Nach einer Periode scheinbar endlos andauernder Vollbeschäftigung ist die Arbeitslosigkeit in der Gegenwart in vielen Ländern wieder zu einem nicht unerheblichen Problem geworden. Nachdem heute wieder einige Millionen Menschen davon betroffen sind, könnte man doch annehmen, daß wir einigermaßen klare Vorstellungen über das Wesen der Arbeitslosigkeit haben. Es scheint daher fast müßig nach dem Inhalt dieses Begriffes zu fragen. Dennoch ist die ganze vorliegende Studie letztlich der Versuch eine Antwort darauf zu geben, was Arbeitslosigkeit eigentlich ist. Da diese Antwort an einem konkreten, historisch und räumlich begrenzten Beispiel versucht wird — mit all den Vor- und Nachteilen, die damit verbunden sind — scheint es aber doch sinnvoll, anfangs auch auf einige allgemeine Merkmale des Begriffs der Arbeitslosigkeit einzugehen.

Zuerst und vor allem ist es ein Merkmal der „modernen" Arbeitslosigkeit, daß sie das Resultat objektiver Verhältnisse einer arbeitsteilig organisierten Marktwirtschaft ist. Sie ist damit weitgehend unabhängig von persönlichen Eigenschafen. Bei subjektiven Ursachen, wie Arbeitsunlust etc., liegt keine echte Arbeitslosigkeit vor, da hier ein wirkliches Angebot der Arbeit fehlt. Arbeitslosigkeit kann daher als Nicht-Inanspruchnahme der auf dem Arbeitsmarkt angebotenen menschlichen Arbeitskraft definiert werden[1]. Sie ist vom Markt und vom Marktmechanismus her zu verstehen und man kann daher nur dort wirklich von Arbeitslosigkeit sprechen, wo die menschliche Arbeitskraft marktmäßig angeboten wird. In diesem Sinne kann Arbeitslosigkeit mit Stellenlosigkeit gleichgesetzt werden, bedingt zumeist auch Erwerbslosigkeit und, wie diese Arbeit zeigen wird, in vielen Fällen auch Beschäftigungslosigkeit. Damit ist eine Begrenzung der Arbeitslosigkeit auf unselbständig Erwerbstätige gegeben, auf lohnabhängige Personen, die zwar rechtlich frei, wirtschaftlich aber auf die Fremdverwertung ihrer Arbeitsleistung als einziges Mittel der Existenzsicherung angewiesen sind. Somit ist die

[1] Die folgenden Überlegungen zum Begriff der Arbeitslosigkeit basieren im wesentlichen auf: Eduard Willeke, Über Wesen und Begriff der Arbeitslosigkeit, Arbeit und Beruf, 1927, S. 3; und Eduard Willeke, Arbeitslosigkeit, Handwörterbuch der Sozialwissenschaften, Göttingen 1956, S. 305 ff.; Benno Kral, Ist Arbeitslosigkeit gleichbedeutend mit Erwerbslosigkeit?, Arbeit und Beruf 1929, S. 259; Einen kurzen Abriß über die geschichtliche Entwicklung der Arbeitslosigkeit gibt etwa P. Martell, Zur Geschichte der Arbeitslosigkeit, Arbeit und Beruf, 1933, S. 337.

Arbeitslosigkeit als regelmäßige Massenerscheinung mit der kapitalistischen Wirtschaftsordnung verbunden und ergibt sich aus der Marktwirtschaft. In diesem Wirtschaftssystem ist sie ein objektiver Tatbestand, der als Mangel an Arbeitsgelegenheit, bzw. an Arbeitsnachfrage die lohnabhängigen Arbeitskräfte in Form eines Gruppenschicksals bedroht. Denn nur im industriell-kapitalistischen Wirtschaftssystem ist Arbeitslosigkeit als Freisetzung lohnabhängiger Arbeitskräfte eine marktwirtschaftliche Normalerscheinung[2].

In der Praxis gibt es eine gebräuchliche, wenn auch ungenaue Unterteilung der Arbeitslosigkeit von den Ursachen her. Einmal die Fluktuationsarbeitslosigkeit, die sich aus dem Wechsel der Arbeitsplätze ergibt. Sie ist ein Zeichen der Mobilität der Arbeitnehmer, relativ gering und eher ein Merkmal wirtschaftlich günstiger Zeiten. Sodann die saisonale Arbeitslosigkeit, welche durch die Abhängigkeit mancher Arbeiten von bestimmten Jahreszeiten bestimmt wird. Sie ist für manche Bereiche, wie etwa der Bauwirtschaft, durchaus ein Problem, gesamtwirtschaftlich gesehen aber vor allem auf Grund ihrer Vorhersehbarkeit keine echte Beunruhigung. Die wirklichen Probleme ergeben sich vor allem aus der konjunkturellen und mehr noch aus der strukturellen Arbeitslosigkeit. Ihnen soll auch bei der Betrachtung der Zwischenkriegszeit das Hauptaugenmerk gelten. Beide sind eng miteinander verbunden und oft schwer voneinander zu unterscheiden. Die konjunkturelle Arbeitslosigkeit tritt als Folge der Konjunkturzyklen, der unregelmäßigen wirtschaftlichen Entwicklung in den industrialisierten Ländern auf. So hatte etwa die Welwirtschaftskrise — soweit es sich dabei um eine konjunkturelle Krise handelte — die bereits bestehende kritische Arbeitsmarktlage noch erheblich erschwert. Bei einer Besserung der konjunkturellen Lage müßte die konjunkturelle Arbeitslosigkeit an sich, per definitionem, wieder zurückgehen. Sonst handelt es sich um eine strukturelle Arbeitslosigkeit. Sie ist eben dadurch gekennzeichnet, daß ihre Ursachen in der Wirtschaftsstruktur, bzw.in Strukturänderungen liegen und sie auch bei einem Wirtschaftsaufschwung bestehen bleibt[3]. So blieb etwa in Österreich auch in den konjunkturell zum Teil günstigen Zwanzigerjahren die Arbeitslosigkeit nicht nur bestehen, sondern stieg sogar noch an. Bei dieser wohl ernstesten Form der Arbeitslosigkeit spielen technologische Entwicklungen und Innovationen eine große Rolle. Aber auch andere ökonomische Faktoren, wie Nachfrageverschiebungen oder, wie wohl in besonderem Ausmaß in der Zwischenkriegszeit, politische Einflüsse und Beschränkungen. Die konkrete Unterscheidung der verschiedenen Arten der Arbeitslosigkeit ist aber schwierig und kompliziert sich noch wesentlich durch die sogenannte „unsicht-

[2] Eduard Willeke, Über Wesen und Begriff, S. 4.

[3] Eduard Willeke, Arbeitslosigkeit, S. 309.

bare“ Arbeitslosigkeit, die nicht nur statistische nicht erfaßte Arbeitslose, sondern auch Kurzarbeit und Unterbeschäftigung umfaßt.

Die Frage, bis zu welchem Ausmaß die Arbeitslosigkeit für ein Land noch erträglich ist, ist eine politische, zum Teil auch eine historische Frage. Die Antworten hierüber sind spärlich. In den Fünfzigerjahren hat Eduard Willeke, einer der führenden deutschen Arbeitsmarktpolitiker, diese „kritische Schwelle“ bei einer Arbeitslosenquote von 5 % angegeben (Arbeitslose im Verhältnis zur Zahl der Arbeitnehmer inc. Arbeitslose). Bis zu dieser Grenze sieht er die Arbeitslosigkeit als ökonomisch noch nicht allzugroßen Verlust und sozial durch Unterstützungen noch zu meistern[4]. Bis zu dieser Quote kann man auch noch von Vollbeschäftigung sprechen, die subjektiv definiert wird, als Gewißheit des Einzelnen, jederzeit einen angemessenen Arbeitsplatz zu erhalten[5]. Darüber hinaus ist Arbeitslosigkeit in ökonomischer Hinsicht ein Verlust, eine Verschwendung, da das gegebene Leistungspotential nicht ausgenützt wird und das Sozialprodukt unter dem möglichen, erreichbaren Niveau bleibt. Darüber hinaus bedeutet Arbeitslosigkeit nicht nur Erwerbslosigkeit, sondern auch eine Erschwerung der gesellschaftlichen Integration des Einzelnen, welche in der Industriegesellschaft über Beruf und Arbeitsplatz erfolgt. Als Dauerzustand und Massenerscheinung ist daher Arbeitslosigkeit nicht nur ein Vorwurf, sondern eine ständige Infragestellung des Wirtschaftssystems an sich, das diesen Zustand bedingt und zuläßt.

---

[4] Eduard Willeke, Arbeitslosigkeit, S. 310.

[5] Definition nach: J. Bergmann, Neues Lohnbewußtsein und Septemberstreiks, in: Kritisches Jahrbuch 1972, Frankfurt 1972, S. 176.

I. Wirtschaftliche Ursachen und Ausmaß der Arbeitslosigkeit in der Zwischenkriegszeit

1931 ging eine Geschichte durch die Zeitungen: Das Kind des Arbeitslosen fragt die Mutter: „Warum heizen wir nicht?" — „Weil es keine Kohle gibt." — „Warum haben wir keine Kohle?" — „Weil der Vater arbeitslos ist." — „Warum ist der Vater arbeitslos?" — „Weil es zuviel Kohle gibt[1]." Man stand vor einem Rätsel: dem Rätsel der Arbeitslosigkeit. Während der Fortschritt der Technik ständig neue und mühelosere Wege der Güterbeschaffung eröffnete, waren dennoch 1932 mehr als 20 Millionen Menschen in den Industrieländern der Not und Dürftigkeit preisgegeben, da sie keine Arbeit finden konnten. Kannte die Menschheit in früheren Epochen nur eine Wirtschaftsnot aus Gütermangel, so zeigte sich in der modernen Wirtschaft das fruchtbare Paradoxon einer Not im Überfluß[2]. Die Räder der Wirtschaft griffen offenbar nicht mehr ineinander. Kapital und Arbeitsmöglichkeiten waren vorhanden, ein Konsumwille ohne Zweifel auch gegeben und dennoch befand sich die Wirtschaft in einer beispiellosen Verstrickung und konnte die vorhandenen Voraussetzungen nicht miteinander in entsprechenden Kontakt bringen. Im marxistischen Lager sprach man bereits ganz unverhohlen von der „Todeskrankheit des Kapitalismus"[3], mehr rechts stehende Nationalökonomen stellten der „Krise des Kapitalismus" die These von der „Überorganisation", von der „Fesselung" und der „Entartung des Kapitalistischen Wirtschaftssystems" entgegen[4].

Zumeist wird die Arbeitslosigkeit in der Zwischenkriegszeit im Zusammenhang mit der Weltwirtschaftskrise genannt. Tatsächlich war sie eines der auffälligsten Merkmale dieser großen Wirtschaftsdepression und erreichte 1932/33 ihren Höhepunkt. Doch die Weltwirtschaftskrise allein ist nur eine unzureichende Erklärung für die Arbeitslosigkeit in

---

[1] Ernst Wagemann, Struktur und Rhythmus der Weltwirtschaft, München 1932, S. 3.

[2] Josef Dobretsberger, Katholische Sozialpolitik am Scheideweg, Graz 1946, S. 17; Zum Problem der Weltwirtschaftskrise insbesondere von der Finanz- und Währungsseite her siehe: Charles P. Kindleberger, Die Weltwirtschaftskrise, München 1973.

[3] Rudolf Roth, Lohnpolitik und Arbeitslosigkeit, Wochenschrift des Niederösterreichischen Gewerbevereins, 1931, S. 251.

[4] Vgl. Michael Saitzew, Die Arbeitslosigkeit der Gegenwart, Schriften des Vereins für Sozialpolitik, Erster Teil, München 1932, S. 83.

der Zwischenkriegszeit, ebenso wie ihre speziellen Ursachen noch nicht die Weltwirtschaftskrise erklären. Denn schon in den Zwanzigerjahren war eine in ihrer Grundtendenz zunehmende Arbeitslosigkeit eines der ernstesten wirtschaftlichen Probleme der meisten Industrieländer. Wohl waren die Ursachen dieser Entwicklung durchaus Teil der Bedingungen, die letztlich zur Weltwirtschaftskrise führen sollten: politische und wirtschaftliche Folgen des Ersten Weltkrieges, Auswirkungen der Rationalisierungsbestrebungen und zu geringe Kaufkraft, ihre Bedeutung für die strukturelle Arbeitslosigkeit war aber unterschiedlich, zum Teil in der Art, vor allem aber in der Gewichtung.

Bereits die direkten Folgen des I. Weltkrieges — neue Staatsgrenzen, Reparationszahlungen, Abrüstung in den besiegten Staaten, etc. — waren wohl kaum wirtschaftsfördernd gewesen. Dennoch herrschte 1918 in Europa die Hoffnung vor, wirtschaftlich an die Verhältnisse vor dem I. Weltkrieg anknüpfen zu können und wieder zur Tagesordnung überzugehen. Die wirtschaftlichen und politischen Veränderungen ließen aber das Bemühen, zu den „idealen" Bedingungen der Vorkriegszeit zurück zu gelangen, von vornherein fast aussichtslos erscheinen. Denn der Weltkrieg hatte auch einen Wandel der wirtschaftlichen Verhältnisse bewirkt, den man mit Strukturänderungen des Weltmarktes und Protektionismus umschreiben kann. Vor allem das Bestreben der Kolonien und halbkolonialen Gebiete nach verstärkter wirtschaftlicher Selbständigkeit war begünstigt worden und große ehemalige Absatzgebiete der europäischen Industrie, vor allem Rußland, schieden 1918 aus dem internationalen Warenverkehr weitgehend aus. Es gab Schätzungen, denen zufolge Europa nach dem Weltkrieg etwa ein Fünftel seines Anteils am Weltmarkt verloren hatte[5]. Diese Strukturänderungen wogen schwer, da sie sich nicht allmählich, wie erwartet, sondern überaus schnell vollzogen hatten; und sie wogen noch um so schwerer, als sie in eine Zeit einer „beispiellosen Zerrissenheit und sinnlosen gegenseitigen Bekämpfung der Länder des Altkapitalismus auf politischem und wirtschaftlichem Gebiet"[6] fielen. Doch auch die europäischen Länder schränkten ihren Markt zusehends ein. Statt weltweiter Freizügigkeit vermehrten sich die Hindernisse im internationalen Handels- und Kapitalverkehr. Die zwischenstaatliche Wanderung der Arbeitskräfte wurde erschwert und zum Teil sogar fast völlig unmöglich gemacht. Mit dem Wiederaufleben des Autarkiegedankens gewann eine protektionistische, auf Schutzzoll aufgebaute Wirtschaftspolitik überhand, die aber gleichzeitig bestrebt war, den eigenen Export zu erhöhen. Ein zeitgenössischer Volkswirt sprach von einem „Zeitalter des Neomer-

[5] Nach Wl. Woytinsky, zitiert bei: Johann Schorsch, Wirtschaftskrise und Arbeitslosigkeit, Arbeit und Wirtschaft, 1930, S. 922.

[6] Michael Saitzew, S. 53.

kantilismus“[7], das an Einsichtslosigkeit den alten Merkantilismus noch weit übertraf und durch ein „System planmäßig organisierter Kapitalfehlleitung“ hinter hohen Zollmauern nationale Industrien errichtete. So entsprachen die wirtschaftlichen Gegebenheiten der Zwanzigerjahre durchaus nicht mehr den noch immer tief verwurzelten wirtschaftlichen Vorstellungen von der freien Verkehrswirtschaft. Zusätzlich war der Weltmarkt auch von der finanziellen Seite her desorganisiert, führungslos. Großbritannien, das so lange die Rolle des Bankiers der Welt gespielt hatte, war dazu nach 1918 nicht mehr in der Lage und die Vereinigten Staaten, auf die Europa hoffnungsvoll blickte, waren nicht gewillt, diese Rolle zu übernehmen.

Doch die Strukturveränderungen betrafen nicht nur den Außenhandel, sondern auch den Inlandsmarkt. In den Zwanzigerjahren kam es verstärkt zu Entwicklungen, die als Tendenz zum Monopolkapitalismus bezeichnet wurden. Das Idealbild des freien Wettbewerbes auf allen Märkten wich mehr und mehr der Monopolisierung der Interessen, sowohl auf Unternehmens- wie auf Arbeitnehmerseite. Die verstärkten Unternehmenskonzentrationen und Kartellbildungen in den Zwanzigerjahren übten in manchen Bereichen auf Produktion und Absatz einen annähernd monopolartigen Einfluß aus und bewirkten eine „Ausschaltung oder wesentliche Schwächung der Selbstregulierung der Wirtschaft durch den freien Markt[8]“. Auf der anderen Seite war durch die Stärkung der Gewerkschaften und durch das Instrument des Kollektivvertrages auch der Verkauf der Ware „Arbeit“ weitgehend monopolisiert. Es entsprach durchaus der grundsätzlichen Politik der Gewerkschaften, die Selbstregelung der Wirtschaft im kapitalistischen Sinn nicht mehr so ohne weiteres zu akzeptieren oder die traditionelle Vorstellung, Krisen durch Lohnsenkung und Arbeitszeitverlängerung zu überwinden, gut zu heißen. „Man übersieht hierbei nicht nur die Problematik dieses Mittels, sondern auch, daß die Anwendung dieses Mittels heute nicht mehr möglich ist“ führte ein leitender Gewerkschaftsfunktionär aus, „Die organisierte Arbeiterschaft läßt die Kapitalisten dieses bequeme Mittel nicht mehr anwenden. Sie stört durch ihren Widerstand den kapitalistischen Mechanismus, daher die Ratlosigkeit des kapitalistischen Europa gegenüber der Krise[9].“

Und letztlich ergaben sich auch wesentliche Strukturänderungen auf der Produktionsseite. Im Zusammenhang mit dem technischen und be-

[7] Michael Saitzew, S. 51; Derek H. Aldcroft, From Versailles to Wall Street 1919 - 1929, London 1977.

[8] Michael Saitzew, S. 69.

[9] Hans Bujak, Arbeitsmarkt und Gütermarkt, Arbeit und Wirtschaft, 1926, S. 275; zum Problem der Löhne: Wilhelm Grotkopp, Die große Krise. Lehren aus der Überwindung der Wirtschaftskrise 1929/32, S. 15 und Peter Temin, General-Equilibrium Models in Economic History, Journal of Economic History 31, 1971, S. 67.

triebswirtschaftlichen Fortschritt mühten sich die Unternehmen, die erschwerten Absatzbedingungen von der Produktionsseite her über Rationalisierung zu kompensieren. Dadurch kam es in den Zwanzigerjahren zu einer Rationalisierungswelle, deren Tempo für den zeitgenössischen Beobachter geradezu beängstigend war[10]. Auch die Gewerkschaften konnten und wollten sich dieser Entwicklung nicht entgegenstellen. Der Theorie der Kompensation entsprechend sahen sie in technischem Fortschritt und Rationalisierung, trotz der großen Opfer, die diese ihr auflegte, langfristig ein Mittel der Arbeitsbeschaffung[11]. Bedenken bestanden allerdings wegen des ungewöhnlichen Tempos der Rationalisierung in den Zwanzigerjahren, wobei vor allem Kartellen und Trusts die Tendenz zugesprochen wurde, den technischen Fortschritt zu schnell werden zu lassen[12]. Vor allem die Frage, in wie weit privatwirtschaftlich vielleicht noch sinnvolle Rationalisierungen unter den Bedingungen einer hohen Arbeitslosigkeit nicht doch zu einer Belastung der Volkswirtschaft werden konnte, wurde diskutiert. Denn die wirtschaftlichen Auswirkungen der Rationalisierung blieben zum großen Teil unbefriedigend. Im Zusammenhang mit der national orientierten Wirtschaftspolitik wurden Produktionsanlagen erneuert und erweitert und um der günstigen Stückkosten Willen wurden möglichst große Kapazitäten geschaffen, die selbst in guten Jahren nicht ausgenutzt werden konnten. Denn die Vervielfachung der Leistungsfähigkeit der Erzeugungsstätten wurde ohne Berücksichtigung der Absatzmöglichkeiten geschaffen. Der Absatz war dann auch nicht wie erwartet, die Auslastung der Produktionsanlagen unbefriedigend und Stückkosten und Rentabilität erreichten nicht den erhofften Stand. Über die daraus folgenden Betriebseinschränkungen stieg auch die Arbeitslosigkeit. Was daher die einzelnen Unternehmen durch Rationalisierung und Freisetzung von Arbeitskräften einzusparen versuchten, hatte die Allgemeinheit, wenn die dadurch Entlassenen nicht anderswo unterkommen konnten, vor allem über die Arbeitslosenunterstützung wieder aufzuwenden. Gesamtwirtschaftlich hatte man daher auf der einen Seite erspart, was man auf der anderen Seite wieder ausgeben mußte. Denn den Verbesserungen auf der produktionstechnischen Seite waren nur in unzulänglichem Maße andere ökonomische und gesellschaftliche Änderungen gefolgt. Wohl erhöhten sich die Masseneinkommen in den Zwanzigerjahren in gewissem Rah-

[10] Otto Bauer sprach von einer Investitionskonjunktur, die Kapazitäten schuf, die trotz der steigenden Löhne in keinem Verhältnis zur Nachfrage und Kaufkraft stand, in: Die Wirtschaftskrise in Österreich, Wien 1924, S. 80. Vgl. auch: Franz Slyvetinsky, Ist die Rationalisierung Schuld an der Krise, Wien 1931.

[11] Po-jk, Soziale Fragen der Rationalisierung, Österreichischer Volkswirt, Bd. 1, 1927/28, S. 1165.

[12] Vor allem Emil Lederer, Technischer Fortschritt und Rationalisierung, Tübingen 1931, S. 4 ff.

men und die langerkämpfte 48-Stunden-Arbeitswoche wurde in den meisten europäischen Ländern nach dem Ersten Weltkrieg Wirklichkeit. Dies alles stand aber in keinem Verhältnis zu der erhöhten Produktionsmöglichkeiten, sowohl im industriellen wie im agrarischen Bereich. Was versagte, was daher nicht in ausreichendem Maße vorhanden, bzw. geschaffen worden war, war die Konsumkraft.

Eine entscheidende Verstärkung erfuhr die problematische wirtschaftliche Entwicklung in der Zwischenkriegszeit durch die Ignorierung dieser strukturellen Veränderungen von seiten der Wirtschaftspolitik, was sich vor allem in der Weltwirtschaftskrise entscheidend auswirkte. Trotz Hoch- und Schutzzölle, Beschränkungen des Weltmarktes, Monopolisierungstendenzen und Staatsintervention blieb die bestehende liberale Wirtschaftsauffassung weitgehend intakt und die Diskrepanz zu den in den Zwanzigerjahren herangereiften Veränderungen wurde immer größer. Die große Mehrheit der wirtschaftlich führenden Persönlichkeiten handelte, als ob sie sich in einer liberalen Marktwirtschaft bewegen würden und trat mit der Auffassung der Weltwirtschaftskrise entgegen: „Der Kapitalismus kennt aber keine ausweglose Krise, jede Krise trägt ihr Heilmittel in sich[13]." Die 1930 noch weitgehend gültige Ansicht der Krisenbekämpfung ging daher dahin, durch eine Senkung der Preise vor allem über die Löhne wieder zu einer Art Gleichgewicht mit der Konsumkraft zu gelangen, das als Ausgangspunkt zu einer neuerlichen wirtschaftlichen Belebung angesehen wurde[14]. Mit diesem, zu den veränderten Gegebenheiten in Konflikt stehenden wirtschaftlichen Handlungsrahmen, geriet man nach 1929 immer mehr in einen circulus vituosus: Die Arbeitslosigkeit war durch die unzureichende Konsumkraft bedingt, bewirkte aber ihrerseits wieder eine abnehmende Konsumkraft und damit neuerlich wieder Absatzrückgang und Arbeitslosigkeit. So war die Wirtschaft in einen unheilvollen Zirkel geraten, der scheinbar nur die Aussicht auf einen fortgesetzten Schrumpfungsprozeß eröffnete[15]. „Es ist ein tragisches Verhängnis", schrieb 1930 ein Vertreter der Gewerkschaften, „daß unsere Wirtschaftsführer und die anderer Länder eingesponnen in das Dogma der Unfehlbarkeit der kapitalistischen Wirtschaftsordnung nicht sehen und nicht sehen wollen, wohin die Entwicklung treibt. Sie predigen nach wie vor die Rettung durch Erniedrigung der Löhne und Gehälter, Verlängerung der Arbeitszeit, Abbau der sozialen Einrichtungen und setzen ihre ganze Hoffnung auf Export, den sie nebenher durch eine wahnsinnige Hochschutzzollpolitik

---

[13] Benedikt Kautzsky, Wirtschaftliche Entwicklung und Berufsberatung, Arbeit und Beruf, 1930, S. 480.

[14] Vgl. Gerhardt Albrecht, Arbeitsmarkt und Arbeitsmarktpolitik, Wörterbuch der Volkswirtschaft, Jena 1911, S. 176 f.

[15] Arbeitsbeschaffung in Krisenzeiten, Preisausschreiben der österreichischen Völkerbundliga, Wien 1933, S. 7.

noch unter das gegebene Maß einschränken[16]". Die Gewerkschaften, die durch die Arbeitslosigkeit besonders betroffen waren, gehörten daher in vielen Ländern zu den ersten, die eine Neuorientierung der Wirtschaftspolitik verlangten und die Forderung erhoben: „Neue Wege müssen gesucht werden, die abseits führen von den bisherigen Methoden[17]." Praktisch alle ihre Vorschläge — Erhöhung der Einkommen, Arbeitsbeschaffung, Verkürzung der Arbeitszeit, etc. — basierten auf der Unterkonsumtionstheorie, die von der Auffassung ausging: „Die ununterbrochen steigende Arbeitslosigkeit, die immer größer werdende Unmöglichkeit, die vorhandenen Erzeugungsstätten auszunutzen, kann nicht mit gleichbleibender oder noch eingeschränkter Konsumfähigkeit der großen Masse der Bevölkerung bekämpft werden[18]." Die Überwindung der Krise wurde daher nur durch eine Verstärkung der Kaufkraft, einer Erhöhung der Löhne und Gehälter und einer Verkürzung der Arbeitszeit für möglich angesehen, die mit einer Vermehrung der Arbeitsmöglichkeiten gleichgesetzt wurde. Eine Wirtschaftsauffassung, die mit zunehmender Wirtschaftskrise an Bedeutung und Anerkennung gewann und in einigen Ländern nach 1933, wenn auch in zum Teil sehr modifizierter Form, zur Überwindung der Krise und Arbeitslosigkeit beitrug.

Alle die angedeuteten Ursachen der Arbeitslosigkeit trafen auch, ja sogar in verstärktem Maße, für Österreich zu. Der Weltkrieg hatte die Auflösung des großen Wirtschaftsgebietes der Habsburgermonarchie zur Folge gehabt und die neuen Staaten begannen hinter hohen Zollmauern eine eigene Volkswirtschaft aufzubauen. Dem politischen Auseinanderfallen der österreichisch-ungarischen Monarchie folgte die wirtschaftliche Desintegration. Das wirtschaftliche Erbe der Ersten Österreichischen Republik war zwar keineswegs ungünstig ausgefallen, aber unausgewogen. Die wirtschaftliche Struktur war auf das gesamte Gebiet der ehemaligen Monarchie ausgerichtet und mußte sich den neuen Verhältnissen erst anpassen. Wichtige industrielle Bereiche, vor allem die Eisen- und Metallindustrie, aber auch der Dienstleistungssektor waren unter den veränderten wirtschaftlichen Gegebenheiten weit überproportioniert und gezwungen, ihre wirschaftliche Tätigkeit erheblich einzuschränken. Das zog den Abbau einer großen Zahl von Arbeitern und Angestellten nach sich. Allein auf dem Bankensektor reduzierte sich die Zahl der Beschäftigten von 1922 — dem inflationsbedingten Höchststand — bis 1930 auf ein Drittel[19]. Vor allem aber die staatliche Verwaltung, die in der Monarchie in Wien ihren Schwerpunkt hatte, sah sich zu er-

---

[16] Johann Schorsch, Wirtschaftskrise und Arbeitslosigkeit, Arbeit und Wirtschaft, 1930, S. 922.

[17] Johann Schorsch, S. 923.

[18] Johann Schorsch, S. 924.

[19] Benedikt Kautszky, Wirtschaftliche Entwicklung und Berufsberatung, S. 477.

heblichen Einschränkungen gezwungen. Im Zusammenhang mit Budgetsanierung und Völkerbundanleihe wurden an die 100 000 Beamte abgebaut.

Die „Zerreißung“ des alten Wirtschaftsgebietes wurde in Österreich besonders schmerzhaft empfunden. Hierin sah man allgemein die Hauptursache der wachsenden strukturellen Arbeitslosigkeit des Landes. Otto Bauer drückte daher durchaus die herrschende Ansicht aus, wenn er feststellte, daß sich die österreichische Wirtschaft in einem „Schrumpfungsprozeß“ befand: „Daß dies so ist, ist nicht erstaunlich“, führte er weiter aus, „Eine Industrie, die auf die Versorgung eines großen, zollgeschützten Marktes von 50 Millionen Menschen eingerichtet war, ist durch die Auflösung des Wirtschaftsgebietes auf die Versorgung eines kleinen Marktes von 6 1/2 Millionen Menschen reduziert worden. Die anderen Teile ihres alten Wirtschaftsgebietes, die Nachfolgestaaten, sperren sich gegen sie mit hohen und immer höher werdenden Schutzzollmauern ab, und schränken auch durch eine in einigen von ihnen sehr schnell vor sich gehenden Industrialisierungsprozeß ihren Markt ein . . . Die Tatsache liegt vor, daß die Industrie, der alten Basis des alten großen Wirtschaftsgebietes beraubt, nicht imstande ist, einen großen Teil der arbeitssuchenden industriellen Bevölkerung zu beschäftigen[20].“ Spätestens Mitte der Zwanzigerjahre kam man in Österreich daher zu der Überzeugung, „daß der Arbeitsmarkt auf die Dauer durch einen Überschuß an Arbeitskräften überlastet ist“[21] und verlor die Hoffnung, „daß die gegenwärtig überflüssigen Arbeitskräfte von der Industrie je wieder aufgesaugt werden können[22]“.

Ständig verstärkt wurde diese Arbeitslosigkeit noch durch die Art der Anpassung der Wirtschaft an die neuen Verhältnisse, die eben auch in Österreich vor allem über Rationalisierung und arbeitssparende Methoden erfolgte. Die Erfolge waren in vielen Bereichen geradezu erstaunlich. So stieg etwa die Produktion pro Beschäftigten im Bergbau von 1922 bis 1929 um 80 % und in der Eisen- und Stahlindustrie um 115 %. Aber auch andere Bereiche, wie etwa die Glasindustrie, schrumpften sich unter hohen Rationalisierungsanstrengungen „gesund“, so daß der geringeren Produktionsmenge ein noch weitaus mehr verminderter Beschäftigungsstand entsprach[23].

Schließlich sollten auch wirtschaftspolitische Faktoren, in Österreich vielleicht noch mehr als in anderen Ländern eine ungünstige Auswir-

---

[20] Otto Bauer, Stenographische Protokolle des Nationalrates, 118. Sitzung, 29. 1. 1930, S. 3405.

[21] Statistische Nachrichten, Wien 1927, S. 41.

[22] Josef Jellinek, Die österreichische Arbeitslosigkeit, Österreichischer Volkswirt, Bd. 1, 1929/30, S. 430.

[23] Siehe: Die Entwicklung der österreichischen Wirtschaft 1923 - 1932, Österreichisches Institut für Konjunkturforschung, Wien 1933, S. 22.

kung auf den Beschäftigungsgrad haben. Denn gerade in Österreich hielt sich die „liberale“ Wirtschaftsauffassung nicht nur bis zu Weltwirtschaftskrise, sondern unter dem Deckmantel des Ständestaates auch noch danach und bewirkte einen weitaus zögernderen Rückgang der Arbeitslosigkeit als in den meisten Nachbarstaaten. Alle diese Faktoren bewirkten, daß Österreich in bezug auf Arbeitslosigkeit im europäischen Spitzenfeld lag.

Charakteristisch war nicht so sehr das hohe Ausmaß der Arbeitslosigkeit in der Weltwirtschaftskrise, wo sich Österreich noch durchaus im Mittelfeld befand, sondern der hohe Arbeitslosenstand bereits vorher und noch mehr nachher waren Merkmal der problematischen wirtschaftlichen Entwicklung Österreichs in der Zwischenkriegszeit. Gerade in den Zeiten der relativen wirtschaftlichen Normalisierung Europas trat der strukturelle Charakter der Arbeitslosigkeit in Österreich voll zutage.

Überdeckte in der ersten Nachkriegszeit noch die Geldentwertung die wirtschaftlichen Auswirkungen des Krieges und der Desintegration, so begann bereits Mitte 1922 — am Höhepunkt der Inflation — die Ar-

Internationaler Vergleich der Arbeitslosigkeit

Arbeitslose auf je 1000 der Bevölkerung

Länder	1921	1922	1923	1924	1925	1926	1927	1928	1929	1930	1931	Ende 1931
Deutsches Reich	6	4	12	16	10	32	21	22	30	48	71	88
Großbritannien und Nordirland	41	41	34	30	33	36	29	32	32	48	66	64
Frankreich	9	5	4	6	7	7	27	9	3	4	20	33
Italien	16	16	10	7	4	4	10	12	11	15	26	39
Österreich	2	9	20	17	27	31	30	28	29	36	45	59
Tschechoslowakei		17	29	14	7	9	7	5	5	13	37	62
Polen	5	6	4	6	9	13	8	6	6	10	13	13
Belgien	24	8	3	4	6	4	5	5	4	11	30	45
Niederlande	5	7	11	9	8	8	8	7	7	9	15	31
Dänemark	45	44	29	25	33	46	50	41	35	30	39	67
Schweden	44	41	23	18	20	22	21	19	18	21	29	45
Norwegen	35	37	23	19	27	49	52	40	32	34	36	42
Schweiz	15	17	8	4	3	4	3	2	2	3	6	13
Finnland	1	1	0,4	1	1	1	1	1	1	3	4	6
Estland		1	1	2	2	2	3	3	4	4	4	10
Lettland					2	2	2	3	4	3	6	14
Rußland				13	10	11	13	15	14	11	4	3
Rumänien	2	1	2	2	2	2	1	4	3	3	4	5
Ungarn	4	4	5	7	8	6	4	4	4	5	7	8
Freistaat Irland	25	25	26	25	25	26	26	23	22	23	26	32
Kanada	31	18	12	17	17	12	11	10	13	24	35	41
Verein. St. v. Amerika	47	38	16	24	19	17	21	35	28	25	63	75
Austral. Bund	26	22	17	22	21	17	18	26	26	46	63	64
Neuseeland	11	10	8	12	11	10	15	19	14	19	29	35
Japan	4	6	6	6	6	5	5	5	7	9	10	11

Arbeitslose auf je 1 000 der Bevölkerung
Ende Dezember 1931

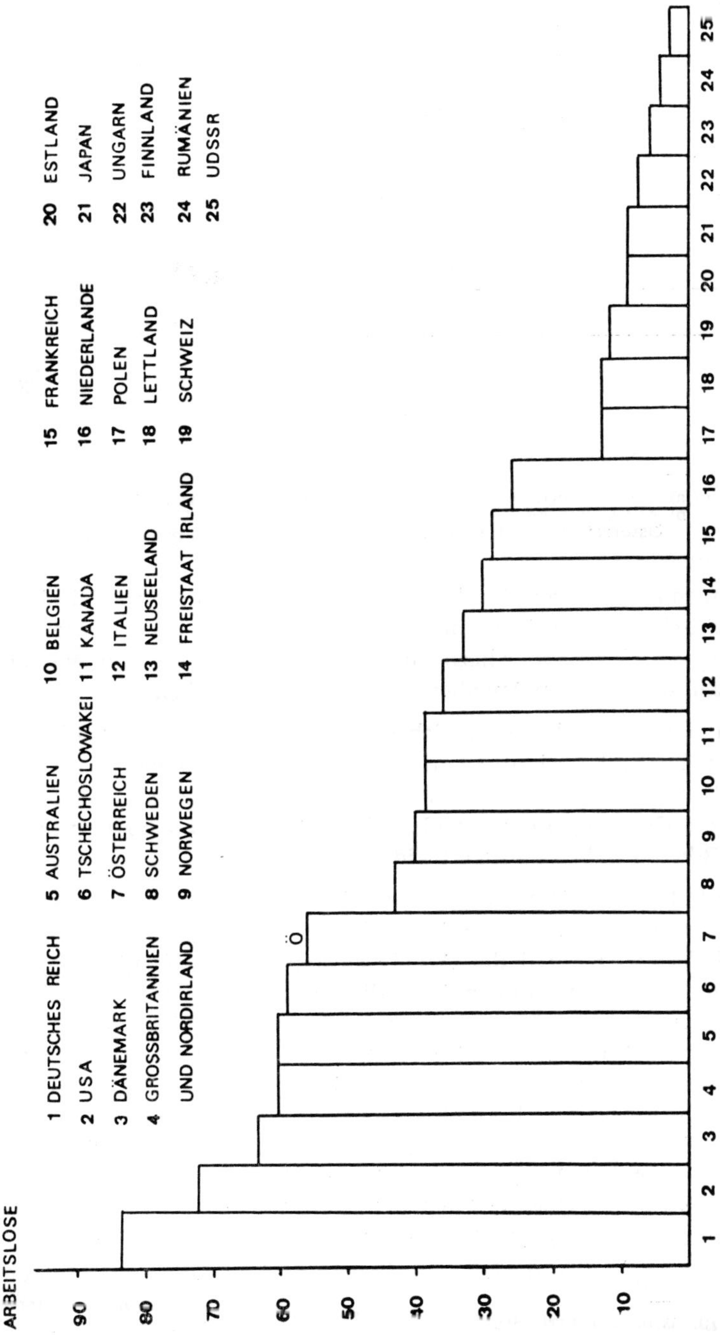

Quelle: Adolf Agathe, Statistische Übersicht der Arbeitslosigkeit, Schriften des Vereins für Sozialpolitik, München 1932, S. 145/6; 1. ohne Saargebiet, 2. UdSSR, Gesamtgebiet.

beitslosigkeit zu steigen und ab der Stabilisierungskrise 1923/24 stand Österreich einer stetig wachsenden strukturellen Arbeitslosigkeit gegenüber. Obwohl daher Österreich in der Weltwirtschaftskrise sogar noch unter dem internationalen Durchschnitt lag, ging die Arbeitslosigkeit in den Dreißigerjahren doch weitaus langsamer und in geringerem Ausmaße zurück, wie im internationalen Vergleich.

	Internationale Meßzahlen der Arbeitslosigkeit a)	Ausmaß der Arbeitslosigkeit in Österreich b)
	1929 = 100	
1932	291	244
1933	277	290
1934	255	284
1935	196	268
1936	151	268

Quelle: a) Revue International du Travail, Vol. 36, Nr. 1, Genf, Juli 1937.
b) Auf Grund der Schätzungen „Österreichisches Volkseinkommen 1913 - 1963“, Österreichisches Institut für Wirtschaftsforschung, 1963, S. 196.

Man muß aber vor den Zahlenangaben über die Arbeitslosigkeit in der Zwischenkriegszeit warnen. Die Informationen, sowohl international wie auf einzelne Länder bezogen, sind lange nicht so genau, wie die zum Teil sehr detaillierten Angaben den Anschein erwecken.

Ein internationaler Vergleich der Arbeitslosigkeit muß schon allein wegen der außerordentlich unterschiedlichen Erhebungsmethoden der einzelnen Länder mit großen Einschränkungen betrachtet werden. Aber auch die Unterlagen der einzelnen Länder geben nur bedingt das wirkliche Bild der Arbeitslosigkeit wider[24].

Für Österreich bieten sich als quantitative Grundlagen für die Auswirkung und das Ausmaß der Arbeitslosigkeit die Zahl der unterstützten Arbeitslosen, die Zahl der Arbeitssuchenden (zur Vermittlung Vorgemerkten) und Schätzungen über die Gesamtzahl der Arbeitslosen an. Die genauesten, detailliertesten und daher auch am häufigsten zur Darstellung der Arbeitslosigkeit in der Zwischenkriegszeit verwendeten Daten liegen über die unterstützten Arbeislosen vor. Diese stellen aber nicht nur einen wirtschaftlichen, sondern zumindest ebenso einen politischen Indikator dar, denn Ausmaß und Veränderung der Zahl der unterstützten Arbeitslosen war sowohl von der wirtschaftlichen Situation wie auch von der Gesetzeslage beeinflußt. Während 1928/30 es die wirtschaftliche Situation erlaubte und die Arbeitslosenunterstützung bereits so weit ausgebaut war, daß praktisch jeder Arbeitslose auch in den Ge-

[24] Vgl. u. a. Eduard Stark, Wert und Unwert der Arbeitslosenstatistik, Österreichischer Volkswirt, Bd. 2, 1937, S. 688.

nuß einer Unterstützung kam, führten die Sparmaßnahmen in der Weltwirtschaftskrise zu einem erheblichen Rückgang des Anteils der Unterstützten an den Arbeitslosen.

1937 stand nur mehr jeder zweite Arbeitslose in Unterstützung.

So scheint sich nun die Zahl der Arbeitssuchenden anzubieten, die jedoch noch größere Ungenauigkeiten aufweist. Da eine Arbeitsvermittlung in Österreich nicht zwingend vorgeschrieben war, stand es jedem frei, sich als Arbeitssuchender beim Arbeitsamt eintragen zu lassen. Bei langfristiger Arbeitslosigkeit unterzogen sich viele nicht mehr dieser scheinbar sinnlosen Mühe, während es andererseits eine durchaus geübte Praxis war, sich bei mehreren Arbeitsämtern, oft bei mehreren Be-

Zahl der unterstützten Arbeitslosen in Österreich 1919 - 1937 (in 1 000)

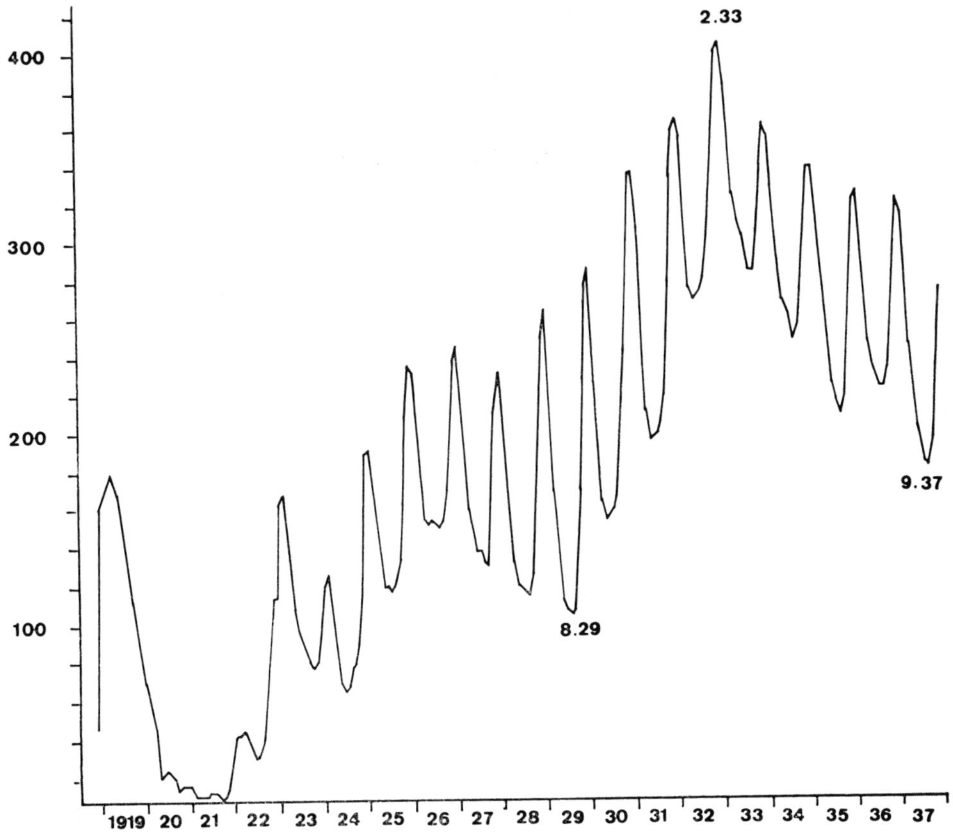

Quelle: Statistisches Handbuch 1919 - 1924 und Statistische Nachrichten 1924 - 1937.

Anteil der Unterstützten an der Gesamtzahl der Arbeitslosen

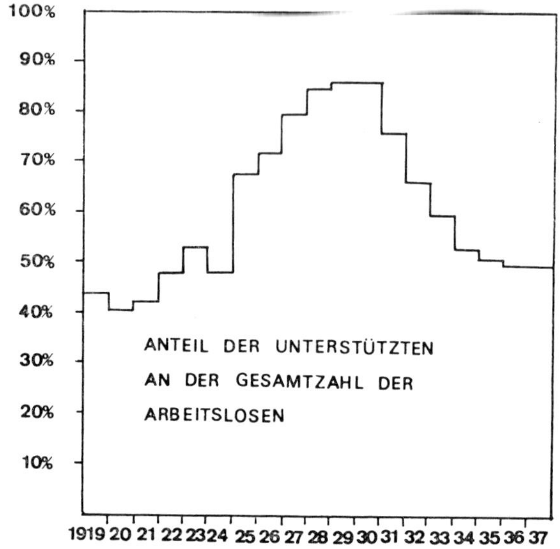

Gesamtzahl der Arbeitslosen

Quelle: 1924 - 1937, „Österreichisches Volkseinkommen 1913 - 1963", Österreichisches Institut für Wirtschaftsforschung, 1963, S. 196; 1919 - 1923 eigene Schätzung auf der Grundlage der unterstützten Arbeitslosen in Wien und der Entwicklung nach 1924 nach den Angaben des Instituts für Wirtschaftsforschung.

rufen vormerken zu lassen. So verbleibt als wohl zuverlässigste Grundlage die Schätzung der Zahl der Arbeitslosen auf Grund volkswirtschaftlicher Daten, die aber nur über die Gesamtgröße, jedoch über keine detaillierte Fragestellung Auskunft zu geben vermag. Manche der über die Zahl der Unterstützten oder Arbeitssuchenden gewonnenen Aussagen lassen sich jedoch mit Hilfe dieser Schätzungen bestätigen. So auch die Entwicklung der strukturellen Arbeitslosigkeit, die von Saitzew / Wyler bis 1931 auf Grund der „Arbeitssuchenden" berechnet wurde und wohl auch bis in die späteren Dreißigerjahre extrapoliert werden könnte.

Die Arbeitslosigkeit in Österreich

(Zur Vermittlung vorgemerkte Arbeitslose in Tausend)

Die gesamte und die langwellige Arbeitslosigkeit

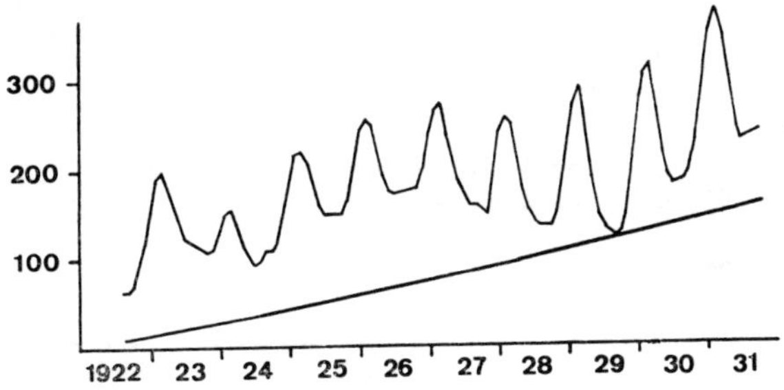

Die drei Komponenten der gesamten Arbeitslosigkeit

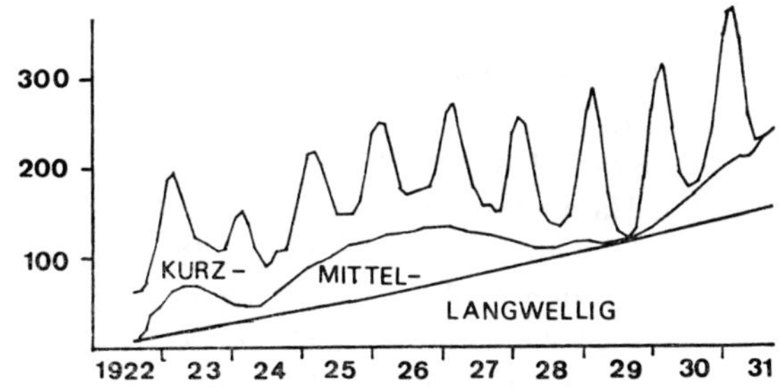

Der Zuwachs der geschätzten Gesamtarbeitslosigkeit betrug 1921 - 1937 durchschnittlich 1,2 % pro Jahr gemessen an der Zahl der Arbeitnehmer inc. Arbeitslose und bestätigte damit durchaus den von Saitzew / Wyler auf anderer Datengrundlage errechneten Trend. Sowohl Saisonschwankungen, als auch konunkturelle Ausschläge der Arbeitslosigkeit ließen sich jedoch an der Zahl der unterstützten Arbeitslosen deutlicher und unmittelbarer erkennen, als an der der Arbeitssuchenden.

Eine besonders deutliche Mischung aus politischen und wirtschaftlichen Ursachen stellte die örtliche Verteilung der Arbeitslosigkeit auf Grund der unterstützten Arbeitslosen dar. Hiebei war insbesondere das

Verhältnis der Arbeitslosenzahlen Wiens zum denen der Bundesländer schon in der Zeit selbst von Bedeutung und ein Politikum, das viel diskutiert wurde.

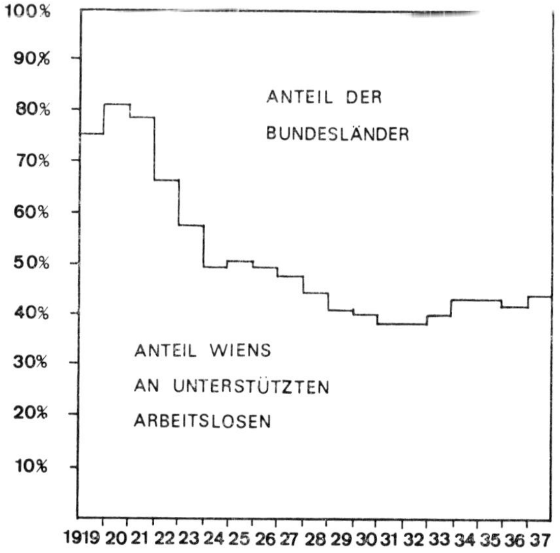

Quelle: Statistiken der Arbeitslosenfürsorge 1919 - 1929, Bundesministerium für soziale Verwaltung, Wien 1930; und Monatsberichte des Österreichischen Instituts für Konjunkturforschung, Wien 1938, S. 42.

Der hohe Anteil Wiens am Stand der unterstützten Arbeitslosen 1919/20 war nicht nur auf dessen industrielle Struktur, sondern auch auf die schnelle und organisatorisch vorbildliche Einführung der Arbeitslosenunterstützung in der Hauptstadt zurückzuführen. Andererseits war aber auch der später stark ansteigende Anteil der Bundesländer nicht nur eine Folge der strukturellen Problematik, etwa der Eisen- und Stahlindustrie der Steiermark, sondern auch noch von ganz anderen Faktoren abhängig: etwa den Erfolgen Wiens mit seiner eigentständigen Wirtschaftspolitik, der zunehmenden Gewöhnung an die Arbeitslosenunterstützung auch in ländlichen Gebieten, der Landflucht, usw. Auch erwies sich der Ausgleich der Arbeitskräfte in den Bundesländern bedeutend schwieriger als in der Hauptstadt. Südlich von Wien (Wiener Neustadt, Mürztal), in Salzburg und in Kärnten gab es ganze Gegenden, die weitgehend von struktureller Arbeitslosigkeit betroffen waren, und nicht nur Marienthal, sondern auch Orte wie Neunkirchen, Mühlbach bei Bischofshofen und selbst Donawitz waren nach Schließung einzelner Fabriksbetriebe fast nur mehr von Arbeitslosen und deren Familien bewohnt.

An der berufsmäßigen Verteilung der Arbeitslosen war die strukturelle Problematik der Umstellung der österreichischen Wirtschaft auf die neuen Verhältnisse abzulesen. Am meisten betroffen waren die Berufe des Baugewerbes, der Eisen- und Metallindustrie, der Holzindustrie, des Textilgewerbes und insbesondere in den Zwanzigerjahren das kaufmännische Personal. Den größten Teil der Arbeitslosen machten aber die Arbeiter ohne Beruf, die Hilfsarbeiter aus.

Diese Strukturprobleme waren auch an der Dauer der Unterstützung abzulesen. Nach der ordentlichen Unterstützung von 30 Wochen wurde bei Bedürftigkeit eine Notstandsunterstützung gewährt. Im Februar 1933 bezogen etwa 200 000 Personen diese Notstandsunterstützung, davon 80 000 oder etwa 40 % mehr als ein Jahr. Manche Unterstützte waren bereits 6, 7 oder 8 Jahre arbeitslos. Es konnte geradezu als wirtschaftliche Gesetzmäßigkeit festgestellt werden, daß mit zunehmender Wirtschaftskrise die durchschnittliche Dauer der Unterstützung immer länger wurde, und umgekehrt, mit Besserung der Konjunkturlage die Unterstützungsdauer abnahm.

Altersgliederung

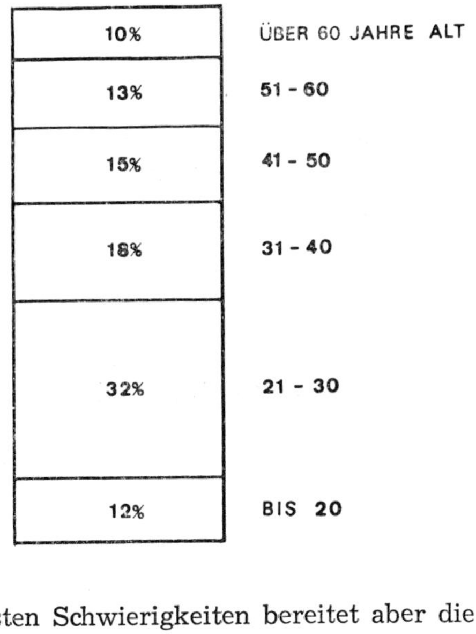

Wohl am meisten Schwierigkeiten bereitet aber die Darstellung der Altersgliederung der Arbeitslosen, da hier der Gesetzgeber am meisten eingriffe und damit das Bild verzerrt hatte.

Mit der Aufschlüsselung nach unterstützten Arbeitslosen im Jahre 1927 scheint aber dennoch eine repräsentative Altersgliederung gefunden zu sein, da zum einen bereits ein hoher Teil der Arbeitslosen auch in Unterstützung stand, die Überleitung der alten Arbeitslosen in die Altersfürsorge gerade erst begonnen hatte und sich die Maßnahmen zur Ausgliederung der jugendlichen Arbeitslosen noch in Grenzen hielten.

Demnach, und das fand seine Bestätigung in vielen Berichten, war gerade die Generation mittleren Alters, zwischen 21 und 40 Jahren am meisten von der Arbeitslosigkeit betroffen. Sie stellte alleine die Hälfte aller unterstützter Arbeitsloser. Aber auch der Anteil der Jugendarbeitslosigkeit war hoch, höher als er in der Darstellung zu erkennen ist, da sich die 12 % Arbeitslosigkeit für die unter Zwanzigjährigen nicht auf zehn, sondern nur auf etwa fünf Jahrgänge bezog.

Unterstützungsdauer

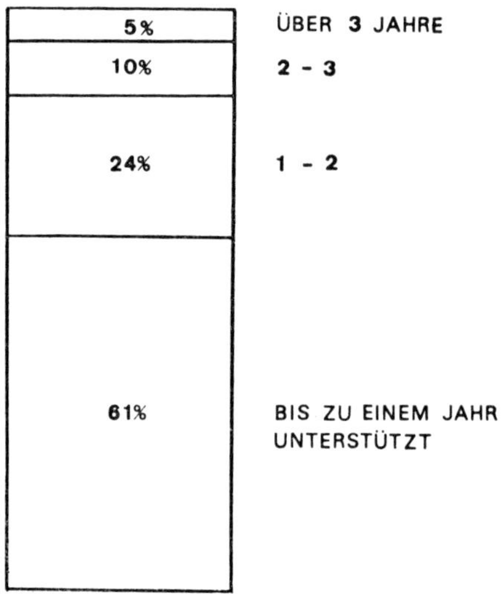

Arbeitslosenrate (-quote)

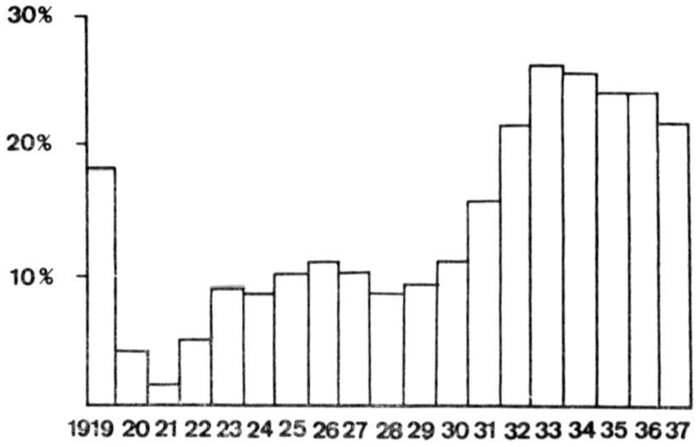

Im ganzen war die Arbeitslosigkeit in Österreich, ebenso wie in vielen anderen Ländern Europas in der Zwischenkriegszeit ein wirtschaftliches, politisches und soziales Problem erster Ordnung, dessen Bedeutung man sich nach anfänglicher weltweiter Unterordnung unter andere wirtschaftspolitische Ziele in den Zwanzigerjahren spätestens ab der Weltwirtschaftskrise in den meisten Ländern endgültig bewußt wurde. In Österreich war zu dieser Zeit etwa jeder vierte Arbeitnehmer oder etwa eine halbe Million Menschen arbeitslos.

Noch 1937 hatte jeder fünfte Arbeiter oder Angestellte keine Beschäftigung und die Erfahrungen der vorangegangenen zwei Jahrzehnte ließen für viele Arbeitslose auch kaum eine Hoffnung auf eine Veränderung ihrer Situation durch eine wirtschaftliche Wende in der Ersten Republik erwarten.

Zahl der Arbeitslosen in Österreich 1919 - 1937

	1	2	3	4
	Gesamtzahl der Arbeitslosen	Zahl der unterstützten Arbeitslosen	Arbeitslosenrate Arbeitslosen in % der Arbeitnehmer	Anteil der Unterstützten an der Gesamtzahl der Arbeitslosen
1919	355 000	147 196	18,4 %	44 %
1920	79 000	32 217	4,2 %	41 %
1921	28 000	11 671	1,4 %	42 %
1922	103 000	49 434	4,8 %	48 %
1923	212 000	109 786	9,1 %	53 %
1924	188 000	95 225	8,4 %	48 %
1925	220 000	149 980	9,9 %	68 %
1926	244 000	176 536	11,0 %	72 %
1927	217 000	172 478	9,8 %	80 %
1928	183 000	156 185	8,3 %	85 %
1929	192 000	164 477	8,8 %	86 %
1930	243 000	208 389	11,2 %	86 %
1931	334 000	253 367	15,4 %	76 %
1932	468 000	309 968	21,7 %	66 %
1933	557 000	328 844	26,0 %	60 %
1934	545 000	278 527	25,5 %	53 %
1935	515 000	261 768	24,1 %	51 %
1936	515 000	259 187	24,1 %	50 %
1937	464 000	231 320	21,7 %	50 %

Quelle:

1. 1924 - 1937: „Österreichisches Volkseinkommen 1913 - 1963", Wien 1963, S. 196; 1919 - 1923 eigene Schätzung auf Grund der Zahl der unterstützten Arbeitslosen in Wien.
2. Statistiken zur Arbeitslosenversicherung, Bundesministerium für Soziale Verwaltung, Wien 1934, und Monatsberichte des Österreichischen Instituts für Konjunkturforschung, Wien 1938, S. 243, Jahresdurchschnitt.
3. Berechnet nach: Österreichisches Volkseinkommen ..., S. 196, 1919 bis 1923 auf Grund der Arbeitnehmerzahl von 1924, Arbeitslose in % der Arbeitnehmer inkl. Arbeitsloser.
4. Berechnet nach 1 und 2.

Berufsmäßige Verteilung der Arbeitslosigkeit
Unterstützte Arbeitslose nach Berufs- bzw. Betriebsklassen

Gliederung nach Berufen
Übersicht 1923 - 1929

Berufsklassen	Jahresdurchschnitt der unterstützten Arbeitslosen in Österreich						
	1923	1924	1925a)	1926a)	1927	1928	1929b)
Land- und Forstwirtschaft	48	79	250	379	496	657	2 869
Bergbau	481	765	951	1 355	1 677	1 378	1 710
Hüttenbetrieb	27	134	41	90	53	45	c) —
Gärtnerei	88	95	181	249	308	327	d) —
Industrie in Steinen usw.	1 486	1 391	2 549	3 399	3 509	3 494	7 243
Metallverarbeitung	15 381	10 270	14 908	18 172	13 949	11 450	24 445 (Metallverarbeitung und Maschinenindustrie zusammen)
Maschinenindustrie	6 937	5 671	8 556	8 825	10 772	7 690	
Holzindustrie	3 558	3 160	6 218	7 974	7 685	5 762	8 286
Kautschukindustrie	2	24	69	99	330	436	e) —
Lederindustrie	546	638	1 400	1 836	1 558	1 305	2 108
Textilindustrie	2 462	1 601	3 644	6 808	5 134	5 437	9 838
Tapezierergewerbe	162	115	267	307	359	313	f) —
Bekleidungsindustrie	7 954	7 150	13 084	14 399	12 119	12 342	12 849
Papierindustrie	998	798	1 021	1 274	1 387	1 128	3 273
Nahrungs- u. Genußmittel	2 416	2 395	3 450	4 396	5 050	4 695	8 546
Gast- und Schankgewerbe	4 818	3 755	4 278	4 893	6 047	6 890	9 157
Chemische Industrie	1 125	662	659	991	853	799	3 249
Baugewerbe	13 718	12 199	22 087	27 585	24 056	22 004	46 742
Graphische Fächer	1 261	711	873	1 228	1 058	867	1 846
Hilfsarbeiter	33 943	31 594	43 033	46 929	55 891	50 055	g) —
darunter aus dem Baugewerbe h)	—	—	—	—	12 000	12 000	—
darunter aus Metallindustrie h)	—	—	—	—	11 000	10 000	—

Berufs- / Betriebs- Klassen	1930	1931	1932	1933
Land- und Forstwirtschaft	2 956 3 769	4 511 5 275	4 710 5 654	4 300 5 707
Bergbau	2 163 2 404	4 212 4 309	4 297 4 452	4 029 4 291
Industrie in Steinen usw.	7 958 8 847	10 752 12 034	13 110 14 630	13 569 15 036
Baugewerbe	47 138 57 484	56 615 69 285	67 742 80 086	67 607 78 385
Wasserkraft- und E-Werke	— 425	— 417	— 470	— 515
Eisen- und Metallindustrie	37 374 36 971	48 417 45 049	61 978 57 640	63 574 58 499
Holzindustrie	10 917 11 475	15 604 15 980	20 679 20 714	23 160 23 332
Lederindustrie	2 244 2 655	2 511 2 668	2 975 2 794	2 969 2 677
Textilindustrie	12 793 14 926	14 171 16 298	16 630 19 176	17 496 20 285
Bekleidungsindustrie	11 886 12 505	14 789 15 960	20 115 21 675	20 233 22 128
Papierindustrie	3 493 4 527	4 790 5 905	5 798 7 006	5 837 7 060
Graphische Industrie	1 729 2 340	2 484 3 168	3 551 4 360	4 153 5 139
Chemische Industrie	2 565 4 221	2 679 4 596	3 099 5 094	3 233 5 569
Nahrungs- und Genußmittelindustrie	6 587 9 531	7 767 10 887	9 422 13 039	11 216 15 679
Gast- und Schankgewerbe	8 687 9 984	9 214 10 485	10 793 12 152	13 871 15 577
Handel	4 826 9 614	5 229 9 855	6 765 13 033	8 239 15 381
Transport und Verkehr	5 696 6 798	6 994 8 120	9 489 10 874	10 456 11 039
Geldverkehr	181 1 021	121 922	128 931	159 1 062
Körperpflege	1 836 2 549	2 004 2 848	2 578 3 553	3 242 4 421
Heilkunde	393 980	451 1 104	610 1 320	731 1 569
Bildung, Kunst usw.	1 075 1 643	1 449 2 204	1 521 2 381	1 693 2 700
Advokaturskanzleien	35 296	31 286	33 337	32 398
Öffentlicher Dienst	29 2 658	27 3 089	53 4 051	77 4 689
Haushaltung	331 236	356 275	398 385	499 485
In verschiedenen Betrieben	35 517 —	38 189 —	43 494 —	48 469 —
Nicht festgestellt	— 530	— 2 348	— 4 161	— 7 221
Summe	208 389 208 389	253 367 253 367	309 968 309 968	328 844 328 844

Berufsklassen	Jahresdurchnitt der unterstützten Arbeitslosen in Österreich						
	1923	1924	1925a)	1926a)	1927	1928	1929b)
Kaufmännisches Personal	8 158	7 677	12 980	12.991	14.367	13.260	13 531
Taglöhner	2 409	2 657	3.180	2.108	2.514	2.235	—
Verkehrsbedienstete	1 022	788	1.311	1.766	2.061	1.788	5 243
Hauspersonal	86	108	74	—	5	4	208
Freie Berufszweige	665	692	1.274	1.533	1.603	1.723	3 298
Lehrlinge	35	86	145	107	137	101	g) —
Summe	109 786	95 225	146.483	169.693	172.478	156 185	164 477

a) Ohne die Empfänger der außerordentlichen Beihilfe (1925: 3 497, 1926: 6 843), für die eine Gliederung nach Berufen nicht vorliegt.

b) Nach der Betriebsklasse der letzten Beschäftigung;

c) Bei der Metallverarbeitung und Maschinenindustrie.

d) Bei der Land- und Forstwirtschaft.

e) Bei der chemischen Industrie.

f) Bei der Holzindustrie.

g) Bei den diesbezüglichen Betriebsklassen.

h) Siehe die Vorbemerkungen.

Quelle: Statistiken zur Arbeitslosenversicherung, Bundesministerium für Soziale Verwaltung, Wien 1930, 1932, 1934.

Örtliche Verteilung der Arbeitslosigkeit (unterstützte Arbeitslose) nach Industriellen Bezirkskommissionen in Prozent der Gesamtarbeitslosigkeit

	1919	1920	1921	1922	1923	1924	1925	1926	1927	1928	1929	1930	1931	1932	1933	1934	1935	1936	1937
Wien Stadt	75,1	81,1	77,7	65,5	57,0	49,0	50,2	49,3	46,9	43,6	40,9	40,0	38,1	37,5	39,8	42,8	42,5	41,2	43,8
Wien Umgebung	3,4	3,3	6,2	5,4	5,3	4,8	5,2	4,7	4,9	5,1	5,9	5,7	5,5	5,0	5,1	5,0	5,2	5,4	5,9
Wiener Neustadt	4,4	1,6	2,0	5,6	9,6	10,0	9,4	10,5	9,9	9,9	11,0	10,2	9,3	8,9	8,0	7,9	8,1	7,9	7,6
St. Pölten	3,8	1,3	3,2	4,7	3,5	4,9	5,1	5,3	5,2	5,4	6,0	7,3	7,1	6,3	5,8	5,4	5,5	5,7	5,1
Gmünd					0,9	1,0	0,9	1,1	1,2	1,2	1,5	1,4	1,6	1,5	1,6	1,3	1,3	1,4	1,5
Linz	7,0	8,0	5,9	9,4	9,3	12,0	11,5	11,5	11,5	11,5	11,7	12,0	11,8	11,3	11,0	10,8	10,4	10,2	10,2
Salzburg	0,9	1,3	1,9	2,7	1,6	1,4	1,7	1,6	1,6	1,9	2,5	2,5	2,6	3,1	3,2	3,3	3,3	3,2	3,0
Innsbruck	0,6	0,3	0,2	0,7	1,1	1,4	1,5	1,7	2,0	2,4	2,6	1,4	3,2	4,1	4,3	4,1	4,2	4,2	4,0
Bregenz	2,0	0,3	0,3	0,4	0,3	0,3	0,5	0,8	0,6	0,8	1,1	1,5	1,8	2,1	2,0	1,6	1,7	1,8	1,6
Eisenstadt					1,7	1,9	1,9	1,9	2,1	2,0	2,1	2,4	2,3	2,2	2,2	1,8	1,8	2,2	2,2
Graz	1,5	2,1	1,9	3,7	8,6	11,9	10,1	9,6	11,4	13,0	11,8	11,8	12,9	13,4	12,8	12,1	11,9	11,9	10,7
Leoben	0,8	0,3	0,3	1,0															
Klagenfurt	0,5	0,4	0,4	0,9	1,2	1,6	2,1	2,0	2,7	3,3	3,3	2,6	3,9	4,7	4,2	3,8	4,1	4,6	4,5

Quelle: Statistiken der Arbeitslosenfürsorge 1919 - 1929, Bundesministerium für Soziale Verwaltung, Wien 1930 und: Monatsberichte des Österreichischen Instituts für Konjunkturforschung, 1938, S. 42.

Ab 1923 wird die Industrielle Bezirkskommission Gmünd (St. Pölten) gesondert geführt und Leoben unter Graz geführt.

II. Politische Auseinandersetzungen

1. Arbeitslosigkeit als politisches Problem

Die prinzipielle Haltung

Die Arbeitslosigkeit spielte sowohl in Ideologie als auch in der täglichen politischen Auseinandersetzung der politischen Parteien in der Zwischenkriegszeit eine wesentliche Rolle. Schon in den Zwanzigerjahren, als der strukturelle Charakter der Arbeitslosigkeit zunehmend deutlicher wurde, vor allem aber in der Weltwirtschaftskrise wurde die Arbeitslosigkeit als eines der größten Probleme der Ersten Republik erkannt[1]. Einzelne politische Richtungen, wie etwa die Kommunistische Partei, vor allem in der ersten Zeit nach dem Weltkrieg, oder die Nationalsozialistische Partei in den Dreißigerjahren, bauten ihre politische Agitation in nicht unerheblichem Maße auf die Arbeitslosigkeit auf. Allen politischen Richtungen gemeinsam war aber die Einbettung des Problems der Arbeitslosigkeit in ihre allgemeine Ideologie und der enge Zusammenhang mit ihrer Haltung zur kapitalistischen Wirtschaftsordnung überhaupt.

Im allgemeinen wurden in der österreichischen Innenpolitik drei große Lager unterschieden[2]: das christlichsozial-konservative, das sozialistische und das nationale. Wenn hier überwiegend auf die christlichsoziale und sozialistische Richtung eingegangen wird, so, da diese auf dem Gebiet der Sozialpolitik die beiden großen Gegenspieler darstellten und sich die konservative und nationale Richtung kaum intensiv mit dem Problem der Arbeitslosigkeit auseinander gesetzt hatten.

Die nationalen waren aus einer gewissen liberalen Wirtschaftsauffassung heraus prinzipiell gegen einen größeren Stellenwert der Sozial-

---

[1] So formulierte etwa Bundeskanzler Ender bei seiner Regierungserklärung 1931 durchaus in Übereinstimmung mit den anderen politischen Richtungen: „Von all den Problemen, die uns das Wirtschaftsleben der Nachkriegszeit zu lösen gibt, ist die Erscheinung dauernder Massenarbeitslosigkeit das Schwerwiegendste, weil ihre Auswirkungen tief in das Schicksal der Menschen eingreifen und nicht auf das enge Gebiet der Wirtschaft beschränkt bleiben, sondern das gesamte öffentliche Leben beeinflussen.“ Stenographische Protokolle des Nationalrats, 21. Sitzung, 6. 3. 1961.

[2] Adam Wandruska, Österreichische politische Struktur. Die Entwicklung der Parteien und politischen Bewegungen, in: Heinrich Benedikt (Hrsg.), Geschichte der Republik Österreich, Wien 1954, S. 291 ff.

politik eingestellt. Sie betrachteten das Problem der Arbeitslosigkeit als unabänderlichen Bestandteil der Wandel und Entwicklung[3] unterworfenen Wirtschaftsordnung und vertraten die Auffassung: „daß die Not der Wirtschaft das Primäre ist, und die Not der Arbeitslosigkeit nur jenen schmerzlichen Punkt am wirtschaftlichen Körper bedeutet, den wir bedauern müssen, dem wir aber erst in zweiter Linie beikommen können[4].“ Andere politische Richtungen, wie der Heimatblock, beschränkten sich darauf, als wirtschaftspolitische Zielsetzung überhaupt nur die Sicherung der wirtschaftlichen Interessen ihrer Mitglieder anzugeben[5], und der Landbund beschäftigte sich mit der Arbeitslosigkeit nur insofern, als sie mit der Landflucht zusammenhing und für ihn das Resultat der Auflösung des bäuerlich-partriarchischen Familienverbandes war.

Eine sowohl ideologische als auch praktische Relevanz hatte die Arbeitslosigkeit nur bei den führenden pol. Kräften der Ersten Republik, den Christlichsozialen und den Sozialdemokraten. Gerade für diese beiden Richtungen galt, daß das Problem der Arbeitslosigkeit nicht isoliert, sondern in Zusammenhang mit den ideologischen Grundlagen und der gesamten politischen Zielsetzung verbunden war. Und in diesem Zusammenhang war nicht zu übersehen, daß wirtschaftliche Belange, auch Inflation und Arbeitslosigkeit, in der Zielhierarchie beider Parteien nicht den allerersten Rang einnahmen und der Priorität anderer gesellschaftspolitischer Zielsetzungen untergeordnet waren.

Bei den Sozialdemokraten war die grundsätzliche Haltung zur Arbeitslosigkeit, als ein Ausdruck der kapitalistischen Wirtschaftsordnung, eindeutig. Die Arbeitslosigkeit, welche die Arbeiter in eine drückende Abhängigkeit vom Eigentümer der Produktionsmittel brachte, war einer der wesentlichen Anklagepunkte gegen die kapitalistische Wirtschaftsordnung überhaupt[6]. „Wir Sozialisten sind überzeugt“, stellte Otto Bauer fest, „daß es im Wesen der kapitalistischen Gesellschaft liegt, daß sie periodisch große Massen arbeitslos macht, und daß gegen diesen Fluch der kapitalistischen Gesellschaftsordnung kein Allheilmittel zu finden ist[7]“. Und Ferdinand Hanusch führte aus: „Solange die kapitalistische Gesellschaftsordnung bestehen wird, werden wir uns mit diesen Problemen befassen müssen, weil die heutige kapitalistische Gesellschaftsordnung mit diesen Problemen nicht fertig zu werden vermag[8].“

[3] Vgl. Maurice Dobb, Vollbeschäftigung und Kapitalismus, in: Organisierter Kapitalismus, Fünf Beiträge zur politischen Ökonomie, Frankfurt 1973, S. 41.

[4] Rudolf Johann Zarboch (Gdp), Stenographische Protokolle des Nationalrats, 118. Sitzung, 29. 1. 1930, S. 3413.

[5] Allgemeine politische Grundsätze des Heimatblocks, in: Österreichische Parteiprogramme 1868 - 1966, Klaus Berchtold (HsG), Wien 1967, S. 405.

[6] Linzer Programm der Sozialdemokratischen Partei Österreichs, 1926, in: Österreichische Parteiprogramme, S. 248.

[7] Otto Bauer, Sten. Protokolle des Nationalrats, 21. Sitzung, 6. 3. 1931, S. 670.

Für die Sozialdemokraten waren daher die Arbeitslosen nichts anderes, als „bedauernswerte Opfer der dreimal verdammten kapitalistischen Wirtschaftsordnung[9]“, deren Überwindung sie sich einmal mehr 1926 im Linzer Programm zum Ziel gesetzt hatten[10].

Eine prinzipielle antikapitalistische Haltung war aber auch bei den Christlichsozialen nicht verkennbar. Die christliche Soziallehre war nicht zuletzt Ausdruck der Enttäuschung über den Kapitalismus, der entgegen den theoretischen Erwartungen die beste Versorgung der Gesamtheit und die Harmonie der Interessen nicht gebracht hatte[11]. Im Gegenteil, die Industrialisierung und die Trennung von Kapital und Arbeit reduziert den Arbeiter auf einen Kostenfaktor, dem oft weniger Obsorge zukam, als der Maschine, die er bediente[12].

Die christliche Soziallehre forderte aber keine grundsätzliche Überwindung des kapitalistischen Wirtschaftssystems, sondern nur die Beseitigung verschiedener Auswüchse und Mißstände. Das Streben nach Macht und Gewinn und die Überbetonung des Materiellen und des Einzelinteresses waren mit der christlichen Soziallehre unvereinbar und schienen zur Auflösung der Gesellschaft und zur Verelendung der Völker zu führen[13].

Sollte der Kapitalismus der Allgemeinheit dienen, so bedurfte er daher verschiedener Korrektive und ordnender Kräfte[14]. Dieses Korrektiv wurde vor allem in der Sozialpolitik gesehen, die als ständige Anklage die kapitalistische Wirtschaftsordnung begleitete[15]. Neben der Absicherung des Arbeiters als sozial schwächeren in einem Arbeits- und Sozialrecht sahen etwa Messner und Lugmayer den Kern dieser Sozialpolitik in einer breiteren Streuung und gerechteren Umschichtung des Eigentums und in einer Ausstattung des Eigentumsbegriffes mit mehr sozialen Pflichten[16]. Mit dem Grundsatz: „Der Wohlstand der Gesellschaft ruht völlig auf Arbeit“, wurde der zentralen Bedeutung der Arbeit in der katholischen Soziallehre Ausdruck gegeben und mit der Feststellung: „Die Geltung des Arbeiterstandes als vollwertiger Teil

---

[8] Ferdinand Hanusch, Sten. Protokolle des Nationalrates, 114. Sitzung, 7. 6. 1922, S. 3761.

[9] Pius Schneeberger, Sten. Protokolle des Nationalrats, 8. Sitzung, 30. 12. 1930, S. 109.

[10] Linzerprogramm der Sozialdemokratischen Partei Österreichs 1926, S. 247 f.

[12] Karl Lugmayer, zitiert bei: Gerhard Silberbauer, Österreichs Katholiken und die Arbeiterfrage, Graz 1966, S. 199.

[13] Parteiprogramm der Wiener Christlichsozialen, 1919, in: Österreichische Parteiprogramme . . ., S. 371.

[14] Johannes Messner, zitiert bei Gerhanrd Silberbanuer, S. 184.

[15] Josef Dobretsberger, Sozialpolitik im neuen Staat, Wien 1936, S. 4 f.

[16] Gerhard Silberbauer, S. 185 und 201.

der Gesellschaft ist durch die Unsicherheit des Arbeitsertrages gefährdet[17]", hebt sie die gesellschaftliche Problematik der Arbeitslosigkeit hervor. Die christliche Soziallehre war daher sowohl anti-kapitalistisch als auch gegen den Klassenkampf eingestellt. Der Antikapitalismus war getragen von einer Abneigung gegen Monopole und Konzentrationen, die auf Grund der Ausschaltung der Konkurrenz mit als eine der Hauptursachen für wirtschaftliche Krisen, sinkenden Reallöhnen und Arbeitslosigkeit betrachtet wurden[18]. Teilweise, vor allem von Seiten der christlichen Gewerkschaften, wurde diese Haltung noch mit der Unterkonsumtionstheorie verbunden: Da sich die Gewinne in der Hand weniger sammelten, stockt der Absatz. Würde das Geld den Arbeitern zufließen, wäre damit eine Konsumvermehrung und eine Absatzbelebung verbunden[19]. Auf der anderen Seite trat die christliche Soziallehre aber auch gegen den „totalen Versorgungsstaat" ein, da die „staatliche Sozialfürsorge die Arbeiter geradezu demoralisiert und das Proletariat sich daran gewöhnt, an den Staat immer neue Forderungen heranzutragen[20]". Sie forderte daher eine „Mitverantwortung der Arbeiter an der Aufrechterhaltung des Wirtschaftslebens"[21] etwa in Form der Berücksichtigung der wirtschaftlichen Verhältnisse und der Wettbewerbslage der Betriebe bei Lohnforderungen, da eine Ausbaumöglichkeit der Sozialpolitik nur in einer sich ständig entfaltenden Wirtschaft als möglich angesehen wurde[22]. Während so die Sozialdemokraten, zumindest ideologisch, einen gefestigten Standpunkt zur Arbeitslosenfrage einnahmen, schwankte die katholische Sozialauffassung in der Zwischenkriegszeit zwischen den politischen Systemen sowohl nach der Seite des Sozialismus als auch nach der politischen und sozialen Reaktion hin. Diese Unsicherheit hob sich auffallend von dem geschlossenen Gesellschaftsbild der Kirche in den vergangenen Jahrhunderten ab[23]. Diese unsichere Antwort auf die soziale Herausforderung der Industrialisierung drückte sich nicht zuletzt in einem fast chronischen Konflikt zwischen der Christlichsozialen Partei und den christlichen Gewerkschaften aus, denen vom katholischen Lager zum Teil vorgeworfen wurde, dem Sozialismus Vorschub zu leisten[24].

---

[17] Parteiprogramm der Wiener Christlichsozialen 1919, S. 371 f.

[18] Johannes Messner, zitiert bei Silberbauer, S. 184.

[19] Karl Lugmayer, S. 201.

[20] Karl Lugmayer, S. 199.

[21] Gerhard Silberbauer, S. 257.

[22] Josef Dobretsberger, Sozialpolitik im neuen Staat, S. 11 und zitiert bei Silberbauer, S. 188.

[23] Josef Dobretsberger, Katholische Sozialpolitik am Scheideweg, Graz 1947, S. 93.

[24] Josef Dobretsberger, S. 74.

Arbeitslosigkeit als politisches Druckmittel

Diese grundsätzlichen Haltungen erfuhren aber bereits in den ersten Monaten der neuen Republik Deutsch-Österreich, als der Arbeitslosigkeit eine politische Bedeutung zukam, wie wohl kaum mehr sonst in der Zwischenkriegszeit, eine Überprüfung an den geradezu extremen Verhältnissen. Zu den von der aufgelösten Front regellos in die Heimat zurückflutenden Soldaten kamen noch Massenentlassungen aus den plötzlich stillstehenden Betrieben der Kriegsindustrie. „Soweit Nachrichten vorliegen", berichtete Franz Domes der provisorischen Nationalversammlung 1918, „werden in verhältnismäßig kurzer Zeit 600 000 Arbeiter aus der Kriegsindustrie entlassen werden. In der nächsten Zeit wird für diese 600 000 Arbeiter, die aus der Kriegs- und Rüstungsindustrie frei werden, ja nicht einmal für 100 000 Arbeiter die geringste Möglichkeit einer Arbeitsmöglichkeit bestehen. Die Privatindustrie konnte sich nicht vorbereiten und ist auch im gegenwärtigen Moment nicht imstande, Vorbereitungen für den Wiederaufbau zu treffen, weil es erstens an Material fehlt und zweitens an Kohle und weil drittens der kriegswirtschaftliche Arbeitszwang die Aufteilung der Arbeitskräfte vollständig unmöglich macht[1]." Zusätzlich war die Koalitionsregierung aus Sozialdemokraten und Christlichsozialen[2] kaum Herr im eigenen Haus, da allenthalben vielfach ganz regellos gebildete Arbeiterräte agierten, die durch gewaltsame Eingriffe in die Verwaltung und in die Betriebe der Großindustrie die soziale Ordnung bedrohten[3]. Das neuaufgestellte republikanische Heer, die Volkswehr, besaß vorderhand noch wenig Disziplin und die ihr eingegliederte „Rote Garde" hörte auf die neugegründete, zahlenmäßig gewiß unbedeutende, aber aktive kommunistische Partei. Als im März 1919 in Ungarn und im April des gleichen Jahres in Bayern Rätediktaturen errichtet wurden, schien eine derartige Wendung auch in Österreich möglich[4]. „Die unklaren sozialrevolutionären Ideen, die als Ergebnis einer Beseitigung des kapitalistischen Wirtschaftssystems jedem Arbeiter einen Anteil am Unternehmergewinn in Aussicht stellte, fanden hier fruchtbaren Boden. Die soziale Revolution, die in den Nachbarstaaten Bayern und namentlich Ungarn dem Proletariat die Herrschaft gewonnen hatten, standen förmlich vor den Türen Österreichs[5]."

[1] Franz Domes, Sten. Protokolle der provisorischen Nationalversammlung, 2. Sitzung, 30. 10. 1918, S. 49.

[2] Karl Pribram, Die Sozialpolitik im neuen Österreich, in: Archiv für Sozialwissenschaft und Sozialpolitik, 48. Bd., Tübingen 1920/21, S. 616.

[3] Beide Parteien zwang nur „die Not der Stunde an einen Tisch und in eine Regierung". Sie ließen aber von vornherein keinen Zweifel darüber, „daß sie die formale Gemeinsamkeit, auf die sie sich einigten, als Ausgangsposition für ganz verschiedene Ziele verstanden", Norbert Leser, Die Entwicklung des Demokratieverständnisses in Österreich, in: Heinz Fischer (Hrsg.), Das politische System Österreichs, Wien 1974, S. 15.

[4] Erich Zöllner, Geschichte Österreichs, Wien 1974, S. 492.

In dieser Situation übernahmen die Sozialdemokraten politisch die Führungsrolle und wurden zu der staatstragenden und -erhaltenden Partei in Österreich. Das Mittel für dieses Lavieren am Rand der Revolution war vor allem das politische Auftreten der Sozialdemokraten, das danach gerichtet war, „die Leute in Ruhe zu halten“[6] und „die Masse der Arbeitslosen zu beruhigen, damit sie kein Unheil anrichten“[7]. Vor allem aber waren es sozialpolitische Maßnahmen und die Art deren Handhabung, die zur Aufrechterhaltung von Ruhe und Ordnung beitrugen. Aus Angst vor gefährlichen sozialrevolutionären Bestrebungen stimmten die bürgerlichen Parteien auch radikalen sozialpolitischen Maßnahmen zu, um die nach der militärischen Niederlage aufs tiefste erregte Stimmung der Arbeiterschaft zu beruhigen. Die Furcht vor dem „Losschlagen“ der vielen Arbeitslosen war in diesen bewegten Monaten der stärkste Verbündete der sozialpolitischen Reform[8]. Der Reibungswiderstand der Gesetzgebungsmaschinerie, der die Sozialgesetzgebung der Vorkriegszeit so schwer belastet hatte, war so gut wie ausgeschaltet.

Es kam zu einem regelrechten „Sozialboom“.

Neben der Arbeitslosenunterstützung wurde der Achtstundenarbeitstag eingeführt und das Betriebsrätegesetz und das Arbeiterkammergesetz erlassen[9].

Jeder Einwand gegen diese Politik wurde mit dem Hinweis auf Ruhe und Ordnung von der Hand gewiesen.

„Mit der Zukunft wollen wir uns gegenwärtig nicht beschäftigen“, sagte der sozialdemokratische Sozialminister Ferdinand Hanusch, der von dieser sozialpolitisch so günstigen Situation großzügig Gebrauch gemacht hatte, zum Gesetz über den Acht-Stunden-Arbeitstag, „sondern wir haben vor allem darauf zu sehen, daß wir so viele arbeitslose Arbeiter wie möglich — und darauf möchte ich das Schwergewicht legen — unterbringen. Und je kürzer die Arbeitszeit, desto mehr Arbeiter brin-

---

[5] Karl Pribram, S. 634.

[6] Ferdinand Hanusch, Sten. Protokolle des Nationalrates, 114. Sitzung, 7. 6. 1922, S. 3765; vgl. auch: Hanss Hautmann, Ferdinand Hanusch — Der Staatssektretär, in: Ferdinand Hanusch, ein Leben für den sozialen Aufstieg (1866 - 1923), Wien 1973, S. 75 ff.

[7] Otto Bauer, Sten. Protokolle des Nationalrats, 114. Sitzung, 7. 6. 1922, S. 3767.

[8] Gerhard Silberbauer, S. 261.

[9] Die Auffassung, es handelte sich nur um ein „längst fälligen und im Umfang eher bescheidenen Nachziehverfahren sozialpolitischer und sozialrechtlicher Natur zugunsten der Arbeiterschaft“ (Norbert Leser, Das Linzer Programm, S. 6 und ebenso in: Die Entwicklung des Demokratieverständnisses in Österreich, S. 16, erscheint in diesem Zusammenhang um so erstaunlicher, als die Erste Republik in der ersten Hälfte der Zwanzigerjahre sicher zu den sozial fortschrittlichsten Ländern Europas zählte, was von dieser Zeit auch von allen Parteien anerkannt, bzw. auch beklagt wurde.

gen wir unter, desto mehr Leute werden beschäftigt und desto mehr entrücken wir der sozialen Gefahr[10]."

Von unmittelbarer politischer Relevanz war aber vor allem die außerordentlich großzügige Handhabung der Bestimmungen der Arbeitslosenunterstützung. „Unter dem Gesichtspunkt der Erhaltung der Ordnung und Sicherheit" hielt man es für weitaus zweckmäßiger, „auch dem Arbeitsscheuen aus öffentlichen Mitteln eine Rente zu gewähren, als ihn der kommunistischen, von Ungarn mit reichen Geldmitteln versehenen Agitation zur willkommenen Beute werden zu lassen[11]."

Der Erfolg sprach für diese Politik.

Eine Räterepublik blieb Österreich erspart[12] und es gelang, von vereinzelten Zwischenfällen abgesehen, jede Störung der öffentlichen Ordnung durch Arbeitslose zu verhindern. Mit dem Zusammenbruch der kommunistischen Herrschaft in Ungarn im Herbst 1919 war die Gefahr einer sozialen Revolution aber vorüber. Nun wurde mit einem energischen Abbau der sozialpolitischen Rücksichten begonnen. „Jede Nachsicht, die bisher bei Gewährung der Arbeitslosenunterstützung im Interesse der öffentlichen Ordnung geübt werden mußte" hatte nun ihre Berechtigung verloren[13]. Durch Verschärfung der Bezugsberechtigung wurden nun von Monat zu Monat Tausende aus der Unterstützung ausgeschieden. Die „revolutionäre Phase" der Sozialpolitik war vorüber und man ging zum Ausbau und zur Bewahrung des Erreichten über. Auch die Sozialdemokraten änderten nun ihre Haltung und schwenkten auf die Politik ein, die sie ab 1920 in der Opposition verfolgten. Die der

[10] Ferdinand Hanusch, Stenographische Protokolle der provisorischen Nationalversammlung, 11. Sitzung, 19. 12. 1918, S. 408.

[11] Karl Pribram, S. 634. Daneben hatte in Wien auch die Gewerkschaft einen Einfluß auf die Arbeitslosenunterstützung erlangt, auf den sie „trotz vielfacher Bemühungen des Staatsamtes (für soziale Fürsorge) bisher nicht bereit war auf dieses ihnen von Anfang an gewährte Privileg zu verzichten". Pribram rechtfertigte dieses Verhalten in einer interamtlichen Konferenz vom 4. November 1919: „Im großen und ganzen hätten sich die Gewerkschaften in dieser Richtung glänzend bewährt, naturgemäß sei aber in dieser Periode der gewaltigen politischen Strömungen die Arbeitslosenunterstützung zum Teil auch in den Dienst der politischen Parteien gestellt worden. Die zum überwiegenden Teile sozialdemokratischen Gewerkschaften haben es für ihre Zwecke außerordentlich erwünscht gefunden, auch die Auszahlung der Arbeitslosenunterstützung in die Hand zu nehmen, wodurch die, wenn auch im Rahmen der geltenden Vorschriften, die Unterstützung an mehr Personen ausfolgen konnten als es sonst bei einer streng objektiven Handhabung der Vorschriften notwendig gewesen wäre. Die Folge davon war ein Hinauswachsen der Zahl der Arbeitslosen über das Maß des unbedingt gebotenen. Angesichts der überhandnehmenden kommunistischen Bewegung habe das Staatsamt in dieser Hinsicht keinen Riegel vorschieben können, weil die Gefahr bestand, daß ein Ausscheiden dieser Arbeitslosen die kommunistische Bewegung verstärken würde." Verwaltungsarchiv, Sozialpolitik, 31.159/19.

[12] Erich Zöllner, S. 493.

[13] Karl Pribram, S. 636.

jungen Republik gegenüber sicher verantwortungsvolle Haltung der Sozialdemokraten hatte die Partei allerdings in eine schwierige Lage gebracht. Einerseits sprachen die Sozialdemokraten auch noch im Linzer Programm 1926 von der Überwindung der bestehenden Gesellschaftsordnung und betonte klassenkämpferische Programmpunkte[14, 15]. Der Radikalismus in der sozialpolitischen Doktrin wurde jedoch durch die sozialpolitischen Praktiker innerhalb der sozialdemokratischen Bewegung „bis zu Phrasenhaftigkeit“[16] abgeschwächt. Während auf der einen Seite die Überwindung des Kapitalismus gefordert wurde, war gerade die von den Sozialdemokraten forcierte Sozialpolitik auf Erhaltung der bestehenden Ordnung ausgerichtet: „Denn alle Sozialpolitik, mag sie sich scheinbar noch so radikal gebärden, entspricht konservativen Instinkten, immer will sie das Bestehende erhalten[17].“ Die sozialpolitische Gesetzgebung des neuen Österreich trug daher, „trotz aller Beschwerden der Unternehmer über soziale „Vergewaltigung“ einen ausgesprochenen konservativen Charakter. Denn die gewerkschaftliche Politik, die alsbald die bestimmende Führung erlangte, war ihrem Wesen nach auf die Erhaltung, nicht auf die Zerstörung oder tiefgreifende Umgestaltung der Wirtschaftsordnung gerichtet[18]. Während so die Sozialdemokraten in der Ideologie die Sozialpolitik dem Klassenkampf und der Überwindung des bestehenden kapitalistischen Systems unterordneten, entstand in der Praxis des politischen Handelns geradezu der gegenteilige Eindruck. Sowohl in der Zeit ihrer Regierungsbeteiligung, als auch in der Opposition wurde der Sozialpolitik, der Verbesserung der Lage der Arbeitenden in der bestehenden Gesellschaft der Vorrang eingeräumt, was sie zu alldem in den Verdacht brachte, sich „auf sozialpolitischen Schleichwegen dem Ideal des sozialistischen Zukunftsstaats zu nähern“[19] und „von hier aus die kapitalistische Wirtschaftsordnung stillzulegen, die Sozialversicherung und das Arbeitsrecht so weit voranzutreiben, daß die private Kapitalbildung lahmgelegt und die Vergesellschaftung der Betriebe erzwungen werde“[20]. In den Augen der weltanschaulichen Gegner war der Austromarxismus daher keineswegs eine papiererne Drohung[21], und die Sozialdemokraten gerieten in die historische Zwangslage, mit „dem Ludergeruch der Revolution“ behaftet zu

[14] Siehe hierzu: Norbert Leser, Das Linzer Programm und der 15. Juli 1927 als Höhepunkte austromarxistischer Politik, Wissenschaftliche Kommission des Theodor-Körner-Stiftungsfonds und des Leopold-Kunschak-Preises zur Erforschung der östereichischen Geschichte der Jahre 1927 bis 1938, Tagung am 15. Juni 1977.

[15] Adam Wandruska, S. 430.

[16] Gerhard Silberbauer, S. 215.

[17] Karl Pribram, S. 615.

[18] Karl Pribram, S. 615.

[19] Gerhard Silberbauer, S. 185.

[20] Josef Dobretsberger, Sozialpolitik im neuen Staat, S. 8.

[21] Gerhard Silberbauer, S. 125.

sein, den Konservativen als Wegbereiter des Bolschewismus zu erscheinen[22], den wirklich revolutionären Kräften aber als Verräter.

Die politische Erfahrung der ersten Nachkriegszeit führte aber auch bei der Christlichsozialen Partei zu einer Diskrepanz zwischen Ideologie und praktischem Handeln. Wohl noch mehr als in anderen Ländern richtete sich die Politik der Sozialdemokraten in Österreich gegen die katholische Kirche, die Sozialisierung gegen den kirchlichen Besitz, die Schulreform gegen den Einfluß der Kirche in der Erziehung und die Austrittsbewegung gegen den Mitgliedsstand der Kirche[23]. Der Sozialismus behielt auch nach 1918 seine religionsfeindliche Haltung bei.

Durch diesen Kampf gegen den Austromarxismus wurde der österreichische Katholizismus in eine bestimmte politische Linie gedrängt: Begünstigung der agrarischen und gewerblichen Interessen, Mißtrauen gegen die Demokratie, Zurückhaltung in der Sozialpolitik. Da die Christlichsoziale Partei nach 1918 selbst nur mit Hilfe der bürgerlichen Rechtsgruppen die Mehrheit hatte, verbündete sie sich mit Großdeutschen, Landbund und Heitmatschutz zur anti-marxistischen Front, „die Parteigelder stellte die Industrie bereitwillig zur Verfügung, die Mächte, die die Völkerbundanleihe garantiert hatten, liehen der Koalition ihren Dienst“[24]. Unter Seipels Führung wurde die Christlichsoziale Partei zu einem bürgerlichen Sammelbecken, das weitgehend mit seinen überkommenen antiliberalen Traditionen brach[25]. Denn die Kirche sah im sterbenden Liberalismus eine geringere Gefahr als im jungen sozialistischen Staat. Der politische Katholizismus in Österreich stand demnach nach 1922 in einer Koalition, die aus seiner Lehre weder notwendig folgte, noch ihr entsprach. Unter den Vorzeichen des „Kulturkampfes“ gegen den Austromarxismus und den „Sachzwängen“ einer Regierungspartei erfuhr die christliche Soziallehre zumindest auf dem Gebiet der Arbeitslosigkeit eine nur geringe Beachtung. Nicht umsonst spielten die christlichen Gewerkschaften mit dem Gedanken, sich von der Gesamtpartei loszusagen und eigene Wege zu gehen[26]. Denn die österreichischen Katholiken gingen mit den bürgerlichen Parteien selbst in jenen Fragen zusammen, in denen die christliche Soziallehre eine andere Haltung verlangt hätte: zum Beispiel in der Frage der Koalitionsfreiheit, der Sozialpolitik, des Mieterschutzes oder der Verstaatlichung von Schlüsselbetrieben. Die Kluft zwischen Katholizismus und Linksparteien wurde dadurch unüberbrückbar[27].

[22] Norbert Leser, Die Entwicklung des Demokratieverständnisses in Österreich, S. 17.

[23] Josef Dobretsberger, S. 26.

[24] Josef Dobretsberger, S. 78.

[25] Gerhard Silberbauer, S. 242.

[26] Gerhard Silberbauer, S. 271.

[27] Josef Dobretsberger, S. 26.

Damit war die Ausgangssituation der verhängnisvollen politischen Konstellation der Zwischenkriegszeit gegeben. Die gesamte Entwicklung bis 1934 war 1922 bereits vorgegeben, scheinbar unvermeidlich, eine griechische Tragödie. Einem unter Widersprüchen geführten Klassenkampf stand ein scheinbar um so konsequenter geführter Kulturkampf auf der anderen Seite gegenüber. Auch das Problem der Arbeitslosigkeit geriet in diese Auseinandersetzung und seine über weite Strekken unsachliche Behandlung erscheint nur in diesem Zusammenhang verständlich.

Politische Gehässigkeit machte das volkswirtschaftlich und sozial Zwingende sehr oft unmöglich, wie Otto Bauer, einer der Hauptopponenten in diesem Kampf feststellte: „Wir haben Erfahrung genug aus der letzten Zeit dafür, daß die antimarxistische Phrase in Österreich jedes soziale Gewissen und jedes Verantwortungsgefühl erstickt hat[28].“

Legitimationsproblem und Scheinlösung

Von diesem politischen Kampf her taucht die Frage auf, ob die Arbeitslosigkeit nicht auch noch nach der ersten Nachkriegsphase entscheidende politische Konsequenzen hatte, zumal sich die Opposition in Gestalt der sozialdemokratischen Partei als Vertreterin der Arbeitslosen fühlte. Der Mangel an Arbeitsmöglichkeit konnte ja nicht nur als Indikator der problematischen wirtschaftlichen Entwicklung, sondern auch als Ausdruck der Ratlosigkeit, vielleicht sogar des Versagens der Regierung gesehen werden. Die neuere Literatur spricht in einem solchen Zusammenhang von einer „Gefährdung der Massenloyalität“, einer „Gefährdung der Legitimationsgrundlagen staatlichen Handelns überhaupt“[1]: „Werden keine strukturellen Gründe für Krisen mehr angegeben, muß jede Gefährdung des eigenen Arbeitsplatzes der Unfähigkeit der staatlichen Wirtschaftspolitik zur Last gelegt werden[2].“

Eine solche strukturelle Problematik war jedoch gegeben, oder wurde zumindest angenommen. Auf Grund des Zerfalls der Habsburgermonarchie war der österreichischen Regierung eine Schuldinterpretation in die Hand gegeben, die praktisch von allen politischen Richtungen und auch von der Bevölkerung weitgehend akzeptiert wurde. Dem verbliebenen „Restösterreich“ haftete das Odium der wirtschaftlichen Nicht-Lebensfähigkeit an[3], dessen strukturelle Problemlösung im Anschluß an ein

[28] Otto Bauer, Sten. Protokolle des Nationalrats, 118. Sitzung, 29. 1. 1930, S. 3411 f.

[1] Siehe: Gerhard Paul und Ali Wacker, Staatsloyalität und Krisenbewußtsein — ein marxistischer Deutungsversuch, in: Jugendarbeitslosigkeit, hrsg.: Sybille Laturner und Bernhard Schön, Reinbek 1975, S. 65 ff.

[2] Bergmann, Neues Lohnbewußtsein und Septemberstreiks, in: Kritisches Jahrbuch 72, Frankfurt 1972, S. 177.

größeres Wirtschaftsgebiet gesehen wurde. „Der Anschluß an das Deutsche Reich ist unsere Hoffnung[4]“, war die Haltung der Großdeutschen Partei auch zum Problem der Arbeitslosigkeit und die Sozialdemokraten waren am Anfang der Republik davon überzeugt, „daß Österreich eine Zukunft nur im Anschluß an Deutschland finden könne“ und strebte noch 1930 „die Schaffung eines einheitlichen Arbeitsmarktes mit dem Deutschen Reich“ an[5].

Diese Lösung mußte jedoch auf Grund des Diktats der Siegermächte aufgegeben oder zumindest aufgeschoben werden. Den österreichischen Regierungen wurde damit zugestanden, daß eine grundsätzliche Lösung des Problems der ständig hohen Arbeitslosigkeit nicht im Rahmen ihrer Handlungsmöglichkeiten lag, sondern nur von „außen“ kommen konnte. „Ich stehe auf dem Standpunkt“, skizzierte der langjährige christlichsoziale Sozialminister Josef Resch diese Haltung 1926 vor dem Parlament, „daß es uns in Österreich weder mit Gesetzen, noch mit Verwaltungsmaßnahmen möglich ist, die große Zahl der Arbeitslosen abzubauen. Die gefährliche Reservearmee der Arbeitslosen werden wir wahrscheinlich noch jahrelang mitschleppen. Aber das ist kein Verschulden der Parteien, das ist kein Verschulden der Regierung, auch nicht der gegenwärtigen Regierung, sondern ich glaube, daß die Hauptursache dafür der Friedensvertrag ist, der das alte Österreich zerschlagen und ein Kleinösterreich mit einem kleinen Inlandsmarkt geschaffen hat, weshalb wir nicht imstande sind, alle Personen, die in Neu-Österreich Arbeit suchen, zu beschäftigen, weil der Inlandsmarkt eben nicht in der Lage ist, alle diese Produkte aufzunehmen“, und stellte resignierend fest, „wir können nur versuchen, mit den Mitteln, die uns zu Gebote stehen, den Zustand zu mildern, aber eine Beseitigung dieser großen Zahl von Arbeitslosen wird uns nicht gelingen[6].“

Die Opposition gab ihm recht. „Es gibt kein Allheilmittel“[7] stellte auch Otto Bauer fest und sprach von einem „Zustand der relativen industriellen Überbevölkerung“[8]. Und Paul Richter, einer der führenden sozialpolitischen Sprecher der Sozialdemokraten, kennzeichnete diese Situation: „Wir haben aber vor allem anderen in diesem Lande alle zusam-

[3] Siehe: Friedrich Hertz, Ist Österreich wirklich lebensfähig, Wien 1921; S. Schilder, Der Streit um die Lebensfähigkeit Österreichs, Stuttgart 1926; Kurt W. Rothschild, Staatengröße und Lebensfähigkeit. Das Beispiel Österreichs, Zeitschrift für Nationalökonomie, Bd. XIX, 1959.

[4] Rudolf Johann Zarboch, Sten. Protokolle des Nationalrats, 118. Sitzung, 29. 1. 1930, S. 3416.

[5] Otto Bauer, Sten. Protokolle des Nationalrats, 118. Sitzung, 29. 1. 1930, S. 3406.

[6] Josef Resch, Sten. Protokolle des Nationalrats, 136. Sitzung, 12. 3. 1926, S. 3396.

[7] Otto Bauer, Sten. Protokolle des Nationalrats, 21. Sitzung, 6. 3. 1930, S. 678.

[8] Otto Bauer, Sten. Protokolle des Nationalrats, 118. Sitzung, 29. 2. 1930, S. 3405.

men, ohne Unterschied der Partei, ohne Unterschied des Standes, doch das ganz sichere Empfinden, daß wir kein Heilmittel wissen, um dieser schrecklich würgenden Krise, dieser furchtbar wirkenden Arbeitslosigkeit entgegen zu wirken[9]." Die hohe Arbeitslosenrate in Österreich zwischen den beiden Weltkriegen stellte sich daher den Regierungen weder als Legitimationsproblem noch als Loyalitätsproblem.

Die Schuldigen waren gefunden und befanden sich außerhalb Österreichs und der eigenen Handlungsmöglichkeiten. Die Ursache waren die Friedensverträge, die „Unvernunft von Paris und um Paris"[10], die mit Österreich einen „Wirtschaftskrüppel"[12] in die Welt gesetzt hatten und zusätzlich die „Weltkrise, auf die uns leider kein Einfluß möglich ist"[13]. Die Regierung konnte vorweisen, daß alles getan wird, was getan werden kann. Mehr zu tun lag nicht in ihrer Macht und in ihren Mitteln, „denn die Ursache der katastrophalen Zustände liegen nicht in Österreich, sondern außerhalb seines Bereiches"[14]. Mit der Annahme dieser Interpretation gaben die Sozialdemokraten als Opposition ein entscheidendes Argument der politischen Auseinandersetzung aus der Hand und sprachen die bürgerlichen Regierungen im großen und ganzen von der Schuld für die Arbeitslosigkeit frei.

Diese Haltung hat ihre Wurzeln auch in den ideologischen Grundlagen der Sozialdemokraten. Sie mußten den von Christlichsozialen geleiteten Regierungen zugestehen, daß auch sie durch das kapitalistische Wirtschaftssystem begrenzt waren und nur in dessen Rahmen handeln konnten[11]. Die Arbeitslosigkeit war eben ein Übel, gegen das man beim bestehenden Wirtschafts- und Gesellschaftssystem nichts Entscheidendes unternehmen konnte.

Damit glitt die politische Diskussion um die Arbeitslosigkeit auf Detailprobleme ab. Was blieb war nicht die Frage nach der Schuld, den Ursachen und den entscheidend wirksamen Maßnahmen des Staates gegen die Arbeitslosigkeit. Die Schuld lag nicht bei der Regierung, die Ursachen waren woanders zu suchen und entscheidend wirksame Maßnahmen standen scheinbar nicht zur Verfügung. Die Regierung organisierte Wirtschaftskonferenzen, die aber über organisatorische Maßnah-

[9] Paul Richter, Sten. Protokolle des Nationalrats, 149. Nitzung, 30. 6. 1926, S. 3659.

[10] „Brot oder Schauspiele?", Reichspost, Wien, 17. 12. 1930.

[11] Norbert Leser, Zwischen Reformismus und Bolschewismus, Der Austromarxismus als Theorie und Praxis, Wien 1968, S. 451.

[12] Josef Wagner, Sten. Protokolle des Nationalrats, 138. Sitzung, 1930, S. 3890.

[13] Hans Schmitz, Sten. Protokolle des Nationalrats, 21. Sitzung, 6. 3. 1931, S. 680.

[14] „Nicht die Hoffnung fallen lassen!", Reichspost, Wien, 7. 3. 1931.

men, etwa der Bildung von Kommissionen, nicht hinauskamen[15], an denen aber Sozialdemokraten und Gewerkschaften mitarbeiteten und damit, ohne selbst an der Regierung beteiligt zu sein, mit die Verantwortung für die Ratlosigkeit gegenüber der Arbeitslosigkeit übernahmen. Die liberale Wirtschaftsauffassung verstärkte noch die Tendenz zum Nichthandeln und so konnte Bundeskanzler Ender 1931 feststellen, man werde sich bemühen, das Übermaß an Arbeitslosigkeit zu verringern, „bis die bessere Konjunkturgestaltung in Europa von selbst wieder eine vermehrte Beschäftigung von Arbeitern herbeiführt“[16]. Was blieb war der Kampf um die Milderung der Arbeitslosigkeit, um die Linderung der sozialen Folgeerscheinungen. Hierbei konzentrierte sich das Bemühen auf die Arbeitslosenversicherung. Zentraler Streitpunkt zwischen Regierung und Opposition war daher nicht die Ursache, die Schuld und die Aufhebung der Arbeitslosigkeit, sondern die Höhe der Arbeitslosenunterstützung, die Dauer der Arbeitslosenunterstützung und der Personenkreis, der unter die Unterstützung fallen sollte. „Diese Kleinkämpfe um die Arbeitslosenversicherung haben ein Großteil der Energien der freien Gewerkschaften in diesem Jahr in Anspruch genommen“ berichtete Julius Deutsch. „In ihrer Wichtigkeit nicht immer richtig eingeschätzt, waren sie doch die erste und wichtigste Aufgabe, die den freien Gewerkschaften im Interesse ihrer arbeitslosen Opfer der Wirtschaftskrise ... gestellt war[17]“, und noch 1932 versicherte ein sozialdemokratischer Abgeordneter, „Unser Widerstand gegen alle Anschläge auf die Arbeitslosenversicherung, unsere Abwehrkämpfe waren gewiß nicht erfolglos für die Arbeitslosen ...[18].“ Die politische Diskussion um die Arbeitslosigkeit war damit von der Ebene der Wirtschaftspolitik auf die der Sozialpolitik übergegangen und damit der politischen Gefahr weitgehend entkleidet.

Stimmten die bürgerlichen Parteien in der ersten Nachkriegszeit aus Furcht vor den Arbeitslosen noch praktisch jedem Gesetz zu, so konnten die Christlichsozialen schon 1926 den Sozialdemokraten im Parlament offen zurufen: „Auch die Drohung der Straße hat ihre Wirksamkeit verloren; die Zeiten sind vorüber, wo man damit, daß man die Straße anruft, glaubt, hier befehlen zu können[19].“ Man hatte gelernt, mit der Arbeitslosigkeit zu leben, sie war in Österreich während der Ersten Republik ein Dauer- und Normalzustand geworden. „Es ist das

---

[15] So etwa die Wirtschaftskonferenz 1930, deren Tätigkeit ausführlich in der Neuen Freien Presse vom 1. 3. 1930 dargestellt wird.

[16] Otto Ender, Sten. Protokolle des Nationalrats, 21. Sitzung, 6. 3. 1931, S. 662.

[17] Julius Deutsch, Geschichte der österreichischen Gewerkschaftsbewegung, II. Band, Wien 1975, S. 245.

[18] Johann Witzany, Sten. Protokolle des Nationalrats, 106. Sitzung, 24. 11. 1932, S. 2773.

[19] „Eine bewegte Debatte im Nationalrat“, Reichspost, Wien, 1. 7. 1926.

Schlimme bei uns“, sagte Otto Bauer, „daß wir seit Jahren an die Arbeitslosigkeit gewöhnt sind, daß wir darum gegen dieses entsetzliche Übel abgestumpft sind und daß deswegen die Öffentlichkeit die Schrekkenszahlen der jetzigen Arbeitslosigkeit mit mehr Gleichmut hinnimmt, als das in anderen Ländern geschieht[20].“

In den späten Zwanzigerjahren war die Arbeitslosenversicherung so weit ausgebaut, daß praktisch alle Arbeitslosen unterstützt waren. Das Problem der Arbeitslosigkeit war damit in gewisser Weise gelöst. Bis zur Weltwirtschaftskrise erbrachte Österreich scheinbar den Beweis, daß eine Gesellschaft auch mit einem hohen Anteil an Arbeitslosen bestehen kann, ohne wirtschaftlich und politisch entscheidend gefährdet zu sein[21].

Die Antwort des Ständestaates

Die Weltwirtschaftskrise brachte diese scheinbare Lösung des Arbeitslosenproblems ins Wanken.

Mit der Krise der Wirtschaft begann auch eine Krise der Sozialpolitik. War es bislang gelungen, das Problem der Arbeitslosigkeit in der Arbeitslosenunterstützung zumindest zu kanalisieren, so nahm es in der Weltwirtschaftskrise Dimensionen an, auf die keine der Parteien mehr eine entsprechende Antwort wußte. Die politischen Veränderungen der Jahre 1933/34 sollte ihnen diese letztlich auch ersparen.

Seit Kriegsende hatte man alle Hoffnungen auf den Ausbau der sozialpolitischen Einrichtungen gesetzt. Nun, in der Weltwirtschaftskrise mußte man mitansehen, wie die tragende Säule dieses Systems, die Arbeitslosenversicherung, zu wanken begann und umzustürzen drohte. All die sozialen Bemühungen der Zwanzigerjahre hatten nicht zu einem Ausgleich der Klassengegensätze und zur Befriedigung der Arbeiterschaft geführt. Die Erbitterung, mit der der Klassenkampf ausgetragen wurde, hatte im Gegenteil noch zugenommen. „Die Entartung des Klassenkampfes wie sie Österreich in den bewegten Jahren von 1927 an erlebte, förderte immer mehr die Sehnsucht nach einer beruhigten, gefestigten, von keinen Klassengegensätzen erschütterten Ordnung . . .[1].“ Als Alternative zu diesem Klassenkampf wurde „die schon in die Rumpelkammer der modernen katholischen Sozialbewegung verbannte Ideologie“[2] des Ständestaates hervorgeholt und wieder aufpoliert. Zur Rechtfertigung des Ständestaates mußte auch die Arbeits-

---

[20] Otto Bauer, Stenographische Protokolle des Nationalrats, 21. Sitzung, 6. 3. 1931, S. 670.

[21] Auch die Ereignisse 1927 (Justizpalastbrand) lassen keine direkte Verbindung mit der Arbeitslosigkeit erkennen.

[1] Gerhard Silberbauer, S. 214 und 244.

[2] Gerhard Silberbauer, S. 186.

losigkeit und die Entwicklung auf dem sozialpolitischen Gebiet überhaupt dienen: „Es kam die furchtbare Krise, die alle Regierungen vor die Aufgabe stellte, die Massenarbeitslosigkeit zurückzudämmen und Wege zu ihrer Überwindung zu erschließen. Dazu war aber rasches Anpassen an die veränderte Wirtschaftslage und größte Schmiegsamkeit in der Handhabung der sozialpolitischen Bestimmungen notwendig, ohne die natürlichen Rechte der Arbeiter zu schmälern. Das Überwiegen des Parteiinteresses und der parteipolitischen Demagogie lähmte alle parlamentarischen Initiativen auf diesem Gebiete und führte zu einem Zustand der Verkrampfung und Erstarrung, der bei weiterer Andauer zur Zerbrechung der durch die Krise unterwaschenen an sich durchaus wertvollen sozialpolitischen Einrichtungen geführt hätte[3].“ Und ebenso wie Otto Bauer von der politischen Gehässigkeit auf wirtschaftlichem und sozialem Gebiet gesprochen hatte, prangerte auch Hans Schmitz die „Nachteile eines unbegrenzten Parlamentarismus“ an, die insbesondere auf sozialpolitischem Gebiet spürbar wurden[4].

Der Ständestaat wies aber wie sonst wohl kaum ein politisches System eine Diskrepanz zwischen geistiger Grundlage und tatsächlicher Entwicklung, zwischen Ideologie und gesellschaftlicher Realität auf. Auch Dollfuß sprach davon, daß die natürlichen Rechte der Arbeiter nicht geschmälert werden sollten: „Wir kämpfen gegen den Marxismus, wir kämpfen auch gegen den braunen Sozialismus, aber wir werden niemals die Lebens- und Grundrechte der Arbeiter antasten, im Gegenteil, ein gerechter, christlicher Staat muß gerade den Ansprüchen der arbeitenden Menschen in erster Linie gerecht werden[5].“ Durch die Notwendigkeiten der Wirtschaft“ vor die sich die autoritäre Regierung gestellt sah, und die „Gefährdung des Budgets“ erfuhr aber die Sozialpolitik des Ständestaates ihre entscheidende Einschränkung. „Die Sozialpolitik im autoritären Staat ist“, wie Sozialminister Schmitz durchaus programmatisch feststellte, „zunächst durch das Streben nach Anpassung an die veränderte finanzielle und wirtschaftliche Situation gekennzeichnet[6].“ Auch Dollfuß schränkte die Sozialpolitik schon bei seiner Regierungserklärung 1932, noch vor dem Parlament ein: „Es werden neue Wege gesucht werden müssen, um den Ansprüchen der Not gerecht zu werden, wie es uns das Gewissen gebietet und andererseits die Staatskasse vor einer Gefährdung zu bewahren, die wieder nur neues Elend erzeugen

---

[3] Hans Schmitz, Die Sozialpolitik im autoritären Staat, Wien 1934, S. 12.

[4] Hans Schmitz, S. 11. Es ist bezeichnend, daß sich Schmitz nicht gegen die parteipolitische Agitationslust der Sozialdemokraten wandte, sondern gegen den „unbegrenzten Parlamentarismus“ an sich.

[5] Engelbert Dollfuß, Trabrennplatzrede, 193, in: Österr. Parteiprogramme, S. 413.

[6] Hans Schmitz, S. 63.

würde[7].“ Zusätzlich sah der Ständestaat eine seiner Aufgaben darin, die Sozialpolitik von der „Schlacke“ zu befreien, die aus „parteipolitischem Prestige hineingetragen worden war“[8]. Zum Teil bestanden Tendenzen, die ganzen sozialen Errungenschaften der Ersten Republik als Einrichtungen der Sozialdemokratischen Partei hinzustellen und mit dem Verbot dieser Partei ebenso verschwinden zu lassen. Das Sozialministerium, dessen Stellung im Rahmen der Regierung ohnehin nicht sonderlich stark gewesen war und durch die Priorität des Finanzministeriums in seinem Handlungsspielraum weitgehend eingeengt war, geriet dadurch in eine schwierige Lage. Nicht nur soziale Institutionen, sondern auch die Arbeitslosenunterstützungen wurden weitgehend eingeschränkt. Es begann ein Kampf gegen die „Hypertrophie an sozialen Institutionen“[9] und ein Kampf gegen das System der Sozialversicherung überhaupt.

Als Bewahrer in dieser Situation erwies sich der große alte Mann der österreichischen Sozialpolitik, Josef Resch[10], welcher sich der Argumente bediente, die schon in der ersten Nachkriegszeit wirksam gewesen waren und diese mit dem Unbehagen des Ständestaates gegenüber dem Arbeiterproblem verband: „Daß die Sozialpolitik durch ihre Fürsorge auch die volle Eingliederung des Arbeiters in Gesellschaft und Staat unterstützt, ergibt sich von selbst. Die Bindung an die bestehende Ordnung, die sich aus dem Bewußtsein einer in ihr gesicherten Existenz ergibt, ist und bleibt das beste Mittel gegen soziale Unruhe und politische Revolten ... Gerade diese Erinnerung möchte ich denjenigen ans Herz legen, die über die Kosten der Sozialversicherung klagen und darüber vergessen, daß sie auch eine Versicherung gegen Unruhe und für friedliche Entwicklung beinhaltet[11].“ Eine Einschränkung der Sozialpo-

[7] „Ein Programm des Lebenswillens — Die Regierungserklärung im Nationalrat“, Reichspost, Wien, 28. 5. 1932.

[8] Josef Dobretsberger, Sozialpolitik im neuen Staat, Wien 1936, S. 4.

[9] Ludwig Schuster, Gesetzmäßigkeit der Wirtschaft und Sozialpolitik, Wien 1933, S. 29.

[10] Meiner Meinung nach wird Josef Resch auch heute noch falsch eingeschätzt. Während Silberbauer schreibt, daß er 1918/19 als Aufpasser Ferdinand Hanusch zur Seite gestellt wurde — etwa ähnlich wie Seipel bei Bauer bei der Sozialisierung — so ist doch festzustellen daß Josef Resch die Sozialpolitik und Sozialversicherung nach der „revolutionären Phase“ auf eine solide Grundlage stellte und den Ausgleich zwischen den Parteien suchte. Nicht umsonst wurde er von der rechten Seite als „rosarote Emminenz“ bezeichnet. Josef Resch war auch in der Weltwirtschaftskrise und im Ständestaat der, der seine Persönlichkeit vor die Sozialversicherung und Sozialpolitik stellte und damit praktisch immer gegen den Strom schwamm: In den Zwanzigerjahren konnte er es den Sozialdemokraten nicht recht machen und in den Dreißigerjahren den Konservativen nicht. Der Hauptunterschied zwischen Hanusch und Resch bestand darin, daß der eine von der Gewerkschaftsarbeit und der andere von der Sozialversicherung kam, daß Hanusch zwei Jahre Sozialminister war, Resch aber mit der Sozialpolitik der ganzen Zeit der I. Republik verbunden war, etwa die Hälfte davon als Sozialminister.

litik konnte aber auch er nicht verhindern. In manchen Bereichen, wie etwa der Arbeitslosenunterstützung, war sie soweit, daß sie ihre eigentliche Aufgabe nicht mehr erfüllen konnte.

Von wirtschaftspolitischer Seite her war in Österreich in der Zwischenkriegszeit keine auch nur einigermaßen befriedigende Lösung des Problems der Unterbeschäftigung gefunden worden. Die Antwort der Ersten Republik auf die Arbeitslosigkeit lag zuallererst auf dem Gebiet der Sozialpolitik, vor allem der Arbeitslosenversicherung. Der Ständestaat reduzierte auch diese Politik ganz erheblich. 1937 stand von zwei Arbeitslosen nur mehr einer in Unterstützung. Neue Ansätze, etwa auf dem Gebiet der Wirtschaftspolitik in Anlehnung an Maßnahmen in anderen Ländern, waren nur unzureichend konzipiert und verliefen sehr bald im Sand.

Damit hatte Österreich in den Dreißigerjahren überhaupt keine Antwort mehr auf die Arbeitslosigkeit.

Nicht, daß es eine solche nicht zumindest teilweise gegeben hätte. Die Arbeitslosigkeit war insbesondere in der Weltwirtschaftskrise ein internationales Problem und andere Länder konnten dieses Problem in bedeutend höherem Maße lösen.

Der österreichische Ständestaat befand sich aber gerade in „Detailproblemen", wie der Arbeitslosigkeit, in einer Sackgasse, war nicht imstande, wirtschaftspolitisch umzudenken und neue Methoden anzuwenden, da er zu sehr mit der Aufrechterhaltung des Systems, mit sich selbst beschäftigt war.

2. Unterstützung der Arbeitslosen

Von der Arbeitslosenunterstützung zur Arbeitslosenversicherung

So war das konkreteste Ergebnis im Kampf gegen die Arbeitslosigkeit die Arbeitslosenunterstützung.

Tatsächlich waren die Leistungen, die in den „bewegten Novembertagen"[1] 1918 in dieser Richtung vollbracht worden waren, geradezu erstaunlich, zumal die über Nacht eingeführte Arbeitslosenunterstüt-

[11] Josef Resch, Die volkswirtschaftliche Bedeutung der Sozialversicherung, Wien 1935, S. 16 f. Ebenso wie Josef Resch versuchte auch Hans Schmitz und vor allem Josef Dobretsberger, der von „sozialen Lasten als Risikoprämie gegen die Gefahr der Revolution" sprach, das bestehende sozialpolitische System so weit als möglich zu bewahren. Als „echter" Vertreter des Ständestaates kann eigentlich nur Odo Neustädter-Stürmer gesehen werden, dessen „sozialgeometrische Spielereien" Dobretsberger als „das Werk von Verrückten" bezeichnete. Silberbauer, S. 305.

[1] Karl Pribram, Die Arbeitslosenfürsorge in Deutsch-Österreich, Österreichischer Volkswirt, Bd. 1, 1918/19, S. 453.

zung kaum an Vorbilder anknüpfen konnte. Eine Arbeitslosigkeit in diesem Ausmaß war bis dahin noch niemals aufgetreten und auch Arbeitsämter als organisatorische Grundlage der Unterstützung waren vor dem Krieg in Österreich kaum vorhanden.

Lediglich in Böhmen gab es seit 1903 ein Netz von Arbeitsnachweisen. Im Gebiet des heutigen Österreich bestanden aber nur in den großen Städten Vereins- und Gemeindearbeitsämter wobei in Wien vor allem die Gewerkschaften eine Facharbeitervermittlung aufgebaut hatten[2].

Im Fall der Arbeitslosigkeit sorgten entweder die Heimatgemeinden im Rahmen der Armenfürsorge und bei organisierten Arbeitern sprangen die Gewerkschaften helfend ein. Diese „Selbsthilfe der Beteiligten" entsprach durchaus dem Geist des Liberalismus[3] und die Bestrebungen vor dem Krieg, eine öffentliche Arbeitslosenfürsorge einzuführen, knüpften unter diesen Umständen an die Tätigkeit der Gewerkschaften an. So waren auch in Österreich 1913/14 Überlegungen im Gange, das in Schweizer Kantonen und in einigen Städten des Deutschen Reiches angewandte „Genter System" einzuführen, das die Unterstützung der Arbeitslosen den Gewerkschaften überließ, und ihnen dafür Zuschüsse aus öffentlichen Mitteln zur Verfügung stellte. Obwohl einzelne Gemeinden in Österreich mit der Errichtung dieses Systems begannen, konnte es sich nicht durchsetzen, da es einmal mit einer erheblichen Stärkung der Gewerkschaften verknüpft war und vor allem „gerade die mangelhaft oder nicht organisierten Arbeiter und Angestellten, die meist die wirtschaftlich schwächsten sind, jeder Unterstützung verlustig erklärt und die starken auf ihre Kosten begünstigt"[4].

Der Krieg setzte allen diesen Bestrebungen zunächst einmal ein Ende. Etwa seit 1917 begann aber wieder die Frage, wie man bei Kriegsende für die von den Fahnen Entlassenen vorsorgen sollte, die Militär- und Zivilverwaltung lebhaft zu beschäftigen, vor allem auch seit der Errichtung eines Ministeriums für Soziale Verwaltung im Dezember 1917. Bereits während des Krieges hatte man bei vorübergehenden Betriebseinstellungen wegen Kohle- oder Rohstoffmangel eine Arbeitslosenunterstützung gezahlt, um den Grundstock an qualifizierten Arbeitern zu erhalten[5]. 1917 wurde dann in Hinblick auf die baldige Demobilisierung durch eine Verordnung die Arbeitsvermittlung geregelt. Träger dieses allgemeinen Arbeitsnachweises sollten mit Unterstützung staat-

[2] Karl Forchheimer, Arbeitslosen fürsorge und Arbeitsvermittlung in Österreich, Arbeit und Beruf, 1926, S. 2.

[3] Karl Pribram, Die gesetzliche Regelung der Arbeitlosenunterstützung, Österreichischer Volkswirt, Bd. 2, 1920, S. 521.

[4] Erläuternde Bemerkungen zum Gesetz über die Arbeitslosenversicherung, 680 der Beilagen, Stenographische Protokolle des Nationalrats, 1920, S. 16.

[5] Parl Pribram, Sitzung der Industriekommission am 5. November 1918, VWA, Sozialpolitik, 191/18.

licher Subventionen die Gemeinden sein[6]. Es kam aber ganz anders als man erwartet hatte: „Das Zurückströmen der Armee in das Hinterland und die völlige Auflösung der militärischen Formationen vollzog sich völlig unerwartet und regellos, ganz plötzlich war eine große Menge von Menschen ohne Subsistenzmittel und der Arbeitsmarkt völlig überflutet[7]." Bereits in seiner zweiten Sitzung, am 30. Oktober 1918, mußte sich daher die provisorische Nationalversammlung mit der Arbeitslosigkeit befassen[8], und als eines der ersten Gesetzeswerke wurde am 4. November 1918 die „Vollzugsanweisung des Deutsch-Österreichischen Staatsrates betreffend die Arbeitsvermittlung für die Zeit der Abrüstung" StGBl. Nr. 18 erlassen.

Nach dieser Vollzugsanweisung hatte jeder krankenversicherungspflichtige deutsch-österreichische Arbeitnehmer, der durch den Entgang seines Verdienstes im Lebensunterhalt gefährdet war, Anspruch auf Unterstützung aus staatlichen Mitteln in Höhe des Krankengeldes. Da bis zum Februar 1919 auch land- und forstwirtschaftliche Arbeiter mit einbezogen wurden, und die Bestimmungen eine sehr großzügige Handhabung erfuhren, war damit in der Praxis eine allgemeine Arbeitslosenunterstützung gegeben. Die Mittel für diese Aktion wurden gänzlich vom Staat bereitgestellt. Sie waren an sich nicht unbeträchtlich[9], aber im Hinblick auf die außerordentlichen Schwierigkeiten der wirtschaftlichen Situation, etwa im Vergleich zu den großen Kosten, welche die staatliche Versorgung der Bevölkerung mit Lebensmitteln erforderte, doch gering[10]. Auf nicht unerhebliche Probleme stieß aber die Durchführung dieser Verordnung, da die organisatorischen Grundlagen weitgehend fehlten. Der Gesetzesakt sah zum Zwecke der Arbeitslosenunterstützung und Arbeitsvermittlung paritätische Kommissionen vor, die aus Vertretern von Arbeitgebern und Arbeitnehmern zusammengesetzt waren und deren oberste Leitung dem Staatsamt für Soziale Fürsorge oblag[11]. Beabsichtigt waren ursprünglich Ortskommissionen, Bezirks-

---

[6] Karl Forschheimer, S. 2.

[7] Karl Forchheimer, Arbeitslosenfürsorge und Arbeitsvermittlung, in: 10 Jahre Wiederaufbau, Wien 1928, S. 273.

[8] Bericht des Vollzugsausschusses über Arbeitsvermittlung und Arbeitsschutz bei der Demobilisierung, Sten. Protokolle der provisorischen Nationalversammlung, 2. Sitzung, 30. 10. 1918, S. 49; in dieser Sitzung wurden auch die Grundsätze der Arbeitslosenunterstützung beschlossen.

[9] Die Gesamtkosten der Arbeitslosenunterstützung in Deutschösterreich beliefen sich vom 18. November 1918 bis zum 15. März 1920 auf etwa 447 Millionen Kronen. Karl Pribram, Die gesetzliche Regelung der Arbeitslosenunterstützung, S. 522.

[10] Karl Forchheimer, S. 2.

[11] VWA/Sozialpolitik 253/18. Im ganzen Staatsgebiet wurden 14 Industrielle Bezirkskommissionen errichtet: Wien, Wiener Neustadt, St. Pölten, Linz, Graz, Leoben, Salzburg, Klagenfurt, Innsbruck, Bregenz, Reichenberg, Komotau, Mährisch-Schönberg und Jägerndorf. Die Bezirke entsprachen denen der Gewerbeinspektorate. Die Einbeziehung Deutschböhmens und des Sude-

kommissionen und eine Zentralkommission. Behauptet haben sich aber nur die Industriellen Bezirkskommissionen, diese haben sich aber außerordentlich bewährt.

Wichtig war vor allem, wie in den Instruktionen des Staatsamts für Soziale Fürsorge hervorgehoben wurde, eine schnelle Durchführung der Arbeitslosenunterstützung: „Die von der Deutsch-Österreichischen Regierung getroffenen Maßnahmen zur Unterstützung der Arbeitslosen verfolgen den Zweck, angesichts der unsicheren Lage des Arbeitsmarktes, die Not der Arbeitslosen zu steuern und Ruhe und Ordnung zu sichern. Sie können daher nur dann ihre Aufgabe erfüllen, wenn sie insbesondere in den größeren Städten und Industriezentren *sogleich* und zwar noch in den ersten kritischen Tagen der durch das Zurückströmen zahlreicher Soldaten erzeugten bedenklichen Lage möglichst umfassend durchgeführt werden.“ Und noch ganz im Stil der vorangegangenen Kriegsjahre beschloß Ferdinand Hanusch seine Anweisung: „Den Bezirkskommissionen ist daher eine schwierige und verantwortungsvolle Aufgabe zugedacht, deren Erfüllung ihnen den Dank des Vaterlandes sichern wird[12].“

Letztlich mußte aber die Arbeitslosenfürsorge gerade in den ersten schwierigen Monaten improvisieren und an die vorhandenen Organisationen anknüpfen: an die kommunalen Arbeitsvermittlungsstellen, welche bereits bestanden, vor allem aber an die Arbeitsvermittlung der Gewerkschaften, die zu Arbeitslosenämtern bestellt wurden[13]. Gerade diese sollten sich auch außerordentlich bewähren: „Ohne die Mithilfe dieser ausgezeichnet organisierten Verbände, die über einen verläßlichen Beamtenapparat verfügten und ihre volle Kraft und Autorität in den Dienst der Aufgabe stellten, hätte diese Aufgabe kaum gelöst werden können[14].

---

tenlands entsprach sowohl der schnellen Errichtung der Arbeitslosenunterstützung, als auch dem Selbstverständnis Deutsch-Österreichs, das hoffte, die deutschen Länder der ehemaligen Monarchie mit in die neue Republik Deutsch-Österreich einbeziehen zu können. Für die Arbeitslosenunterstützung war die Trennung dieser Gebiete von Österreich kaum bedeutend, da das System weitgehend von der Tschechoslowakei übernommen wurde.

[12] Ferdinand Hanusch, Instruktion des Staatsamtes für soziale Fürsorge an die Industriellen Bezirkskommissionen zur Durchführung der Arbeitslosenfürsorge, Wien, 8. November 1918, VWA/Sozialpolitik 1192/18.

[13] Daneben übernahm auch das Gremium der Wiener Kaufmannschaft die Arbeitsvermittlung in ihrem Bereich. In der Steiermark bestand schon seit Mitte 1918 ein durch Arbeitgeber- und Arbeitnehmer errichteter Verein, der den Ausbau der Arbeitsvermittlung in diesem Land zum Ziel hatte und die bestehenden Arbeitsnachweise in Graz und Bruck übernahm. Ebenso bestand in Kärnten seit 1918 der Verein Kärntner Arbeitsvermittlung, vgl. Egon Uranitsch, Der Arbeitsnachweis in den Ländern Österreichs, Arbeit und Beruf, 1928, S. 605.

[14] Karl Pribram, Die Arbeitslosenfürsorge in Deutsch-Österreich, S. 453.

Die österreichische Arbeitslosenunterstützung war, das wurde von allen Seiten anerkannt, erfolgreich.

So erfolgreich, daß „später in enger Anlehnung an dieses Beispiel auch im tschechoslowakischen, im jugoslawischen und im polnischen Staate, ferner im Deutschen Reiche die Arbeitslosen(Erwerbslosen)unterstützung eingerichtet wurde“[15]. Und so erfolgreich, daß auch die wesentlichsten Grundzüge dieses Systems 1920 in die Arbeitslosenversicherung übernommen wurden. War die im November 1918 geschaffene Arbeitslosenfürsorge als außerordentliche, vorübergehende Notstandsmaßnahme gedacht, die infolge der anhaltend ungünstigen Wirtschaftsverhältnisse von Zeit zu Zeit verlängert wurde, so sollte nun „das Provisorium in ein Definitivum verwandelt werden“[16], die „Gnadengabe des Staates“ durch eine „geregelte Versicherung gegen Arbeitslosigkeit“ ersetzt werden[17].

So wurde im März 1920 ein von Prof. Karl Pribram erarbeiteter Entwurf zur Arbeitslosenversicherung vom Nationalrat zum Gesetz erhoben.

Österreich unternahm damit einen selbständigen Schritt auf dem Gebiet der Arbeitslosenfürsorge, der später auch bei den Entwürfen der Tschechoslowakei und des Deutschen Reiches Beachtung fand[18]. Trotz der Bezeichnung entschied man sich auf einen Verzicht einer Versicherung im technischen Sinn und räumte dem Arbeitslosen einen Anspruch auf Unterstützung gegenüber dem Staat ein[19]. Dieser deckte vorschußweise den Gesamtaufwand, wobei die endgültigen Kosten zu gleichen Teilen vom Staat, den Arbeitgebern und den Arbeitnehmern zu tragen waren. Damit war man der Notwendigkeit der Bildung hoher finanzieller Reserven ausgewichen, die eine reguläre Versicherung erfordert hätte. Die Unterstützung wurde den laufenden Einnahmen entnommen und das System konnte ohne Übergangszeit eingeführt werden. Dies entsprach ganz dem Prinzip der „größtmöglichen Einfachheit und der größtmöglichen Ersparung von Verwaltungskosten“, das von Pribram angestrebt wurde[20]. Ganz in diesem Sinn lag auch das Bemühen, „die Grundsätze der bereits bestehenden Arbeitslosenunterstützung im wesentlichen beizubehalten“[21] und nur jene Änderungen vorzunehmen, „die bei der Umwandlung einer aus der Not des Wirtschaftslebens ge-

[15] Erläuternde Bemerkungen zum Arbeitslosenversicherungsgesetz, S. 15.

[16] Karl Pribram, Protokoll der zwischenamtlichen Konferenz, vom 4. November 1918, VWA/Sozialpolitik, 31159/19.

[17] Bericht des Ausschusses für soziale Verwaltung betreffend das Gesetz über die Unterstützung der Arbeitslosen, Sten. Protokoll der konstituierenden Nationalversammlung, 783 der Beilagen, 1920, S. 2.

[18] Karl Forchheimer, S. 4.

[19] Karl Pribram, Die gesetzliche Regelung, S. 541.

[20] Karl Pribram, S. 541.

[21] Erläuternde Bemerkungen zum Arbeitslosenversicherungsgesetz, S. 16.

borenen Schöpfung in eine Institution dauernden Charakters geboten zu sein scheint"[22].

Verblieben war die sich inzwischen bewährte Organisation, die Industriellen Bezirkskommissionen und die Arbeitslosenämter, welchen die Bewilligung der Unterstützung zustand und denen von allen Seiten bestätigt wurde, „die bei ihrer Errichtung gehegten Erwartungen weit übertroffen" zu haben[23]. Die Einhebung der Beiträge erfolgte über die Krankenkassen, die Auszahlung der Unterstützung übernahmen die Steuerämter und Gemeindekassen, Leitung und Überwachung des gesamten Apparates lag weiterhin beim Bundesministerium für soziale Verwaltung. Verblieben war auch die Verbindung der Arbeitslosenversicherung mit der Arbeitsvermittlung, um die Unterstützung nur bei „objektiver Arbeitslosigkeit" eintreten zu lassen und mit der Verpflichtung eine „entsprechende Beschäftigung anzunehmen, auch einen — allerdings milden — Arbeitszwang auszuüben[24]. Ebenso war die Umschreibung des begünstigten Personenkreises von der Arbeitslosenunterstützung her übernommen worden. Unter die Arbeitslosenversicherung fielen alle, die in einem kranken- oder pensionsversicherungspflichtigen Arbeitsverhältnis standen. Damit waren etwa die Beschäftigung der Land- und Forstwirtschaft ausgenommen. Die Änderungen durch die Versicherung betrafen vor allem die Eingrenzung der Unterstützungsberechtigung.

Einmal in Form der „Anwartschaftszeit": Die Unterstützung wurde nur gewährt, wenn der Betroffene Arbeitslose während des letzten Jahres mindestens 20 Wochen in einem unter die Arbeitslosenversicherung fallenden Arbeitsverhältnis gestanden war. Sodann wurde die Unterstützung zeitlich begrenzt, während der ersten Woche — als Ansporn zur Arbeitssuche — nicht und maximal 12 Wochen während eines Jahres gewährt, mit der Begründung: „Die Dauer der Anspruchsbegrenzung erheischt eine Begrenzung, soll nicht jeder Antrieb zur selbständigen Arbeitssuche erstickt und ein bedenkliches Staatsrentnertum gezüchtet werden[25]."

Und letztlich wurde auch die mit dem Versicherungsgedanken sicher in Konflikt stehende Bestimmung eingeführt, daß der Lebensunterhalt durch die Arbeitslosigkeit gefährdet sein mußte: „Die Unterstützung ist jedem zu versagen, der einer Beihilfe aus öffentlichen Mitteln nicht bedarf[26]."

[22] Das Gesetz über die Arbeitslosenversicherung, Amtliche Nachrichten des Bundesministeriums für soziale Verwaltung, Wien 1920, S. 306.

[23] Erläuternde Bemerkungen zum Arbeitslosenversicherungsgesetz, S. 20.

[24] Der Begriff der „Entsprechenden Beschäftigung", die angenommen werden mußte, erwies sich als so dehnbar, daß praktisch kein Arbeitsloser zur Annahme einer Arbeit gezwungen werden konnte.

[25] Erläuternde Bemerkungen S. 18.

[26] Erläuternde Bemerkungen, S. 17.

Fürsorge oder Versicherung

Damit besaß die Republik Österreich 1920 eine der fortschrittlichsten Sozialgesetzgebungen auf dem Gebiet der Arbeitslosigkeit[1].

Österreich war eigene Wege gegangen und hatte sich weder ganz zur Versicherung noch ganz zur Fürsorge entschieden. Die grundsätzliche Entscheidung zwischen diesen beiden Prinzipien war mit dem Arbeitslosenversicherungsgesetz 1920 noch nicht gefallen, sondern nur aufgeschoben.

Denn die Frage Fürsorge oder Versicherung im Bereich der Arbeitslosigkeit beinhaltete eine prinzipielle Frage nach der Wirtschaftsordnung. Und als solche wurde sie auch verstanden.

Die Schwierigkeiten traten bereits bei den Verhandlungen zum Arbeitslosenversicherungsgesetz auf. An diesem Problem drohte der Entwurf Pribrams schon in der Konferenz zwischen den Ministerien zu scheitern, und konnte nur durch ein Herunterspielen der Bedeutung dieser Frage und ein Verweisen der Möglichkeit späterer Reformen durchgebracht werden. Staatssekretär Hanusch versuchte die Bedenken gegen eine solche „unechte" Versicherung mit dem Hinweis darauf zu zerstreuen, „daß die große Öffentlichkeit diese Feinheiten nicht unterscheidet, sondern ein System, das von Unternehmern und Arbeitern Beiträge erhebt, ohne weiteres als Sozialversicherung ansieht"[2]. Und auch Heinrich Kautzsky, der Vorsitzende dieser entscheidenden Konferenz, drängte auf eine pragmatische Entscheidung: „daß wohl nichts anderes übrig bleibt, als mit der Zurückstellung aller theoretischer Bedenken den gegenwärtigen Zustand der Arbeitslosenunterstützung nach Möglichkeit durch ein Gesetz zu stabilisieren und in diesem Gesetz vor allem die Beitragspflicht der Unternehmer und Arbeiter festzuhalten. Erweist sich das Gesetz im Laufe der Zeit als reformbedürftig, so wird man eben eine Novellierung vornehmen. Man muß jetzt jedenfalls eine Arbeitslosenunterstützung auf gesetzlicher Basis schaffen, wobei es schließlich gleichgültig ist, ob man sie Versicherung oder Unterstützung nennt[3]."

Das Gesetz sollte sich tatsächlich als reformbedürftig erweisen. Wohl kein zweites soziales Gesetz hatte solche Anfechtungen in der Öffentlichkeit erfahren, wie das Gesetz über die Arbeitslosenversicherung[4].

Die ersten Novellen kamen noch im selben Jahr und in 14 Jahren, bis 1934, sollte das Arbeitslosenversicherungsgesetz 30 Novellierungen

[1] Als Überblick siehe: H. Fehlinger, Die Arbeitslosenversicherung, eine internationale Übersicht, Jahrbuch für Nationalökonomie und Statistik, 138. Bd., 1933, S. 896 ff.

[2] Vgl. Protokoll der zwischenamtlichen Konferenz vom 4. November 1919, VWA/Sozialpolitik, 31.159/19, S. 6.

[3] Protokoll der zwischenamtlichen Konferenz, S. 10.

[4] Sten. Protokolle des Nationalrats, V. Novelle, 19. Juli 1922, S. 4146.

erfahren. Obwohl es massenhaft angewendet wurde, war es doch zu einem „der unübersichtlichsten, verworrensten und am schwierigsten zu handhabenden Gesetze des gesamten österreichischen Sozialrechtes“[5] geworden. Diese Reformfreudigkeit war nicht nur Ausdruck der offensichtlichen „Unlösbarkeit“ des Arbeitslosenproblems in Österreich, sondern auch Ergebnis der Auseinandersetzung um die prinzipielle Frage, inwieweit der Staat bei Arbeitslosigkeit einzuschreiten hatte.

Diese Frage hing eng mit dem Wirtschaftsverständnis der einzelnen Weltanschauungen zusammen. Von den größeren Parteien traten nur die Sozialdemokraten für einen verstärkten Staatsinterventionismus auch bei Arbeitslosigkeit ein. Die andern politischen Richtungen und vor allem auch die führenden Persönlichkeiten der österreichischen Bürokratie, betrachteten schon mit Sorge die staatliche Arbeitslosenunterstützung im ersten Nachkriegsjahr und drängten bereits 1919 auf eine Ausgliederung dieser Aufgabe aus dem staatlichen Bereich[6].

Auch die Christlichsoziale Partei trat nicht für eine Unterstützung, sondern für eine obligatorische Arbeitslosenversicherung ein[7]. Am entschiedensten auf dem Standpunkt des Wirtschaftsliberalismus, der nur eine echte, freiwillige, sich selbst erhaltende Versicherung bei Arbeitslosigkeit, als den Grundgesetzen der Wirtschaft entsprechend ansah, stand aber die Großdeutsche Partei[8], in der die Meinung vertreten wurde, es ist „kein Staat, in dem die Arbeitslosenunterstützung eine dauernde Einrichtung geworden ist, gesund“[9].

Die Arbeitslosenunterstützung sollte daher auf dem Gedanken der Selbsthilfe aufbauen, denn sonst „würde die Sozialversicherung in eine allgemeine staatliche Fürsorge umgewandelt werden. Der Staat würde die Verantwortung für die Gefahren der Industrialisierung übernehmen, während bisher der Grundsatz galt, daß die Industrie selbst als Nutznießerin der Industrialisierung auch die Verantwortung und die daraus entspringenden Lasten trägt“[10].

Die versicherungstechnische Berechnung einer ordentlichen Arbeitslosenversicherung wurde zwar als schwierig anerkannt[11], aber gerade in

---

[5] N. C., Rechtsfragen der Arbeitslosenversicherung, in: Österreichischer Volkswirt, Bd. 2, 1934, S. 738.

[6] Darüber waren sich die Ministerialräte, Sekretäre und Sektionschefs bei der Konferenz vom 4. November und vor allem auch Karl Pribram einig. Ebenso bei einer Besprechung mit den Industriellen Bezirkskommissionen im Jänner 1919, VWA/Sozialpolitik, 1302/19.

[7] Vgl. Parteiprogramm der Wiener Christlichsozialen 1919, in: Österreichische Parteiprogramme, S. 369.

[8] Vgl. Hans Prodinger (GdP), Sten. Protokolle des Nationalrats, 139. Sitzung, XXIV. Novelle, S. 3862.

[9] Viktor Zeidler, Sten. Protokolle des Nationalrats, V. Novelle, S. 4156.

[10] „Reform der Sozialversicherung“, Österreichischer Volkswirt, Bd. 1, 1933/34, S. 556.

den letzten Jahren vor dem Ersten Weltkrieg hatte die Konjunkturforschung große Fortschritte gemacht, so daß es durchaus möglich schien, aufgrund der Eigengesetzlichkeiten des Konjunkturablaufes Berechnungen zur Arbeitslosenversicherung anzustellen[12].

Diese Bestrebungen fanden ihren Ausdruck in den zahlreichen Novellen zum Arbeitslosenversicherungsgesetz, und ihre Begrenzung in der Opposition der Sozialdemokraten und den tatsächlichen wirtschaftlichen Gegebenheiten. Denn die auch in wirtschaftlich günstigen Jahren ständig steigende Arbeitslosigkeit war mit einer ordentlichen Versicherung schwer in Einklang zu bringen.

Die Entwicklung in den Zwanzigerjahren ging daher nach beiden Richtungen. Es wurde sowohl die Arbeitslosenversicherung mehr und mehr einer echten Versicherung angenähert, was aber nur durch begleitende Fürsorgeeinrichtungen möglich war. Bereits 1920 wurde die Unterstützungsdauer von 12 auf 30 Wochen verlängert. Da die Versicherung aber nicht zur Rente werden sollte, sträubte man sich, einer notwendigen weiteren Verlängerung der Unterstützungsdauer zuzustimmen[13]. Daher wurde mit der 6. Novelle vom Dezember 1922 eine außerordentliche Notstandsunterstützung eingeführt, die Arbeitslosen, welche bereits über 30 Wochen die ordentliche Unterstützung bezogen hatten, gewährt werden konnte und in den meisten Fällen auch zugestanden wurde. Mit der 14. Novelle 1925 wurde zwar auch diese zeitlich begrenzt, mit der Schaffung einer „außerordentlichen Beihilfe" bei der nächsten Novelle wurde aber praktisch die zeitlich unbegrenzte Arbeitslosenunterstützung eingeführt[14].

Für den Unterstützten selbst verwischten sich die Unterschiede zwischen Versicherung und Fürsorgemaßnahmen mehr und mehr. Für ihn war die außerordentliche Notstandsunterstützung nichts anderes als eine

[11] Ob die Arbeitslosenversicherung ein versicherungsmögliches Risiko sei, wurde während der ganzen Zwanzigerjahre diskutiert, vor allem, da das Risiko sich nicht stetig, sondern sprunghaft entwickelte und dadurch große Reservebildungen für erforderlich gehalten wurden. Große Schwierigkeiten habe es aber auch bei der Einführung der Kranken- und Unfallversicherung gegeben, wurde argumentiert, und man sei gleichwohl darüber hinweg gekommen. Vgl. Julius Kaan, Protokoll der zwischenamtlichen Konferenz, S. 4 und erläuternde Bemerkungen, S. 15 f.

[12] Dieses Argument tauchte immer wieder auf und auch Karl Pribram hatte es nicht ganz abgelehnt, war aber der Meinung, daß sich nur in großen Staaten wie Deutschland oder England ein Ausgleich der Wirtschaftskrisen ergebe und nicht bei einem „Zwergstaat" wie Österreich, das den Schwankungen des Weltmarktes unterworfen war. Erläuternde Bemerkungen, S. 11.

[13] Abänderung des österreichischen Arbeitslosenversicherungsgesetzes (XVI. Novelle), Amtliche Nachrichten des Bundesministeriums für soziale Verwaltung, 1926, S. 149.

[14] Vgl. J. Jellinek, Österreichischer Volkswirt, Bd. 2, 1926, S. 1081 und Alfred Korompay, Die Wandlung der Arbeitslosenversicherung in den Jahren 1918 - 1928, Arbeit und Beruf, 1928, S. 600.

verlängerte Arbeitslosenunterstützung. Gesetzlich und von der Finanzierung her wurde jedoch ein scharfer Unterschied zwischen der ordentlichen Arbeitslosenversicherung und den Notstandsmaßnahmen gemacht[15].

1930/31 kam es dann unter Sozialminister Josef Resch zu dem Versuch einer grundlegenden Sozialreform in Österreich, wobei nun endgültig eine Arbeitslosenunterstützung in Form einer echten Versicherung errichtet werden sollte[16]. Entsprechend dem von der christlichsozialen Arbeiterbewegung schon seit 1923 vertretenen Gedanken einer allgemeinen Sozialversicherung[17] sah diese Reform die Gründung einer eigenen Arbeitslosenversicherungsanstalt vor, die in einer finanziellen Risikogemeinschaft mit der Kranken-, Unfall-, Invaliden- und Pensionsversicherung stehen sollte. Der große Gesetzesentwurf fand allerdings den Widerstand der Arbeitnehmervertreter, welche diese Vorlage „in ihrer Gesamtheit als umfassenden, wohl durchdachtes, aber keineswegs soziales Gesetzeswerk“[18] betrachteten und als „verhängnisvoll für die Arbeiter“[19] bezeichneten. Gescheitert ist die Reform aber letztlich am Zeitpunkt, der sich für die Errichtung einer selbständigen Arbeitslosenversicherung als denkbar ungünstig erweisen sollte. Während Ferdinand Hanusch seine Neuerungen auf dem Gebiet der Sozialpolitik gerade auf Grund der kritischen wirtschaftlichen Lage und der hohen Arbeitslosigkeit durchführen konnte, war es die große Tragik Josef Reschs, der von Anfang an die Sozialpolitik der Republik Österreich mitbestimmt hatte, daß sein Reformentwurf zur Sozialversicherung gerade an der wirtschaftlichen Krise und der hohen Arbeitslosigkeit scheitern sollte. Der Reformentwurf, welcher „der Festigung der Sozialversicherung im Rahmen der Volkswirtschaft“[20] dienen sollte, mußte zurückgezogen werden. Das Defizit der Arbeitslosenversicherung war so groß geworden, daß der Bund zur Herstellung des Gleichgewichts im Staatshaushalt an eine Regelung dieses Teilgebietes gehen mußte[21].

Die hierfür dem Reformentwurf entnommenen Bestimmungen waren nur noch eine Karrikatur der ursprünglichen Absichten Josef Reschs.

---

[15] Abänderung des österreichischen Arbeitslosenversicherungsgesetzes, a.a.O., S. 150.

[16] Josef Resch, Sten. Protokolle des Nationalrats, 5. Sitzung, 16. 12. 1930, S. 67 ff.

[17] Vgl. Linzer Programm der christlichen Arbeiter, S. 373.

[18] Edmund Palla, Unsere Pflicht gegenüber den Arbeitslosen, Arbeit und Wirtschaft, 1931, S. 266.

[19] Stellungnahme des Arbeiterkammertages vom 13. 4. 1931, zitiert bei: Egon Uranitsch, Stellungnahmen der Wirtschaftsorganisationen zum Reformentwurf der Sozialversicherung, Arbeit und Beruf, 1931, S. 114.

[20] Karl Forchheimer, Die Reform der Sozialversicherung in Österreich, Arbeit und Beruf, 1931, S. 111.

[21] Egon Uranitsch, Der Entwurf der Novelle zum Arbeitslosenversicherungsgesetz, Arbeit und Beruf, 1931, S. 194.

Mit diesem Reformentwurf hatte der Versuch, die Arbeitslosenunterstützung als Versicherung einzurichten, ihren Höhepunkt erreicht, war damit auch praktisch zusammengebrochen und mehr und mehr zur Fürsorge übergegangen. Diese Entwicklung läßt sich vor allem an Hand der Finanzierung der Arbeitslosenunterstützung deutlich verfolgen.

Gesamtaufwand und Anteil der öffentlichen Hand an der Arbeitslosenunterstützung

Jahr	Unterstützungs-aufwand in Mill. S	Die Beiträge der Arbeitgeber und Arbeitnehmer deckten den Unterstützungsaufwand zu
1923	46,2	81 %
1924	62,6	101 %
1925	118,5	72 %
1926	142,8	77 %
1927	141,2	76 %
1928	127,5	85 %
1929	146,5	77 %
1930	195,3	56 %
1931	225,7	37 %
1932	269,6	49 %
1933	253,0	50 %
1934	206,0	60 %
1935	188,5	ab 1935 Anteil der Beiträge
1936	187,8	nicht mehr feststellbar.
1937	167,9	

Quelle: Amtliche Nachrichten des Bundesministers für soziale Verwaltung, jährliche Ergebnisse der Arbeitslosenversicherung.

Ursprünglich hatte der Bund ein Drittel der Gesamtkosten zur Arbeitslosenversicherung übernommen. Der Rest war durch Arbeitgeber- und Arbeitnehmerbeträge aufzubringen. 1920 reduzierte der Staat seinen Anteil auf 20 %, 1923 auf 16 % und 12 % und mit der 18. Novelle 1926 wurde jede Zuschußleistung des Bundes zur Arbeitslosenversicherung gestrichen und nur der „schäbige Rest von einem Drittel der Verwaltungskosten“[22] aus Bundesmitteln bestritten. Bei der Notstandsunterstützung übernahm der Bund die Hälfte. Die Tabelle zeigt deutlich, wie sehr die öffentliche Hand in Österreich aber gegen ihre Absichten in die Arbeitslosenunterstützung hineingezogen wurde. 1932 betrugen die Transferzahlungen aus diesem Bereich bereits 7 % des Budgetvolumens. Seine Ursachen hatte diese erhöhte Staatsbeteiligung in einer Änderung des Beitragssystems 1926.

Wurde ursprünglich ein Umlageverfahren angewendet, bei dem die Beiträge jährlich schwankten, so wurde ab diesem Jahr „zur Entla-

[22] Paul Richter, Sten. Protokolle des Nationalrats, 138. Sitzung, 11. 6. 1930, S. 3829.

stung der Wirtschaft während der gegenwärtigen Krise“[23] die Beiträge sowohl stabilisiert, als auch durch eine obere Begrenzung von 80 % des Krankenversicherungsbeitrages herabgesetzt. Das erwartete Defizit wurde vom Bund „bis zur Beendigung der Krise“[24] vorgeschossen. Damit wurde die Arbeitslosenversicherung, wie Finanzminister Weidenhoffer es ausdrückte, zu „einer gemeinsamen Kasse, in die beschränkt eingezahlt und aus der bis zu einem gewissen Grad unbeschränkt geschöpft wird“[25]. Diese Maßnahme, die an sich danach gerichtet war, das Versicherungsprinzip der ordentlichen Arbeitslosenversicherung aufrechtzuerhalten, gab letzten Endes den Anstoß zum Zusammenbruch des Systems.

Von 1926 an war das Gleichgewicht der Arbeitslosenversicherung ständig gestört[26]:

Defizit der Arbeitslosenversicherung

Jahr	Mill. Schilling
1926	8 Mill. Schilling
1927	11 Mill. Schilling
1928	5,5 Mill. Schilling
1929	16 Mill. Schilling
1930	49 Mill. Schilling
1931	55 Mill. Schilling

Quelle: Amtliche Nachrichten des Bundesministeriums für soziale Verwaltung, jährliche Ergebnisse der Arbeitslosenversicherung.

1931 betrugen die Schulden der Arbeitslosenversicherung an den Bund mehr als 150 Millionen Schilling.

Und 1932 mußte sich der Bund endgültig entschließen, auf diese „Vorschüsse“ zu verzichten und wieder einen Beitrag zur Arbeitslosenversicherung zu leisten, wenn auch, um den Versicherungscharakter immer noch zu wahren, in Form eines Krisenbeitrages[27].

Die weitere Verschärfung der Weltwirtschaftskrise führte jedoch zu einem völligen Zusammenbruch der Arbeitslosenversicherung und der begleitenden Fürsorgemaßnahmen, wie Notstandsunterstützung und Altersfürsorge[28].

---

[23] Abänderung des österreichischen Arbeitslosenversicherungsgesetzes, S. 150.

[24] Abänderung Arbeitslosenversicherungsgesetz, S. 150.

[25] Emanuel Weidenhoffer, Sten. Protokolle des Nationalrats, 138. Sitzung, 11. 6. 1930, S. 3835.

[26] Erläuterungen zur XXIV. Novelle des Arbeitslosenversicherungsgesetzes, Amtliche Nachrichten des Bundesministeriums für Soziale Verwaltung, 1931, S. 200.

[27] Erläuterung zur XXIV. Novelle, S. 200.

[28] Vgl. Josef Resch, Sten. Protokolle des Nationalrats, 106. Sitzung, 24. 11. 1932, S. 2773 und Emanuel Weidenhoffer, S. 2775.

Der Bund sah sich gezwungen, rigorose Sparmaßnahmen durchzuführen. Alle Reformmaßnahmen der Arbeitslosenunterstützung nach 1932 standen ausschließlich unter dem Zeichen der Spartendenz und Leistungskürzung[29], welche die Arbeitslosenunterstützung weit von einer Versicherung wegführten.

Der Ständestaat änderte dann auch die Aufbringung der Mittel, indem er die Beitragspflicht der Arbeitgeber aufhob und versuchte die Finanzierung der Arbeitslosenunterstützung neben den Arbeitnehmerbeiträgen durch einen 100 % Zuschlag zur Warenumsatzsteuer zu sichern[30]. Allerdings führte diese „konsumdämpfende Maßnahme" zu einer Schrumpfung des Verbrauches und die Ergebnisse blieben weit hinter den Erwartungen zurück[31].

---

[29] Vgl. Max Lederer, Bedeutungsvolle Reformen in der österreichischen Sozialversicherung, Rom 1935, S. 3 und 11.

[30] Eine Maßnahme, die auf allen Seiten auf Kritik stieß. Vgl. Österreichischer Volkswirt, Bd. 1, 1933/34, S. 556.

[31] Das finanzielle Dilemma und die scheinbare Ausweglosigkeit bei der Aufbringung der notwendigen Mittel für die Arbeitslosenunterstützung wird bei einer Anweisung des Bundesministeriums für soziale Verwaltung an die Industriellen Bezirkskommissionen deutlich, wo eine strengere Auslese der unterstützten Arbeitslosen gefordert wurde. In der Begründung hieß es: „Wie bekannt, gestaltet sich die finanzielle Lage der Arbeitslosenfürsorge äußerst ungünstig. Schon im Vorjahre haben sich in der finanziellen Gebarung der Arbeitslosenversicherung erhebliche Schwierigkeiten ergeben, die nur dadurch überbrückt werden konnten, daß zur Deckung des Aufwandes, soweit er nicht durch die Beiträge der Arbeitgeber und Arbeitnehmer und die Beiträge des Bundes und der Bundesländer bestritten werden kann, die Allgemeinheit in Form eines 100%igen Krisenzuschlages zur Warenumsatzsteuer herangezogen wurde. Die Hoffnung, daß es auf diese Weise gelingen wird, in den Jahren 1932 und 1933 die erforderlichen Mittel für die Arbeitslosenversicherung sicherzustellen und das Gleichgewicht in der Gebahrung zu erreichen, hat sich leider nicht erfüllt. Infolge der weiteren Verschärfung der Krise und des Schrumpfungsprozesses, der seit mehreren Jahren in der Wirtschaft zu beobachten ist, sind die Einnahmen aus den Beiträgen der Arbeitgeber und Arbeitnehmer hinter der Summe zurückgeblieben, deren Eingang bei vorsichtigster Schätzung erwartet werden konnte. Das gleiche gilt von dem Ertrage des Krisenzuschlages zur Warenumsatzsteuer, auch hier ist mit einem namhaften Ausfall gegenüber dem Voranschlag zu rechnen. Andererseits sind die Ausgaben gegenüber dem Voranschlag wesentlich höher, wiewohl bei der Erstellung des Voranschlages eine Verschlechterung der Arbeitsmarktlage gegenüber dem Jahr 1932 bereits in Rechnung gestellt wurde. Eine weitere Heranziehung von Bundesmitteln zur Deckung des Aufwandes der Arbeitslosenfürsorge läßt die angespannte Lage der Bundesfinanzen nicht zu. Ebensowenig kann eine weitere Belastung der Allgemeinheit für Zwecke der Arbeitslosenfürsorge, sei es in Form der Erhöhung direkter Steuern, sei es durch Erhöhung des Krisenzuschlages zur Warenumsatzsteuer ins Auge gefaßt werden, da, wie die Erfahrung lehrt, eine solche Maßnahme nicht den gewünschten Erfolg zeitigen würde, vielmehr geeignet wäre, dem wirtschaftlichen Schrumpfungsprozeß nur noch neuen Antrieb zu geben. Ungeachtet der fast unüberwindlichen Schwierigkeiten, die sich aus der geschilderten Sachlage ergeben, ist die Bundesregierung ernstlich bemüht, die Einrichtung der Arbeitslosenfürsorge in ihrer heutigen Form so weit als möglich aufrecht zu erhalten." Weisung des Bundesministeriums für Soziale Verwaltung an die

Von der Finanzierungsseite her war aber bei der Arbeitslosenunterstützung eine entscheidende Wendung eingetreten. Sie war zu einer rein staatlichen Fürsorgemaßnahme geworden, die ihre Deckung in einer Lohnsteuer und einer Verbrauchssteuer fand.

Zur Befristung sozialpolitischer Gesetze

Aus dieser Auseinandersetzung um das Versicherungsprinzip ist auch die Kurzfristigkeit zu verstehen, der alle Gesetze der Arbeitslosenfürsorge und auch alle staatlichen Maßnahmen gegen die Arbeitslosigkeit unterworfen waren.

Dies begann bereits 1918 mit der Arbeitslosenunterstützung, die ursprünglich nur für etwa drei Monate gedacht war: Die Unterstützung sollte sich zunächst auf die Zeit vom 18. November 1918 bis zum 15. Februar 1919 erstrecken, da mit der Möglichkeit gerechnet wurde, „daß nach dem erwähnten Zeitraume wieder einigermaßen normale Zustände wiederkehren würden, die es ermöglichen könnten, den Arbeitsmarkt wieder dem freien Spiel der Kräfte, die sich nach Angebot und Nachfrage richten, zu überlassen[1]". „Die besonderen wirtschaftlichen Verhältnisse", welche für die Errichtung der Arbeitslosenfürsorge maßgebend waren, erfuhren aber leider keine Änderung, sondern verschlechterten sich sogar. Man erwartete zwar „eine Besserung in absehbarer Zeit", mußte jedoch die Arbeitslosenunterstützung vorläufig verlängern[2]. Bezüglich des Zeitraumes dieser Verlängerung bestanden im März 1919 zwischen Arbeitgeber und Arbeitnehmer unterschiedliche Auffassungen: „Von seiten der Vertreter der Arbeiter wurde zwar der Wunsch ausgesprochen, die Verlängerung von vornherein auf eine längere Zeitperiode (2 bis 3 Monate) in Aussicht zu nehmen, um auf die Arbeitslosen beruhigend zu wirken und ihnen die Sorge für ihre wirtschaftliche Existenz erleichtern zu können." Dagegen machten die Arbeitgeber geltend: „daß die weitere Entwicklung der wirtschaftlichen Verhältnisse abgewartet werden müsse, die sich leicht im Laufe des Monats April so weit bessern könnte, daß mit diesem Zeitpunkt, wenn auch keine Aufhebung, so doch eine wesentliche Eindämmung der Arbeitslosenfürsorge ins Auge gefaßt werden könnte[3]".

Industriellen Bezirkskommissionen betreff die Beurteilung der Gefährdung des Lebensunterhalts der Arbeitslosen, VWA/Sozialpolitik, 62.557/33.

[1] Beilage zur Vollzugsanweisung vom 14. 2. 1922 betreff die Unterstützung von Arbeitslosen, VWA/Sozialpolitik, 2.072/19.

[2] Erläuternde Bemerkungen zur Vollzugsanweisung des deutsch-österreichischen Staatsamtes für soziale Fürsorge vom 24. März 1919, VWA/Sozialpolitik, 8.137/19, siehe auch: Zur Fortführung der Arbeitslosenfürsorge in Österreich, Amtliche Nachrichten des Staatsamtes für Soziale Fürsorge, 1919, S. 167.

[3] Fortführung der Arbeitslosenfürsorge, S. 167.

Diese Verhandlungen um die Verlängerung der Arbeitslosenunterstützung sind nicht nur wegen der optimistischen Wirtschaftserwartung aller Beteiligten von Interesse, sondern zeigten auch eine politische Situation, die sich bis in die Dreißigerjahre häufig wiederholen sollte.

Den Sozialdemokraten gelang es auch in der ersten Zeit nach dem Weltkrieg nicht, eine dauernde Arbeitslosenunterstützung als Fürsorge einzurichten. Andererseits ließen die Umstände den bürgerlichen Parteien auch keine andere Möglichkeit, als den Notstandsmaßnahmen, wenn auch befristet, zuzustimmen. Die Kurzfristigkeit vieler sozialpolitischer Gesetze war das Ergebnis einer Art „Patt-Situation" zwischen den beiden großen politischen Lagern.

So tastete sich auch Ferdinand Hanusch bei seinen Bemühungen auf dem Gebiet der Sozialpolitik nur langsam vorwärts, indem er — etwa bei der Arbeitslosenversicherung oder beim 8-Stunden-Arbeitstag — Provisorien mit zeitlicher Begrenzung schuf, um diese später, wenn auch in modifizierter Form, dauerhaft durchzusetzen[4].

Hatte so etwa die Arbeitslosenunterstützung vorerst nur den Charakter einer Notstandsmaßnahme, die im Jahr 1919 immer wieder verlängert wurde, so war bei der Einführung der ordentlichen Arbeitslosenversicherung 1920 die Überzeugung von der Notwendigkeit einer Unterstützung bereits allgemein durchgedrungen und in breiten Schichten der Arbeiterschaft wurde die Ansicht vertreten, „daß jedem, der ohne Verschulden brotlos geworden ist, ein Anspruch auf Unterstützung aus öffentlichen Mitteln zusteht[5]".

Eine ähnliche Entwicklung ergab sich auch bei den außerordentlichen Maßnahmen zur Arbeitslosenunterstützung. Die außerordentliche Notstandsunterstützung war „ein Kind außerordentlicher Verhältnisse, einer Zwangslage", wie Sozialminister Hans Schmitz ausdrücklich feststellte, und „nicht ein Stück des organischen Gesetzes, sondern eine außerordentliche Maßnahme und nur so lange überhaupt gerechtfertigt, solange die wirtschaftlichen Verhältnisse ihrerseits einen solchen außerordentlichen Charakter zeigen. Es ist daher selbstverständlich, daß ein solches Gesetz nicht auf die Dauer erlassen, eine solche Regelung nicht ohne Befristung getroffen wird, damit man, wenn der Zeitraum abläuft, prüfen kann, ob die Verhältnisse unverändert die gleichen geblieben sind[6]". Wenngleich die Regierung unter den gegebenen schwierigen Verhältnissen solche Fürsorgemaßnahmen errichten mußte, war man doch auf keinen Fall gewillt, Dauereinrichtungen zu schaffen. Durch

[4] Vgl. Max Lederer, Grundriß des österreichischen Sozialrechts, Wien 1932, S. 28.

[5] Erläuternde Bemerkungen zum Arbeitslosenversicherungsgesetz, S. 200.

[6] Hans Schmitz, Sten. Protokolle des Nationalrats, 149. Sitzung, 30. 6. 1926, S. 150 ff.

die Befristung, dem Ablauf des Gesetzes nach einer bestimmten Zeit, sollte der Dauerhaftigkeit von Provisorien, die nicht den wirtschafts- und soizalpolitischen Vorstellungen der Regierungsparteien entsprachen, vorgebeugt werden[7]. Die meisten Maßnahmen, wie etwa die Notstandsunterstützung, die mit einem halben Jahr befristet war, mußten jedoch immer wieder verlängert werden. Die wirtschaftlichen Verhältnisse behielten ihren „außerordentlichen Charakter". 1933 betrugen die Aufwendungen für die außerordentlichen Maßnahmen bereits weit mehr als die gesamten Kosten für die Arbeitslosenunterstützung[8, 9]. Die Provisorien, die der Staat errichtet hatte, waren ihm ab der Weltwirtschaftskrise über den Kopf gewachsen.

Man wartete in Österreich, und das ist an der Kurzfristigkeit der Notstandsmaßnahmen deutlich abzulesen, von 1918 bis in die Dreizigerjahre auf eine Besserung der wirtschaftlichen Lage, bei der dann Maßnahmen, wie die Notstandsunterstützung oder der Vorschuß des Bundes zur Arbeitslosenversicherung, die der bestehenden Wirtschaftsauffassung widersprachen, von selbst entfallen würden. Nach dem Zusammenbruch dieser Politik in der Weltwirtschaftskrise, war in Österreich der Optimismus auf eine künftige wirtschaftliche Besserung gänzlich verschwunden.

Der mangelnde Wiederaufbauwille nach der Weltwirtschaftskrise im Gegensatz zu anderen Ländern und die fatale Selbstbegnügung mit einer Wirtschaftsstagnation mag in diesem Verhalten eine gewisse Erklärung finden.

Das Prinzip der „autonomen Parität"

Eine Institution, die ursprünglich auch nur als Provisorium gedacht war, sollte sich aber außerordentlich bewähren: die Industrielle Bezirkskommission. Diese waren in der Übergangszeit errichtet worden und man nahm an, sie würden ebenso in naher Zeit wieder verschwinden, wie die Arbeiterräte oder die Liquidationsstellen und andere Hilfsorgane der Umsturz- und Inflationszeit[1]. Die aus Arbeitgeber- und Arbeitnehmervertretern zusammengesetzten Kommissionen konnten sich aber „gerade auf diesem sozial umstrittenen Gebiet"[2] als so erfolgreich

---

[7] Vgl. Kurt Forschheimer, Arbeitslosenfürsorge und Arbeitsvermittlung, a.a.O., S. 274; und J. Jk., Reform der Arbeitslosenversicherung, Österreichischer Volkswirt, Bd. 2, 1926, S. 1081.

[8] Vgl. Österreichischer Volkswirt, Bd. 1, 1932/33, S. 427.

[9] „Die bisherigen Wahrnehmungen über die Praxis der Industriellen Bezirkskommissionen", Bundesministerium für soziale Verwaltung an die Industriellen Bezirkskommissionen, VWA/Sozialpolitik, 74.142/33.

[1] Karl Forchheimer, Die Industiellen Bezirkskommissionen in Arbeit und Beruf, 1928, S. 598.

[2] Edmund Palla, Unsere Pflicht gegenüber den Arbeitslosen, Arbeit und Wirtschaft, 1931, S. 270.

erweisen, daß daran gedacht wurde, sie überhaupt zu Organen der Verwaltung auf allen sozialen Gebieten zu machen[3] und ihnen zugestand, „in der Zukunft noch mancherlei wichtige Aufgaben der sozialen Verwaltung zu übernehmen[4]". Der Gedanke der Parität war an sich nicht ganz neu. Dieser fand schon in der Vorkriegszeit bei den Gewerbegerichten und in der Sozialversicherung Anwendung und tauchte auch bei den während des Krieges unternommenen Versuchen, die Arbeitsvermittlung aufzubauen, auf. Richtig durchgesetzt hatte er sich aber erst in der Republik[5].

Das Prinzip der autonomen Parität wurde für die österreichische Arbeitslosenunterstützung und -versicherung grundlegend. Die Industriellen Bezirkskommissionen wurden als Musterbeispiel der Selbstverwaltung angesehen, bei dem Vertretern der Interessenorganisationen behördliche Aufgaben zugewiesen wurden[6].

Während im Parlament ein Klassen- oder zumindest Kulturkampf ausgetragen wurde, arbeiteten Vertreter der Unternehmer und Arbeitnehmer in den Industriellen Bezirkskommissionen pragmatisch und fast reibungslos zusammen. Diese Form der Selbstverwaltung war imstande, die konkreten Detailprobleme zur Arbeitslosenunterstützung und -vermittlung einvernehmlich zu lösen, welche durch die politisch verfahrene Situation im Parlament vielfach offen gelassen worden waren.

Speziell die Industrielle Bezirkskommission Wien unternahm auch selbständige Versuche auf dem Gebiet der Arbeitsmarktpolitik — Umschulung, usw. — und war bestrebt, in Form von Stellungnahmen auch die Arbeitslosengesetzgebung zu beeinflussen. Der Rückgang der Bedeutung der Industriellen Bezirkskommissionen war auch nicht so sehr auf die Weltwirtschaftskrise zurückzuführen, obwohl gerade in dieser Zeit die größten Schwierigkeiten auftraten[7], sondern auf eine sich verstärkende Opposition gegen das Prinzip der Selbstverwaltung. Einmal war es, bedingt durch den Entscheidungsspielraum der einzelnen Be-

---

[3] Karl Forchheimer, S. 599.

[4] Karl Pribram, Die gesetzliche Regelung der Arbeitslosenunterstützung, Österreichischer Volkswirt, Bd. 2, 1920, S. 542.

[5] Karl Forchheimer, S. 598.

[6] Erläuternde Bemerkungen zum Arbeitslosenversicherungsgesetz, S. 20.

[7] Durch die Herabsetzung der Notstandsaushilfe kam es im Dezember 1930 zu einer „Sprengung der Industriellen Bezirkskommission Wien" durch die Gewerkschaftsvertreter. Die Regierung setzte eine Verwaltungskommission ein, und als auch diese nicht von den Gewerkschaften besetzt wurde, ernannte sie einen Beamten für den Sitz der Gewerkschaft und verfügte dann die Erhöhung der Beiträge, gegen die sich die Gewerkschaft so entschieden gewehrt hatte. Mit dieser rigorosen Maßnahme der Regierung kann das Ende der paritätischen Selbstverwaltung der Arbeitslosenversicherung und Vermittlung festgesetzt werden. Vgl. Neue Freie Presse, „Die Decke ist zu kurz", 13. 12. 1930 und Österreichischer Volkswirt, Bd. 1, 1930/31, S. 374.

zirkskommissionen, welche zu einer teilweise recht unterschiedlichen Beitrags- und Unterstützungspolitik führte, zu regional recht großen Unterschieden gekommen, die als nicht sinnvoll und nicht tragbar angesehen wurden[8]. Vor allem aber wurde das Prinzip selbst angefochten. Es wurde nicht als entsprechend empfunden, „wenn große Probleme, deren Lösung dem Nationalrat aus politischen Gründen schwer fällt, einfach paritätischen Kommissionen zur Austragung überlassen werden, weil bei dieser Art persönliche Qualitäten und Ansichten eine viel zu große Rolle spielen, als daß man davon die Entscheidung über wirtschaftlich sehr wichtige Fragen abhängig machen könnte[9]".

Der Ständestaat dämmte dann die autonome Selbstverwaltung durch eine Reihe von Maßnahmen ein, welche „die Industriellen Bezirkskommissionen aus autonomen Versicherungsträgern zu bloß ausführenden Organen des Ministeriums"[10] werden ließen. Mit dem Übergang von der Arbeitslosenversicherung zur staatlichen Arbeitslosenfürsorge waren auch die paritätischen Einrichtungen nicht mehr notwendig, da sie auch auf dem Gebiet der Arbeitslosenunterstützung dem autoritären Prinzip zu weichen hatten und der Konsens mit den Arbeitnehmern als Gruppe nicht mehr gesucht wurde.

Die sozialen Lasten

Eine der wichtigsten Begründungen für die Selbstverwaltung der Arbeitslosenversicherung durch Arbeitgeber und Arbeitnehmer war, daß diese beiden Gruppen mit ihren Beiträgen finanziell die Unterstützung zum überwiegenden Teil zu tragen hatten. Die gerade in wirtschaftlich ungünstigen Zeiten hohe Belastung sollte beim Zusammenbruch der Arbeitslosenversicherung eine entscheidende Rolle spielen, die Diskussion um die „sozialen Lasten" wurde jedoch schon in den Zwanzigerjahren mit großer Überzeugung geführt.

Diese sozialen Lasten wirkten sich einmal auf den Staatshaushalt aus, da der Bunde die Unterstützung vorschußweise zu tragen hatte und es auch übernahm, das Defizit — vorschußweise — zu decken. Unter diesen Umständen war es außerordentlich schwierig, zu budgetieren. „Bereits im Frühjahr jeden Jahres wurde der Staatsvoranschlag fertiggestellt, und es galt dann, für den Voranschlag zu schätzen, wie groß die Zahl der Arbeitslosen im nächsten Jahr sein wird, eine unlösbare Aufgabe[1]." Der Bund bekam zwar den großen Teil seines Auf-

[8] Vgl. Österreichischer Volkswirt, Bd. 2, 1932, S. 1247.

[9] Theodor Schneider, Die Auswirkungen des jetzigen Arbeitslosenversicherungsgesetzes auf die Wirtschaft, Arbeit und Beruf, 1928, S. 127.

[10] N. C., Rechtsfragen der Arbeitslosenversicherung, Österreichischer Volkswirt, Bd. 2, 1934, S. 739.

[1] Karl Forchheimer, Arbeitslosenfürsorge und Arbeitsvermittlung in Österreich, a.a.O., S. 36.

wandes wieder in Form der Beiträge zurückerstattet, 1932 blieb er aber dennoch auf einem Defizit von 150 Millionen Schilling sitzen. Zur völligen Ausgliederung der Arbeitslosenversicherung aus dem staatlichen Bereich, die in der Reform von 1931 vorgesehen war, war es ja nicht mehr gekommen. Zudem verblieben dem Staat Aufwendungen aus der Außerordentlichen und der Notstandsunterstützung, bei der die öffentliche Hand die Hälfte der Kosten zu tragen hatte. Der Hauptanteil der Mittel wurde jedoch über die Arbeitgeber und Arbeitnehmer aufgebracht und in Form von Beiträgen erhoben. Auch für den Arbeiter war die Belastung nicht unerheblich. Allein die diversen Beiträge zur Arbeitslosenunterstützung machten etwa 6 % seines Bruttolohnes aus. Zwar mag diese soziale Belastung für den Arbeiter verständlich gewesen sein, „weil er eben in Krisenzeiten für viele unglückliche Kollegen Hilfe leisten mußte[2]“, die Beitragshöhe wurde aber dennoch als hart empfunden, zumal er auf Grund der Bedürftigkeitsklausel nicht einmal sicher sein konnte, ob und wie lange er bei Arbeitslosigkeit auch eine Unterstützung erhalten würde.

Die Hauptkritik an den sozialen Lasten ging aber von der Wirtschaft, vor allem von der Industrie aus. Diese wandte sich vollkommen gegen den „Systemfehler der Arbeitslosenunterstützung, welcher die sozialen Lasten gerade in wirtschaftlich schlechten Zeiten am größten werden ließ und durch die immer wieder erfolgte Verlängerung der außerordentlichen Maßnahmen zur Arbeitslosenfürsorge die von der Industrie zu tragende Last automatisch steige, wodurch wiederum die Situation der Industrie neuerlich verschlechtert werde“. Für die Volkswirtschaft wurde es als in höchstem Maße unzweckmäßig angesehen, „daß die Industrie und Gewerbe gerade zu jenen Zeiten am meisten belastet werden, in denen sie um ihre Konkurrenzfähigkeit am meisten kämpfen[3]“.

Man sprach von einem „Schwungradmechanismus“ und „der Unhaltbarkeit einer Methode, die dem Problem der Arbeitslosigkeit nahe kommen will, indem sie immer wieder die Unterstützung vergrößert, damit die sozialpolitische Belastung der Öffentlichkeit und der Volkswirtschaft fühlbar verstärkt und somit neue Schichten unselbständiger Existenzen, deren Betriebe die Konkurrenzfähigkeit verlieren, in die Arbeitslosigkeit hineindrängt[4]“.

Noch einfacher ausgedrückt und beinahe auf eine Formel gebracht hieß das: „Die Konkurrenzfähigkeit ist eine Frage der Produktionskosten. Die Produktionskosten hängen eng mit den Lohnkosten und

---

[2] Karl Forchheimer, S. 35.

[3] Karl Forchheimer, S. 36.

[4] Hans Schmitz, Sten. Protokolle des Nationalrats, 114. Sitzung, 7. 6. 1922, S. 3765.

mit den Kosten, die vom Unternehmer für soziale Lasten ausgegeben werden, zusammen[5]." Daher hing auch die Konkurrenzfähigkeit von den sozialen Lasten ab, von der Möglichkeit, „von dem Übermaß der sozialen Beiträge" entlastet zu werden. Denn „ob und wie lange unsere ausgebeutete Wirtschaft diese Last weiter zu tragen vermag, ist und bleibt eine offene Frage. Daß aber die Grenze der Tragfähigkeit längst überschritten ist, ist eine Binsenwahrheit"[6].

Der Kampf gegen die sozialen Lasten war aber für die Industrie keine isolierte Frage, sondern stand im Zusammenhang mit lohnpolitischen Auseinandersetzungen. Die Löhne, ursprünglich ein variabler Kostenfaktor, der sich in gewissem Rahmen nach Angebot und Nachfrage orientierte und auch nach unten flexibel war, wurden auf Grund der Monopolisierung der Unternehmer und Arbeitnehmerinteressen in Kollektivverträgen festgelegt und waren nach unten weitgehend starr und schwer zu verändern. So gingen die Bestrebungen der Industrie unter anderem dahin, die sozialen Lasten insbesondere der Arbeitslosenversicherung abzubauen.

Dies scheiterte in den Zwanzigerjahren noch „an der Geschlossenheit und politischen Macht der Gewerkschaften[7]". Immerhin konnten aber die Unternehmerseite einen weiteren Ausbau verhindern. So wurde das österreichische Arbeiterversicherungsgesetz 1926, das umfassende Verbesserungen auf dem Gebiet der Kranken-, Unfall-, Invaliden- und Altersversicherung bringen sollte, an einen „Wohlstandsindex" geknüpft. Die Wirksamkeit dieses Gesetzes wurde von dem Zeitpunkt abhängig gemacht, „an welchem die gesamte Wirtschaft genug Tragfähigkeit besitzen wird, um die durch die Verbesserung der Versicherungsleistungen und durch die Einführung der Altersversicherung erhöhten sozialen Lasten zu tragen. Dieser Zeitpunkt . . . wird dann anzunehmen sein, wenn die Zahl der Arbeitslosen unter die halbjährige Durchschnittsziffer von 100 000 gesunken sein wird und wenn der Wirtschaftsindex (Steigerung des Außenhandels, Zunahme der Inlandsverfrachtung und Fortschritt der landwirtschaftlichen Produktion) eine entsprechende Besserung zeigen wird"[8]. Damit war bereits ein entscheidender Erfolg im Kampf gegen die sozialen Lasten erreicht worden. Die Arbeitslosenziffer fiel nach 1926 nicht mehr unter 100 000, das Gesetz sollte in der Ersten Republik nicht in Kraft treten.

---

[5] Rudolf Johann Zarboch, Sten. Protokolle des Nationalrats, 118. Sitzung, 29. 1. 1930, S. 3413.

[6] Franz Eidlitz, Die Arbeitslosenversicherungsreform — ein unentbehrlicher Bestandteil der Budgetstabilisierung! Wochenschrift des Niederösterreichischen Gewerbevereins, 1931, S. 451.

[7] Josef Jellinek, Sozialversicherung, Löhne, Preise, Österreichischer Volkswirt, Bd. 1, 1930/31, S. 381.

[8] Franz Keller, Das österreichische Arbeitslosenversicherungsgesetz, Arbeit und Beruf, 1927, S. 460.

Sicherlich war die Sorge der österreichischen Industrie, wie bei schlechtem Geschäftsgang die sozialpolitischen Lasten getragen werden sollen, nicht ganz unberechtigt. Die zeitweise geradezu in Mode stehenden Berechnungen der sozialpolitischen Belastungen der österreichischen Volkswirtschaft und deren Resultate lassen sich aber zumeist nur von politischer Motivation her erklären. So gab es etwa Kalkulationen, wie die des späteren Finanzministers Weidenhoffer, der gerade in der Weltwirtschaftskrise entscheidenden wirtschaftspolitischen Einfluß erlangen sollte, welche die sozialpolitische Belastung der Produktion mit 29 % der Lohn- und Gehaltssumme und 25 % bis 30 % der Kosten des Endproduktes angaben[9]. Eine vom österreichischen Volkswirt mit dem Bemühen nach objektiverer Feststellung der Sozialkosten durchgeführte Berechnung[10], nahm die tatsächliche Belastung der Produktion durch soziale Abgaben für 1927 mit 16,8 % der Lohn- und Gehaltsumme an. Danach können die Beiträge zur Arbeitslosenunterstützung mit 5,8 % der Lohn- und Gehaltsumme oder einem Drittel der Sozialabgaben angenommen werden[11]. Da eine solche sozialpolitische Belastung durchaus auch in anderen Ländern gegeben war — Österreich war nur unmittelbar nach dem Ersten Weltkrieg in der Sozialpolitik führend, Mitte der Zwanzigerjahre aber eher europäischer Durchschnitt — zielte die Lohnpolitik der Industrie auf eine Art „soziales Dumping", um im Export einen Konkurrenzvorteil zu erreichen, um die Strukturprobleme, denen sich die österreichische Wirtschaft nach 1918 gegenüber sah, besser bewältigen zu können. Von dieser Sicht aus waren die sozialen Lasten sicherlich zu hoch. Der Fehlschuß lag jedoch in der Überlegung, daß ein Abbau der Sozialpolitik ohne gleichzeitige Erhöhung der Löhne volkswirtschaftlich möglich sei. „Krankheit, Unfall, Invalidität und Arbeitslosigkeit waren nun einmal nicht vom Leben eines Arbeiters auszuschließen: Ob er versichert ist oder nicht, er muß, wenn er krank ist, den Arzt haben, bei Unfallverletzung Heilbehandlung finden und in der Zeit der Arbeitslosigkeit sich ernähren. Ist er nicht versichert, muß der Lohn dafür aufkommen[12]."

Die für den Einzelbetrieb nur als Belastung aufscheinenden Sozialabgaben, hatte aber gesamtwirtschaftlich gesehen eine ganz andere Bedeutung. Die Zwangsversicherung gegen Erkrankung, Unfall, Invalidität und Arbeitslosigkeit war volkswirtschaftlich sicherlich die sparsamste. Zusätzlich war auch gerade in Zeiten hoher Arbeitslosigkeit die bedeutende konsumerhaltende Wirkung der Unterstützung nicht zu über-

---

[9] Die Industrie, Wien, 17. 2. 1928.

[10] Josef Jellinek, Die sozialpolitische Belastung der Volkswirtschaft, Österreichischer Volkswirt, Bd. 2, 1927/28, S. 623; siehe auch: Josef Jellinek, Der Kampf um die Altersversicherung, a.a.O., 23. und 27. 4. 1927.

[11] Josef Jellinek, Sozialpolitische Belastung, S. 624.

[12] Josef Jelinek, Sozialpolitische Belastung, S. 623.

sehen, die überhaupt zu den wenigen Maßnahmen in der Weltwirtschaftskrise mit „konsumförderndem Charakter" zählte: „Je stärker die Kaufkraft der Massen gesenkt wird, um so mehr geht auch der Inlandsabsatz zurück, auf den die Industrie in Zeiten verringerter Aufnahmefähigkeit der Auslandsmärkte mehr denn je angewiesen ist . . . Die von der Industrie durch Senkung der sozialpolitischen Lasten und Löhne beabsichtigte Wirkung, die Hebung der Wettbewerbsfähigkeit, kann so durch die Absatzminderung und Erzeugungseinschränkung leicht ins Gegenteil umschlagen. Die Senkung der sozialpolitischen Lasten und Löhne als Krisenheilmittel ist also nur mit großer Vorsicht anzuwenden[13]." Auch Josef Resch argumentierte mit der „Verbundenheit zwischen Sozialversicherung und Wirtschaft" und der „Funktion der Arbeitslosenversicherung zur Erhaltung eines Teiles der Kaufkraft der Bevölkerung"[14] gegen die vielfach vorgebrachten Abbaubestrebungen. „Die Sozialversicherung hilft mit", betonte er 1935, „einer weiteren Schrumpfung der Wirtschaft entgegenzuwirken und diese Erwägung sollte wohl auch dort entsprechend gewürdigt werden, wo von der Sozialversicherung nur als eine soziale Belastung gesprochen wird . . . In diesem Sinn ist die Sozialversicherung auch von den wirtschaftlichen Gegebenheiten abhängig. Sie darf niemals isoliert für sich, gleichsam im leeren Raum, sondern sie muß immer im Bewußtsein dieses Zusammenhangs betrachtet werden. Falsch wäre es aber — gleichsam unter Vernachlässigung der Zusammenhänge — nur von „sozialen Lasten" zu sprechen. In der Bilanz der Einzelunternehmung mag diese Bezeichnung immerhin noch einige Berechtigung haben, weil hier die Belastung mit den Beiträgen tatsächlich ziffernmäßig aufscheint, ohne daß die dazugehörenden Aktivposten in Vergleich gesetzt werden können. In der Bilanz der Volkswirtschaft treten aber die Leistungen dem Beitragsaufwand gegenüber und von dieser Warte aus zeigt sich, daß auch die Sozialversicherung der Deckung eines Bedarfes dient, der auch ohne Sozialversicherung in irgend einer Form aus dem Produktionsvertrag befriedigt werden müßte, allerdings aber mit höheren Kosten und geringeren Leistungen[15]."

Folgen am Arbeitsmarkt

So mußte den Arbeitslosenunterstützungs-, Fürsorge- und Versicherungsmaßnahmen eine nicht zu unterschätzende volkswirtschaftliche Bedeutung zugesprochen werden. Einzelne Bestimmungen hatten darüber hinaus noch weiterreichende Konsequenzen, die vom Gesetzgeber

[13] Josef Jellinek, Sozialversicherung, Löhne, Preise, Österreichischer Volkswirt, S. 382.

[14] Josef Resch, Die volkswirtschaftliche Bedneutung der Sozialversicherung, Wien 1935, S. 16.

[15] Josef Resch, S. 17 f.

ursprünglich in keiner Weise vorgesehen oder beabsichtigt worden waren[1]. Die in ihrer Summe doch beträchtlichen Beträge, die als Unterhaltzahlungen zur Verteilung kamen, bewirkten oder verstärkten ganz bestimmte Verhaltensweisen auf dem Arbeitsmarkt. So wurde vor allem die vielbeklagte Arbeitsunlust mit der Arbeitslosenunterstützung in Zusammenhang gebracht und die Arbeitslosenversicherung wirkte ohne Zweifel verstärkend auf die Landflucht.

Arbeitslosenunterstützung und Arbeitsunlust

Die Arbeitslosigkeit der Jahre 1918/19 war ein ganz eigenes Phänomen, das mit der Arbeitslosigkeit in den Dreißigerjahren in keiner Weise zu vergleichen war.

An sich durch die Auflösung der Armee und die Umstellung auf die Friedenswirtschaft bedingt, waren wesentliche Ursachen jedoch auch in subjektiven Faktoren zu suchen, in den Auswirkungen des Krieges, des jahrelangen Soldatendienstes und nicht zuletzt auch in der moralischen Wirkung der Niederlage. Die starke Unlust zur Arbeit war, wie Pribram es ausdrückte, „die traurige Folge der entsittlichenden Kriegszeit, die Tausende von Existenzen aus der ruhigen, geordneten Bahn ihres bescheidenen wirtschaftlichen Daseins schleuderte und den in vielen schlummernden Hang nach Abenteuern, nach ungeregelter Lebensführung zu gefährlicher Blüte erweckte[2]". Die Arbeitslosenunterstützung verstärkte diese Tendenz noch ganz entscheidend. Diese „den besten Absichten entsprungene und unter den gegebenen Verhältnissen wohl unvermeidliche soziale Maßnahme" zeigte die unerwünschte Nebenwirkung, „daß die schon während des Krieges zu beobachtende, durch die langjährige militärische Dienstleistung einerseits und durch die Unterhaltsbeiträge andererseits großgezogene Arbeitsunlust zu direkter Arbeitsscheu gesteigert wurde[3]". Denn während auf der einen seite Tausende Unterstützung bezogen, waren speziell für schwere Arbeiten, wie Erd- und Holzarbeiten, aber auch Schneeschaufeln keine Arbeiter zu bekommen, „da die meisten Heimkehrer den Standpunkt vertraten, infolge der Kriegsstrapazen überhaupt nicht oder wenigstens nicht schwer arbeiten zu können[4]". Die Unterstützung, die zur Aufrechterhaltung von Ruhe und Ordnung gedacht war, ermöglichte dieses Verhalten und verhinderte bis zu einem gewissen Grad „unstreitig die Ausnutzung der sich bietenden Arbeitsgelegenheiten[5]". Einmal war die

[1] Richard Strigl, Arbeitslosenversicherungsnovelle, Österreichischer Volkswirt, Bd. 2, 1930, S. 877.

[2] Karl Pribram, Die Arbeitslosenfürsorge in Österreich, S. 474.

[3] Bericht der Industriellen Bezirkskommission Linz, 14. 1. 1919, VWA/Sozialpolitik, 2.072/19.

[4] Bericht der Industriellen Bezirkskommission Linz.

[5] Bericht des Gewerbeinspektorats für den II. Aufsichtsbezirk in Wien, 7. 1. 1919, VWA/Sozialpolitik, 2.072/19.

Arbeitslosenunterstützung relativ leicht zu bekommen. Eine Kontrolle war bei der improvisierten erst im Aufbau befindlichen Organisation 1919 kaum möglich und lag auch nicht im Sinn dieser Maßnahme. Sodann war die staatliche Unterstützung im Vergleich zu den Zahlungen der späteren Arbeitslosenversicherung relativ hoch. Zusätzlich gewährten aber auch noch die Gewerkschaften eine Zulage an ihre arbeitslosen Mitglieder und im Februar 1919 entschloß sich die Gemeinde Wien, unter dem Druck der kommunistischen Arbeitslosenpropaganda, jedem arbeitslosen Familienhalter eine zusätzliche Unterstützung von drei Kronen plus eine Krone pro Familienmitglied zu gewähren.

Ein Beschluß, „der in dieser Form kaum als glücklich bezeichnet werden konnte[6]", im Widerspruch zu den allgemeinen Tendenzen der Lohnentwicklung stand und die Unterstützung insbesondere bei größeren Familien und weniger qualifizierten Arbeitern nahe an die Lohnhöhe heranbrachte und diese zum Teil sogar übertraf. In den Berichten der Gewerbeinspektorate wurden daher sowohl auf die Vorteile aber auch auf die Nachteile der Arbeitslosenunterstützung hingewiesen: „Die Höhe der Geldunterstützung (durch den Staat und die Arbeiterorganisationen) fördert die zweifellos vorhandene Arbeitsunlust in einem so bedeutendem Umfange, daß dieselbe in ihren Auswirkungen seitens vieler Unternehmer als für die Wiederaufrichtung der Volkswirtschaft schädlich bezeichnet wird, wobei jedoch gleichzeitig die wohltätige Wirkung der Auszahlung einer Arbeitslosenunterstützung überhaupt auf die Ruhe und Ordnung, mit der sich die staatliche Umbildung vollzieht, anerkannt wird[7]."

Arbeitslosigkeit bedeutete 1919 eben nicht Verdienstlosigkeit. Die Folge davon war eine „auffallende Ruhe in den Kreisen der Arbeitslosen. Wenn zu früheren Zeiten beispielsweise im Frieden, auf Wiener Boden 56 000 Arbeitslose mit der Unterstützung in der Höhe des Krankengeldes und den entsprechend normierten Familienbeiträgen hätten zufrieden sein sollen, so wären wohl schwere Unruhen, vielleicht sogar Auschreitungen unausbleiblich gewesen. Wenn dies heute nicht der Fall ist, so sind hierfür sicherlich tiefere, und zwar nur materielle Gründe maßgebend ... Wer nicht arbeiten will, entzieht sich der regelmäßigen Arbeit einfach mit dem Erfolg einer Unterstützung und eines guten, eventuell sogar ausgezeichneten Nebenverdienstes[8]". 1919 waren diese „Nebenverdienste" nicht nur möglich, sondern auch notwendig. „Die Arbeiter denken heute nicht mehr an die Arbeit, sondern einzig und allein auf die Möglichkeit, sich so viele Lebensmittel durch „Hamstern" zu verschaffen, um zu leben und ihre Familie vor Hunger zu

[6] Karl Pribram, S. 474.

[7] Bericht des Gewerbeinspektorats für den II. Aufsichtsbezirk in Wien, 14. 1. 1919, VWA/Sozialpolitik, 2.072/19.

[8] Bericht des Gewerbe-Inspektorates für den II. Aufsichtsbezirk.

schützen[9]." Bereits nach dem Ersten Weltkrieg fand daher „eine Massenabwanderung des städtischen Vermögens in die bäuerlichen Gemeinden statt[10]".

Daneben war aber auch bei „allerlei Schleichhandel wohl sehr hohe Nebenverdienste erreichbar" und eine große Zahl von Arbeitslosen verschaffte sich so „ein reichliches und dabei selbstredend vollkommen unkontrollierbares Einkommen[11]", daß ihr Interesse an einem ständigen Arbeitsverhältnis nicht allzu groß war. „Ein solches ständiges Arbeitsverhältnis würde ja den Betreffenden in der Ausnützung der günstigen und sich von Tag zu Tag noch verbessernde Konjunktur behindern[12]."

Mit zunehmendem zeitlichen Abstand vom Krieg und der wirtschaftlichen und politischen Konsolidierung der jungen Republik Österreich, löste sich aber das Problem der Arbeitsunlust praktisch von selbst. Die Möglichkeit einer mißbräuchlichen Unterstützung wurde schon durch die strengere Handhabung Ende 1919, vor allem aber durch das Arbeitslosenversicherungsgesetz 1920 eingedämmt. Zusätzlich nahm der Anreiz, eine Unterstützung zu beziehen, in der Inflation drastisch ab, da die Zahlungen, nicht wie viele Löhne indexiert waren und mit der Geldentwertung keineswegs Schritt hielten. Der „Sachwert" der Unterstützung wurde immer geringer, „so daß sich auch manche wenig arbeitsfreudige Arbeiter zur Annahme einer Beschäftigung veranlaßt sahen[13]".

Die 6 Kronen Unterstützung vom November 1918 hätten im Juni 1922 5 000 Kronen entsprochen, die Unterstützung war jedoch nur auf 960 Kronen angestiegen und damit praktisch auf ein Fünftel des ursprünglichen Wertes gefallen[14]. Spätestens 1922, mit der Sanierung der österreichischen Währung und der weitgehenden Normalisierung der wirtschaftlichen Verhältnisse gehörte daher das Phänomen der verbreiteten Arbeitsunlust der Vergangenheit an.

---

[9] Bericht der Industriellen Bezirkskommission St. Pölten, 17. 1. 1919, VWA/Sozialpolitik, 2.072/19.

[10] Bericht der Industriellen Bezirkskommission St. Pölten.

[11] Bericht des Gewerbe-Inspektorates für den II. Aufsichtsbezirk.

[12] So wurde etwa unter anderem von einem lebhaften Lebensmittelschmuggel berichtet: „Die Ursache dieser mißbräuchlichen Ausnützung der Unterstützung ist darin gelegen, daß die Arbeitlosen bei der Nähe der ungarischen Landesgrenze sich in den Dienst des umfangreich betriebenen Lebensmittelschmuggels stellen, sich hierbei als selbständige Händler schöne Verdienste erwerben und sich vor allem weit besser stehen, als durch die Annahme einer selbst gut bezahlten Arbeit." Bericht des Gewerbe-Inspektorates für den VI. Aufsichtsbezirk Wiener Neustadt, 13. 1. 1919, VWA/Sozialpolitik, 2072/19.

[13] Karl Pribram, Die gesetzliche Regelung der Arbeitslosenunterstützung, S. 522.

[14] Ferdinand Hanusch, Sten. Protokolle des Nationalrats, 114. Sitzung, 7. 6. 1922, S. 3760.

Die Gewerkschaften und auch das Staatsamt für soziale Fürsorge hatte sich schon immer gegen den pauschalen Vorwurf der Arbeitsunlust gewehrt, da sie dahinter nicht zuletzt die Möglichkeit einer politischen Agitation sahen[15]. Sie sollten durchaus recht behalten.

Bei der Diskussion um die Arbeitslosengesetze in den Zwanzigerjahren, zum Teil sogar noch später, wurde das Argument der Arbeitsunwilligkeit immer wieder ins Treffen geführt. Ganz allgemein, daß eben ein großer Teil der Arbeitslosen „den Genuß der Arbeitslosenunterstützung der geregelten Arbeit vorzieht“[16], und speziell in Hinblick auf eine möglichst niedrige Bemessung der Unterstützung: „Wenn die Arbeitslosenunterstützung nahe an den Verdienst des arbeitenden Menschen herankommt, dann ist es menschlich begreiflich, daß die Sucht, Arbeit zu bekommen, nicht allzugroß ist[17].“ Wiewohl daher in den Zwanzigerjahren jeder konkrete Beweis für eine verbreitete Arbeitsunlust fehlte, hatte diese Erscheinung der ersten Nachkriegszeit eine politische Langzeitwirkung und wurde zu einem der wichtigsten und ständig wiederholten Argument für die Eindämmung der Arbeitslosenunterstützung. Die sarkastische Bemerkung der Sozialdemokraten war in diesem Bereich durchaus zutreffend: „Es ist bei den bürgerlichen Parteien so üblich, daß immer dann, wenn von der Arbeitslosigkeit oder von der Not der Arbeitslosen die Rede ist, das bekannte Märchen erzählt wird: Es war einmal ein Arbeitsloser, dieser Arbeitslose hatte eine Arbeit bekommen, er hat sie aber nicht genommen, und darum sind eben die Arbeitslosen arbeitsscheu, sie wollen gar nicht arbeiten[18].“

Arbeitslosenversicherung und Landflucht

Eine konkretere Auswirkung, die gerade in den Zwanzigerjahren sehr spürbar war, hatte aber die Arbeitslosenversicherung auf die Landflucht.

Das österreichische Modell der Arbeitslosenversicherung des Jahres 1920 hatte durchaus seine Eigenheiten. Vor allem unterteilte sie den Arbeitsmarkt in zwei Bereiche: einen solchen, der in die Arbeitslosenversicherung einbezogen war und einen solchen, wo sie nicht angewendet wurde. Zu den letzteren gehörten vor allem die land- und forstwirtschaftlichen Arbeiter. Diese Gruppe war 1920 ganz bewußt aus der Arbeitslosenversicherung herausgehalten worden, da man der Meinung

---

[15] Vgl. etwa: Die Fortführung der Arbeitslosenfürsorge in Deutschösterreich, Amtliche Nachrichten des Staatsamtes für soziale Fürsorge, 1919, S. 167.

[16] Rudolf Johann Zarbroch, Sten. Protokolle des Nationalrats, 118. Sitzung, 29. 1. 1930, S. 415.

[17] Rudolf Johann Zarbroch, S. 415.

[18] Pius Schneeberger, Sten. Protokolle des Nationalrats, 8. Sitzung, 30. 12. 1930, S. 109.

war, daß „von einer Arbeitslosigkeit in der Landwirtschaft als einer sozial bedeutsamen Erscheinung nicht die Rede sein kann, vielmehr erfahrungsgemäß ein Mangel an landwirtschaftlichen Arbeitern zu beobachten ist, so ist es weder erforderlich noch zweckmäßig, ihnen einen Anspruch auf die Unterstützung einzuräumen[1]". Auch in späteren Jahren wurde immer wieder betont, „in der Land- und Forstwirtschaft gibt es keine Arbeitslosen, es ist da immer mit einem Mangel an Arbeitskräften zu rechnen[2]". Eine Arbeitslosenversicherung in diesem Bereich schien daher völlig überflüssig und zur Erleichterung des ländlichen Arbeitsmarktes wurden die landwirtschaftlichen Arbeiter ausgegliedert.

Diese Maßnahme verkehrte sich aber geradezu ins Gegenteil und wurde ein zusätzlicher starker Anreiz zur Landflucht.

So mußte man in den Zwanzigerjahren voller Überraschung feststellen, und das wurde sogar Gegenstand einer Untersuchung des Sozialministeriums[3], daß sich die Zahl der unterstützten Arbeitslosen in Wien und in den Bundesländern außerordentlich verschieden entwickelte. Während 1930 die Zahl der unterstützten Arbeitslosen in Wien um 65 % höher war als 1923 hatte sie außerhalb der Hauptstadt um 280 % zugenommen[4]. Diese „ungewöhnliche Entwicklung der Arbeitslosenzahl"[5], die mit der Konjunkturbewegung nicht übereinstimmte, wurde vor allem auf den Zuzug ländlicher Arbeiter in die Industrie zurückgeführt. Man versuchte zwar, durch mehrere Novellen zur Arbeitslosenversicherung das Einströmen von Arbeitern aus der Landwirtschaft in den Kreis der unterstützten Arbeitslosen zu verhindern[6], und auch die Gewerkschaften forderten 1930: „Maßnahmen zur Verhinderung der Aufnahme von Landarbeitern in die Schwerindustrie, die Bundesbahnen und öffentlichen Betriebe[7]" nicht zuletzt in eigenem Interesse, da diese Arbeiter zumeist nicht organisiert waren. Die Entwicklung der Unterstütztenzahlen zeigten jedoch, daß diesen Maßnahmen kein durchgreifender Erfolg beschieden war. Während sich die Entwicklung der Zahl der unterstützten Arbeitslosen in Wien „ziemlich eng an die tatsächlichen allgemeinen Konjunkturschwankungen in der Wirtschaft

---

1 Erläuternde Bemerkungen zum Arbeitlosenversicherungsgesetz, S. 17.

2 Josef Resch, Sten. Protokolle des Nationalrats, 19. 7. 1922, S. 4147.

3 Anfrage des Ministeriums für soziale Verwaltung an die Industriellen Bezirkskommissionen betreff der Ursache des bedeutend stärkeren Anwachsens der Arbeitslosigkeit auf dem flachen Lande gegenüber Wien und deren Verhütung, VWA/Sozialpolitik, 75.658/30.

4 Österreichischer Volkswirt, Bd. 1, 1930/31, S. 301.

5 Richard Strigl, Arbeitslosenversicherungsnovelle, Österreichischer Volkswirt, Bd. 2, 1930, S. 877.

6 Etwa durch die Bestimmung, rein ländliche Gemeinden aus der Arbeitslosenversicherung überhaupt auszunehmen.

7 Memorandum der Gewerkschaften an die Bundesregierung vom 8. 1. 1930, Österreichischer Volkswirt, Bd. 1, 1929/30, S. 419.

anlehnte" war die Bewegung in den Bundesländern „ganz losgelöst von diesen Schwankungen ein fast ununterbrochenes Steigen der Zahl der Arbeitslosen seit 1923[8]".

Durchschnittliche Zahl der Arbeitslosen

1923 = 100							
	1923	1924	1925	1926	1927	1928	1929
Wien	100	75	120	139	129	109	108
Österreich ohne Wien	100	103	158	190	194	187	206

Quelle: Statistiken der Arbeitslosenfürsorge 1919 - 1929, Bundesministerium für Soziale Verwaltung, Wien 1930.

Neben allgemeinen Strukturproblemen der österreichischen Wirtschaft und auch psychologischen Ursachen, wie etwa die langsamere Gewöhnung an die Unterstützung in den Bundesländern[9], hatte diese extreme Entwicklung ihre Wurzeln sicher auch in der Landflucht.

Ein zusätzliches Angriffsfeld der Kritik war in diesem Zusammenhang, daß viele landwirtschaftliche Arbeiter erst über öffentliche Arbeiten, wie Straßenerhaltung oder Flußregulierungen, die an sich dem Abbau der Arbeitslosigkeit dienen sollten, sich Zutritt zur Arbeitslosenversicherung verschaffen konnten[10].

Auch beim Problem der Landflucht wurde jedoch bald politisch argumentiert. Die Sozialdemokraten, unter deren Sozialminister das Gesetz zur Arbeitslosenversicherung ausgearbeitet wurde, und die diesem 1920 mit Ausschluß der Landarbeiter zustimmten, machten sich in der Opposition schon bald zum Sprecher der Land- und Forstarbeiter und versuchten diese in die Versicherung mit einzubeziehen: „Wir halten es

8 Richard Strigl, S. 878.

9 Diese Wirkung war zwar nicht meßbar, aber dennoch nicht zu unterschätzen. Während die industriellen Arbeiter in den Städten die Unterstützung sofort und selbstverständlich akzeptierten, war es auf dem Lande anfangs eher eine Schande unterstützt zu werden! So berichtete etwa die industrielle Bezirkskommission Tirol 1929: „Ferner verdient stärkste Beachtung, daß insbesondere in den Jahren 1923 bis nahezu 1926 in vielen Tälern Tirols erst ein allmählicher Eingewöhnungsprozeß der Arbeitslosenversicherung — vielleicht später als anderswo — stattgefunden hat. Bauarbeiter ganzer Täler haben erst in diesen Jahren infolge der wachsenden Vertrautheit mit den formellen Erfordernissen der Unterstützung, der günstigeren Gestaltung der Verkehrsverhältnisse, den erleichterten Auszahlungsmöglichkeiten ,die Unterstützung in Anspruch genommen, obwohl sie bereits in den früheren Jahren anspruchsberechtigt gewesen wären. Noch heute melden sich nicht zu selten solche Arbeitskräfte bei den Ämtern, die es bisher als beschämend empfunden haben, die Arbeitslosenunterstützung in Anspruch zu nehmen." Industrielle Bezirkskommission für Tirol: Ergebnisse der Statistik der Arbeitslosenfürsorge 1919 bis 1929, VWA/Sozialpolitik, 75.658/29.

10 Otto Bauer, Sten. Protokolle des Nationalrats, 118. Sitzung, 29. 1. 1930, S. 3412.

für unbedingt notwendig, daß sich die Arbeitslosenversicherung auf alle Schichten der Arbeitenden erstreckt[11]."

Und auch der Arbeiterflügel der Christlichsozialen Partei erklärte: Auch die Einbeziehung der land- und forstwirtschaftlichen Arbeiter in die Arbeitslosenversicherung . . . ist eine Frage, die vom sozialen, die vom ethischen und auch vom rechtlichen Standpunkt aus nicht verneint werden kann[12]. Dagegen trat allerdings eine starke Opposition auf, sowohl vom christlichsozialen Lager, vor allem aber vom Landbund, welche die Lösung der Landflucht eher in einer Absperrung der Arbeitslosenunterstützung für die von der Landwirtschaft kommenden Arbeitskräfte sahen.

In den Augen der agrarischen Vertreter war die Arbeitslosengesetzgebung „eine jener miserablen Verlockungen, die unsere Leute vom gesunden Lande eben weg- und den Städten zutreibt[13]". Vor allem Saisonarbeiter, Zimmerleute, Maurer, usw., waren ja zum Teil ursprünglich „aus der Landwirtschaft hervorgegangen und haben Gelegenheit, sich in der Landwirtschaft auch in der arbeitsarmen Zeit zu betätigen[14]". Trotzdem waren sie in der Arbeitslosenunterstützung. Während daher die Bauern immer schwerer Arbeitskräfte bekamen, „kehren die ehemaligen landwirtschaftlichen Dienstboten der Landwirtschaft deshalb den Rücken, damit sie sobald wie möglich in den Bezug der Arbeitslosenunterstützung kommen[15]". Und der Landbund sprach von der Verzweiflung der Bauernschaft, „die arbeiten und schuften und dabei sehen müssen, wie Leute unterstützt werden, die noch vor kurzem in der Landwirtschaft tätig waren und die man jetzt bei der Eisenbahn und so weiter sieht"[16], und forderte deshalb bei der Arbeitslosenversicherung: „Ordnung machen und hinaus mit denjenigen, die nicht hineingehören[17]."

Wenn auch eine verstärkende Tendenz der Arbeitslosenversicherung kaum in Zweifel gezogen werden kann, so lagen die eigentlichen Ursachen der Landflucht aber ganz woanders und waren „in der elenden Lage unserer Landwirtschaft begründet", welche die Landarbeiter vom

---

[11] Anton Hölzl, Sten. Protokolle des Nationalrats, 19. 7. 1922, S. 4151.

[12] Leopold Kunschak, Sten. Protokolle des Nationalrats, 8. Sitzung, 30. 12. 1930, S. 177.

[13] Josef Wagner, Sten. Protokolle des Nationalrats, 138. Sitzung, 1930, S. 3847, 1930.

[14] Karl Striessnigg, Sten. Protokolle des Nationalrats, 118. Sitzung, 29. 1. 1930, S. 3419.

[15] Hubert Dewaty, Sten. Protokolle des Nationalrats, 139. Sitzung, 24. Novelle, S. 3855, 1930.

[16] Karl Striessnigg, S. 3419.

[17] Karl Striessnigg, S. 3419.

Bauernhof weg führte[18]. Der Landbund mußte selbst zugeben, daß die Entlohnung eines Landarbeiters nicht ausreichte, eine Familie zu erhalten oder gar zu gründen[19]. Der Übertritt des Arbeiters vom landwirtschaftlichen Arbeitsmarkt auf den gewerblich-industriellen war auf Grund der höheren Entlohnung und der höheren sozialen Sicherheit etwa in Form der Arbeitslosenunterstützung ein wirtschaftlicher und sozialer Aufstieg. Die Arbeitslosenunterstützung verhinderte aber das Zurücksinken des Arbeiters bei Arbeitslosigkeit in den landwirtschaftlichen Arbeitsmarkt: „Er würde es ablehnen wieder in der Landwirtschaft ein wesentlich niedriger entlohntes Dienstverhältnis antreten, das ihm daneben nicht einmal den Anspruch auf Arbeitslosenunterstützung gibt[20].“

Die Weltwirtschaftskrise beendete die Auseinandersetzung. Der desolate Zustand der Arbeitslosenversicherung ließ die Frage der Einbeziehung der land- und forstwirtschaftlichen Arbeiter nicht mehr aufkommen. „Vom Standpunkt der sozialen Verwaltung aus ist zu sagen“, lautete 1931 die Stellungnahme des Sozialministeriums, „daß einer Ausdehnung eines Kreises der gegen Arbeitslosigkeit Versicherten beim heutigen Zustand der Finanzen bedenklich ist[21]“.

Die Arbeitslosenversicherung wurde mit einem baufälligen Haus verglichen, an dem gerade noch eine Pölzung vorgenommen werden konnte, um den Einsturz zu verhindern. „Auf ein baufälliges Haus darf man ein neues Stockwerk nicht mehr aufsetzen, damit hilft man niemand, sondern bedroht alle, die in der Ruine wohnen und jene, die man in der oberen Etage ansiedelt[22].“ Die rudimentäre, stark eingeschränkte Arbeitslosenunterstützung im Ständestaat barg dann kaum mehr einen Anreiz zur Landflucht in sich. Und in Österreich wirkten sich die auch noch nach der Weltwirtschaftskrise mangelnden Arbeitsmöglichkeiten in Industrie und Bauwirtschaft letztlich auch stark dämpfend auf die Landflucht aus.

[18] Franz Spalowsky, Sten. Protokolle des Nationalrats, 139. Sitzung, 24. Novelle, S. 3876, 1930.

[19] Franz Striessnigg, S. 3420.

[20] Richard Strigl, S. 878.

[21] Stellungnahme des Bundesministeriums für Soziale Verwaltung zur Frage der Ausdehnung der Arbeitslosenversicherung auf die Forstarbeiter, Februar 1931, VWA/Sozialpolitik 719/31.

[22] Leopold Kunschak, Sten. Protokolle des Nationalrats, 8. Sitzung, 30. 12. 1930, S. 178.

3. Maßnahmen gegen die Arbeitslosigkeit

Die Beeinflussung des Arbeitsmarktes

Produktive Arbeitslosenfürsorge

Schon bald nach Errichtung der Arbeitslosenversicherung wurden Stimmen laut, man sollte doch die bedutenden Mittel, die für die Unterstützung der Arbeitslosen aufgewendet wurden, produktiv verwenden und damit den Arbeitslosen nicht nur Unterstützung, sondern Beschäftigung verschaffen[1]. Denn vom „allgemein-wirtschaftlichen, vom staatsfinanziellen und vom moralischen Standpunkt aus"[2] wäre es richtiger und vorteilhafter, mit den Mitteln der Arbeitslosenunterstützung volkswirtschaftliche Werte zu schaffen und den Arbeitslosen nicht Unterstützung, sondern Arbeitsmöglichkeit zu geben. Dementsprechend fand auch 1922 der „Antrag von Abgeordneten Hanusch und Genossen auf Einführung einer produktiven Erwerbslosenfürsorge" ohne weiteres eine Mehrheit im Nationalrat[3]. Die produktive Erwerbslosenfürsorge sah vor, daß Ländern, Bezirken oder Gemeinden für die Durchführung volkswirtschaftlich nützlicher Arbeiten eine finanzielle Beihilfe gewährt werden konnte, wenn diese sonst unterblieben und bei diesen Arbeiten unterstützte Arbeitslose Beschäftigung fanden. Die Subventionierung wurde in Form von Zuschüssen in der Höhe der ersparten Arbeitslosenunterstützung gewährt, in beschränktem Rahmen auch in Darlehen. Die Bewilligung erfolgte über Vorschlag der Industriellen Bezirkskommission durch das Bundesministerium für Soziale Verwaltung im Einvernehmen mit dem Bundesministerium für Finanzen. Obwohl die „Produktive" im August 1922 in Wirksamkeit trat, dauerte es volle zwei Monate bis die erste Beihilfe bewilligt werden konnte. Im Oktober 1922 machte die Gemeinde Wiener Neustadt als erste von dieser Einrichtung Gebrauch[4]. Nur sehr zögernd folgten andere Gemeinden und die Länder. Als im November die produktive Arbeitslosenfürsorge immer noch nicht recht in Schwung kommen wollte, leitete der Sozialminister selbst unmittelbare Verhandlungen mit öffentlichen Unternehmungen ein, worauf sich die Großkraftwerke der Länder beteiligten[5]. Die großen Erwar-

[1] Karl Forchheimer, Arbeitslosenfürsorge und Arbeitsvermittlung in Österreich, S. 274.

[2] Franz Eidlitz, Produktive Arbeitlosenfürsorge als Wirtschaftsproblem, Wochenschrift des Niederösterreichischen Gewerbevereins, 1923, S. 281.

[3] Sten. Protokolle des Nationalrats, 19. 7. 1922, S. 4146, V. Novelle zum Arbeitslosenversicherungsgesetz, BgBl. Nr. 534.

[4] Carl Kuhn, Produktive Arbeitslosenfürsorge in Österreich, Arbeit und Beruf, 1928, S. 608.

[5] Bericht des Bundesministers für Soziale Verwaltung vom März 1923 an den Nationalrat über die Ergebnisse der produktiven Arbeitslosenfürsorge bis

tungen, die man anfangs in diese Arbeitsbeschaffungsmaßnahmen gesetzt hatte[6], wurden daher nicht erfüllt.

Die produktive Arbeitslosenfürsorge stand vor einer ganzen Reihe von Schwierigkeiten. Vor allem war ihre Anwendung auf einen verhältnismäßig engen Bereich begrenzt: auf öffentliche Arbeiten der Gebietskörperschaften. Deren Finanzen waren jedoch gerade 1922/23 nach der Inflation und in einer wirtschaftlichen Depression in einer schwierigen Lage. Länder, Bezirke und Gemeinden ließen sich daher 1923 nicht auf solche größeren Investitionen ein, zu denen der Arbeitslosenfonds seinen Beitrag leisten wollte[7]. Mit einer Ausnahme: der Gemeinde Wien. Dieser wurden 1923 auch 40 % der Mittel aus der produktiven Arbeitslosenfürsorge zugesprochen[8]. Die Stadt brachte jedoch die Produktive in Zusammenhang mit dem kommunalen Wohnbau, was sowohl dem Grundsatz des Sozialministeriums, wegen des zu niedrigen Lohnanteils Hochbauten so wenig wie möglich zu fördern, widersprach, vor allem aber auch einen ideologischen Hintergrund hatte, mit dem sich die Bundesregierung nicht einverstanden erklären konnte[9].

So wurde denn auch die Subvention für das Jahr 1926 mit dem Hinweis auf die in Wien ohnehin erhobene Wohnbausteuer nicht mehr bewilligt, nachdem die Gemeinde schon die beiden Jahre vorher die Mittel nur dadurch erhalten hatte, daß sie Einnahmen aus der Arbeitslosenfürsorge zurückhielt[10].

Nicht zu unterschätzen dürften auch die organisatorischen Mängel bei der Durchführung der produktiven Arbeitslosenfürsorge gewesen sein, die dem Sozialministerium nicht nur von der Opposition einige Kritik einbrachte.

Für die Durchführung bestand keine zentrale Stelle, sondern sie oblag „einzelnen Beamten der Bundesministerien für soziale Verwaltung und für Finanzen gewissermaßen als Zuwaage zu ihren sonstigen Agenden“[11].

So sah etwa der Niederösterreichische Gewerbeverein das wesentliche Hindernis für einen wirklichen Erfolg der produktivn Arbeitslosenfürsorge „in der restriktiven Tätigkeit der mit der Durchführung einer

Ende März 1923, Amtliche Nachrichten des Bundesministeriums für soziale Verwaltung, 1923, S. 240.

[6] Bericht des Bundesministeriums, S. 240.

[7] Carl Kuhn, S. 609.

[8] Ergebnisse der Produktiven Arbeitslosenfürsorge 1923, Amtliche Nachrichten des Bundesministeriums für Soziale Verwaltung, 1924, S. 79.

[9] Fritz Rager, Neue Richtlinien für die produktive Arbeitslonsenfürsorge, Arbeit und Wirtschaft, 1927, S. 582 und Bericht des Bundesministers 1923, S. 240.

[10] „Bund und Gemeinde“, Österreichischer Volkswirt, Bd. 1, 1925/26, S. 608.

[11] Edmund Palla, Für die Arbeitslosen, Arbeit und Wirtschaft, 1927, S. 5.

derartigen Aktion betrauten Bürokratie"[12], die Arbeiterkammer stellte fest: „Die Art wie diese wichtige und für andere Länder segensreiche Einrichtung praktisch gehandhabt wird, spottet jeder Beschreibung[13]", und Otto Bauer führte aus: „Wenn man nach einem Beweis dafür sucht, was bureokratische Sabotage, bureokratische Furcht vor Verantwortung und bureokratische Schwerfälligkeit anzurichten vermögen, dann kann man gar kein besseres Beispiel finden, als die Geschichte der produktiven Arbeitslosenfürsorge in Österreich[14]."

Noch konkreter nachzuweisen war aber der Einwand, daß der finanzielle Anreiz aus der produktiven Arbeitslosenfürsorge vor allem für die Gemeinde zu gering war, um große Arbeiten in Angriff zu nehmen[15]. Die Zuschüsse wurden zwar 1927 etwas erhöht[16], eine verstärkte Förderung wie etwa in Deutschland, bei der bis zum Vierfachen des Unterstützungsbeitrages gezahlt werden konnte, gab es aber in Österreich nicht und entsprach auch nicht dem System der heimischen Arbeitslosenunterstützung. Da der Staat bei der Arbeitslosenversicherung in der Hauptsache Gelder der Unternehmer und Arbeitnehmer verwaltete, fühlte er sich auch zur Sparsamkeit verpflichtet und sah in diesem Rahmen kaum eine Möglichkeit, über die normalen Unterstützungssätze hinauszugehen.

Diese Haltung wurde auch in einer Stellungnahme Sozialminister Reschs an Finanzminister Weidenhoffer zu diesem Problem deutlich: „Bei allen diesen Plänen wirft sich immer wieder die Frage auf, wie weit man die Mittel, die sonst für die Arbeitslosenunterstützung verwendet würden, zum Zweck der Arbeitsbeschaffung dienstbar machen kann. Ich möchte da zunächst zu der Frage Stellung nehmen, ob man staatliche Investitionen aus den Krediten der Arbeitslosenfürsorge zur Gänze bestreiten kann, in der Annahme, daß die Kredite durch die Beschäftigung von Arbeitern, die sonst arbeitslos wären, in gleichem Ausmaß entlastet werden. Diese Frage muß man aber verneinen, dies ergibt sich nicht nur aus theoretischen Erwägungen, sondern auch aus den praktischen Erfahrungen. Ich erinnere mich da nur an den Straßenbau Anzenstein-Bruckhäusl; da sind bekanntlich 165 000 S auf diese Weise verwendet worden. Selbst wenn man annimmt, daß durch die indirekte Wirkung nocheinmal soviele Leute Arbeit gefunden haben, als sich aus der

---

[12] Franz Eidlitz, Produktive Arbeitslosenfürsorge als Wirtschaftsproblem, Wochenschrift, S. 281.

[13] Edmund Palla, S. 5.

[14] Otto Bauer, Sten. Protokolle des Nationalrats, 118. Sitzung, 29. 1. 1930, S. 3410.

[15] Die Produktive Arbeitslosenfürsorge 1926, Amtliche Nachrichten des Bundesministeriums für soziale Verwaltung, 1927, S. 186.

[16] Erlaß des Bundesministeriums für soziale Verwaltung vom 19. 5. 1925; von maximal 2,— auf 3,— Schilling pro Mann und Arbeitstag; vgl. Fritz Rager, Neue Richtlinien, S. 285.

unmittelbaren Beschäftigung bei dem erwähnten Straßenbau ergibt, so kommt man zu dem Ergebnis, daß etwa das Siebenfache der ersparten Arbeitslosenunterstützung aufgewendet wurde[17]."

So lastete die produktive Arbeitslosenfürsorge in Österreich fast ausschließlich auf den Gebietskörperschaften und fand ihre allzuenge Begrenzung in deren Investitionstätigkeit. Daher wurde schon bald die Möglichkeit erwogen, die produktive Arbeitslosenfürsorge auf die Privatindustrie auszudehnen. Dieser Gedanke wurde in den Zwanzigerjahren als „Mond-Plan" in ganz Europa diskutiert und gelangte in Österreich vielleicht noch am weitesten zur Durchführung. Der ehemalige englische Gesundheitsminister, Sir Alfred Mond, hatte im Jahr 1922 vorgeschlagen, eine „Beschäftigungsprämie von 75 % der ersparten Unterstützung durch 6 Monate den Unternehmen zu zahlen, die Arbeitslose einstellten[18]. Der Plan scheiterte jedoch am energischen Widerstand der englischen Gewerkschaften, die in diesem Vorhaben eine Unterstützung des privaten Unternehmertums auf Kosten der Gemeinschaft, eine Bereicherung der Besitzer der Produktionsmittel und eine Ausbeutung der Notlage der Arbeitslosen sahen. Daneben fürchteten sie eine Fehlleitung der Produktion und einen Druck auf das Lohnniveau[19].

In Österreich waren die Gewerkschaften nicht so ablehnend, hier kam der Widerstand vor allem von der Regierung. Einmal vom Sozialminister, der an der praktischen Durchführung seine Zweifel hatte, da ja kaum feststellbar war, ob die Unternehmen die Arbeitslosen nicht ohnehin hätten einstellen müssen und der Überzeugung war: „Das ganze würde zu einem unhaltbaren Subventionierungssystem werden. Die produktive Arbeitslosenfürsorge muß sich daher im wesentlichen auf öffentliche Arbeiten beschränken[20]."

Vor allem aber kamen die Bedenken aus dem Finanzministerium. So nahm Finanzminister Weidenhoffer zu einem „Gesetzesentwurf über die erweiterte produktive Arbeitslosenfürsorge", der auf Vorschlag „maßgebender Industriekreise" eingebracht worden war, mit dem bewährten Hinweis auf die Knappheit der finanziellen Mittel Stellung: „Während bisher öffentliche Arbeiten im Mittelpunkt der produktiven Arbeitslosenfürsorge standen, sollen nach dem Gesetzesentwurf auch private Unternehmungen gefördert werden, und zwar in einem Umfang, der über das bisherige Ausmaß hinausgeht. Dem Gesetzesentwurf liegt

---

[17] Schreiben des Sozialministers Josef Resch an den Finanzminister Emanuel Weidenhoffer, 25. 1. 1933, VWA/Sozialpolitik, 834/33.

[18] Vgl. Karl Forchheimer, Der Mondsche Plan der produktiven Arbeitslosenfürsorge, Arbeit und Beruf, 1926, S. 695.

[19] Vgl. „Mond-Plan", Österreichischer Volkswirt, Bd. 1, 1925/26, S. 410 und Josef Dobretsberger, Bemerkungen zu den Arbeitsbeschaffungsplänen, Jahrbuch für Nationalökonomie und Statistik, 137 Bd., 1932, S. 560.

[20] Bericht des Bundesministers 1923, S. 240.

sonach der Gedanke der staatlichen Subventionierung privater Unternehmungen zugrunde. Muß der vorgeschlagene Weg schon an und für sich als bedenklich bezeichnet werden, so erscheint er mir auch deshalb nicht gangbar, weil er größere Mittel binden würde, als gegenwärtig für derartige Zwecke zur Verfügung stehen. Wollte man aber über den im Bundesvoranschlag 1933 für die Zwecke der produktiven Arbeitslosenfürsorge verfügbaren Betrag von 4 Millionen Schilling hinausgehen und die für die Arbeitslosenunterstützung prämliminierten Kredite in Anspruch nehmen, so würde dies ein gefährliches Experiment bedeuten[21]."

Die Wirtschaft selbst stand solchen Plänen aber durchwegs positiv gegenüber. Schon 1926 verlangten unter anderem die freien Gewerkschaften in einer Denkschrift[22], „die Ausdehnung der Produktiven Arbeitslosenfürsorge auf die Privatindustrie", da sonst ein größerer Erfolg dieser Einrichtung kaum als möglich angesehen wurde. Die Schwierigkeiten, etwa durch Konkurrenzverschiebung, schienen nicht unüberwindbar und die Arbeitslosen sollten zu vollem Kollektivvertragslohn eingestellt werden. Ende 1932 kam dann der Industriellenverband mit einem Arbeitsbeschaffungsprogramm an die Öffentlichkeit[23], der vorsah: „Das Privatkapital soll durch Gewährung einer Lohnsubvention aus dem Arbeitslosenfonds zur Ausführung größerer neuer Anlagen angeregt werden." Der Zuschuß sollte in doppelter Höhe der Arbeitslosenunterstützung erfolgen, da mit einem Multiplikator 1 : 1 gerechnet wurde, d. h.: „daß die Einstellung je eines Investitionsarbeiters, je einem „Konsumarbeiter" selbstständig Arbeit verschaffe." 1933 kam es dann zu dem erwähnten Gesetzesentwurf über die erweiterte produktive Arbeitslosenfürsorge, die wiederum auf die Industrie zurückzuführen war.

Das wirkliche Resultat aller dieser Vorschläge und Bemühungen war dann aber eher gering.

1935 wurde in einer einmaligen, befristeten Aktion „die Einstellung von Arbeitern und Angestellten durch finanzielle Beihilfe aus öffentlichen Mitteln hauptsächlich der Arbeitslosenversicherung gefördert[24]".

---

[21] Schreiben des Finanzministers Weidenhoffen an den Bundesminister für Handel und Verkehr vom 27. 1. 1933, siehe auch: Vortrag des Bundesministers für Handel und Verkehr vor dem Ministerrat vom 27. 1. 1933, VWA/Sozialpolitik, 5875/33.

[22] Denkschrift zur Bekämpfung der Arbeitslosigkeit vom 9. 1. 1926, der sozialdemokratischen Parteivertretung, der Gewerkschaftskommission, des Zentralverbandes der Konsumvereine, des Vorstandes des Verbandes der sozialdemokratischen Abgeordneten und Bundesräte sowie der freigewerkschaftlichen Fraktion des Arbeiterkammertages, Amtliche Nachrichten des Bundesministeriums für Soziale Verwaltung, 1926, S. 20.

[23] „Arbeitsbeschaffungsplan der Industriellen", Österreichischer Volkswirt, Bd. 1 1932/33, S. 474.

[24] Österreichischer Volkswirt, Bd. 2 1935, S. 776.

Das von der Regierung erlassene Gesetz sah vor, „Eine Industrie- und Gewerbegruppe, welche im zweiten Halbjahr 1935 infolge Steigerung ihrer Erzeugung die Anzahl ihrer Arbeiter und Angestellten um mindestens 20 % erhöht, kann für die hierdurch eingetretene Verminderung der Arbeitslosigkeit eine Vergütung bis zur Höhe gewährt werden, welche der Hälfte der ersparten Arbeitslosenunterstützung gleichkommt.“

Die Verteilung der Subvention an die einzelnen Unternehmen sollte die Industriegruppe übernehmen. Über das Ergebnis dieser Aktion ist leider nichts bekannt. Da jedoch bei der Arbeitslosenkurve im zweiten Halbjahr 1935 keineswegs ein „Knick“ zu beobachten ist, dürfte sich der Erfolg in Grenzen gehalten haben.

Mit den finanziellen Beschränkungen und den Investitionsmöglichkeiten der Gebietskörperschaften hatte die produktive Arbeitslosenfürsorge ihre Grenzen bald erreicht. Auch war nicht jeder Arbeitslose in seiner körperlichen Konstitution für diese Art der Arbeiten geeignet. Wenn im Jahr 1927 zeitweise für 12 000 bis 15 000 Beschäftigte Beihilfen geleistet wurden, so waren die Möglichkeiten auf diesem Gebiet wohl weitgehend erschöpft[25].

Das ist auch daran zu erkennen, daß sich die Entwicklung in den Dreißigerjahren auf ähnlichem Niveau hielt. Den absoluten Höhepunkt erreichte die Produktive im September 1935, als knapp 24 000 Beschäftigte eine Unterstützung bezogen, der Durchschnitt für dieses Jahr betrug aber wiederum etwa 15 000. Am Gesamtaufwand der Arbeitslosenversicherung war die produktive Arbeitslosenfürsorge in den Zwanzigerjahren mit 1,5 % bis 4 % und in den Dreißigerjahren mit 2,5 % bis 5 % beteiligt.

Zur konkreten Darstellung sei hier noch das Jahr 1926 herausgenommen. In diesem Jahr wurde für 18 462 Arbeiter die produktive Arbeitslosenunterstützung für eine durchschnittliche Dauer von 202 Tagen bewilligt. Davon waren etwa die Hälfte Wien und Niederösterreich beteiligt und die Hälfte entfiel auf Straßenbau und Bodenverbesserung.

522 Arbeiten wurden in diesem Jahr gefördert mit einem durchschnittlichen Betrag von 11 900,— Schilling oder 1,7 Schilling pro Mann und Arbeitstag.

Die Zahl der unter dem Titel der produktiven Arbeitslosenfürsorge Beschäftigten war daher im Verhältnis zur bestehenden Arbeitslosigkeit nicht überwältigend groß. Allerdings bedeutete sie selbst in ihrer beschränkten Form „immerhin wertschaffende Arbeit für eine beträchtliche Zahl von Menschen an Stelle der Arbeitslosigkeit und Erzielung dauernder volkswirtschaftlicher Werte durch öffentliche Mittel, die

[25] Karl Forchheimer, Arbeitslosenfürsorge und Arbeitsvermittlung, S. 274.

anderfalls in unproduktiver und unökonomischer Weise zu reinen Unterstützungszwecken ausgegeben worden wären[26]".

Produktive Arbeitslosenfürsorge 1926

Arten der Arbeit	Anteil an Arbeitstagen	Anteil an Schilling
Straßenbau	28 %	33 %
Meliorationen	21 %	27 %
Hochbauten	6 %	7 %
Wasserkraftwerke	4 %	5 %
Bahnbauten	2 %	2 %
Sonstiges	39 %	26 %

Produktive Arbeitslosenfürsorge 1926

Niederösterreich	28 %
Wien	22 %
Oberösterreich	13 %
Steiermark	12 %
Tirol	8 %
Salzburg	6 %
Kärnten	5 %
Vorarlberg	5 %
Burgenland	1 %

Quelle: Berechnet nach: Ergebnisse der Arbeitslosenversicherung 1926, Amtliche Nachrichten des Bundesministeriums für Soziale Verwaltung, Wien 1927, S. 299.

Der Freiwillige Arbeitsdienst

Unter dem Druck der Weltwirtschaftskrise und dem deutschen Beispiel folgend erfuhr die produktive Arbeitslosenunterstützung auch in Österreich eine ideologische Erweiterung. Ende 1932 wurde in Österreich der Freiwillige Arbeitsdienst eingeführt.

Sein Hauptzweck lag allerdings weniger auf wirtschaftlichem, sondern auf ethisch-pädagogischem Gebiet. Der Freiwillige Arbeitsdienst wollte „die durch den wirtschaftlichen Tiefstand zur Arbeitslosigkeit verdammte Jugend einer Beschäftigung zuführen, ihr somit den Sinn für Arbeit und nützliche Beschäftigung nicht verkümmern lassen"[1].

[26] Errechnet auf Grund der Berichte über die Ergebnisse der Arbeitslosenversicherung 1924 – 1937, Amtliche Nachrichten des Bundesministeriums für soziale Verwaltung.

[1] Josef Resch, Der Freiwillige Arbeitsdienst, Die Reichspost, Wien, 21. 8. 1932. Der Freiwillige Arbeitsdienst wurde daher als reine Fürsorgemaßnahme nicht von der Arbeitslosenversicherung, sondern vom Bund getragen; vgl. Josef Hammerl, Der Freiwillige Arbeitsdienst in Österreich, Wien 1934, S. 11.

Die Jugend sollte „zum Nutzen der Gesamtheit im gemeinsamen Dienst freiwillige ernste Arbeit leisten und sich zugleich körperlich und sittlich ertüchtigen[2]“.

Die Beweggründe des Freiwilligen Arbeitsdienstes, der der Jugend wenn schon nicht Erwerb, so doch wenigstens Beschäftigung geben wollte, war daher an sich zu begrüßen. Die Nähe zur Arbeitsdienstpflicht und zu „frühmilitärischen Erziehungsmethoden“[3] ließen den Sozialdemokraten diese sozialpädagogische Einrichtung aber eher bedenklich erscheinen. Man sah im Freiwilligen Arbeitsdienst die Gefahr, „daß die heranwachsende Generation der Arbeiterschaft entfremdet wird“[4] und Otto Bauer sprach davon, daß die industrielle Reservearmee zur militärischen wird[5]. Tatsächlich war auch der ideologische Hintergrund des Freiwilligen Arbeitsdienstes kaum zu übersehen, obwohl schwer festzustellen ist, wieweit dieser bis in die einzelnen Arbeitsdienstlager wirklich durchgedrungen war. Jaromir Diakow, der Leiter des österreichischen Arbeitsdienstes umriß die Ziele seiner Organisation mit den Worten: „In ernster sinnvoller Arbeit, im engen Pflichtkreis des Arbeitslagers, wo alles Trennende versinkt und das Einigende emporsteigt, findet der arbeitslose Junge wieder zu Volk, Staat und Gott zurück, erhält sich eine Arbeitskraft und findet das Leben, das den Sinn bereits für ihn verloren hatte, wieder sinnvoll[6].“

Und Ernst Streeruwitz sprach von der Verdrossenheit der Jungen, die mit der Übung der Wehrhaftigkeit um eines der schönsten Vorrechte des Mannes gebracht wurden: „Wenn schon der Militärdienst alter Zeit undurchführbar ist, so muß der Arbeitsdienst als Ersatz angesehen werden, der die oben geschilderten Übel vermindert[7].“

Dennoch betrafen die Hauptargumente der Arbeitnehmerseite die möglichen wirtschaftlichen Folgen des Arbeitsdienstes. Man befürchtete, daß dadurch ein Teil der Arbeiter vom freien Arbeitsmarkt und der

---

[2] Art. 1 der deutschen Durchführungsverordnung über den Freiwilligen Arbeitsdienst vom 16. Juli 1932; vgl. Egon Uranitsch, Grundsätzliches zum Freiwilligen Arbeitsdienst, S. 53 und Heinrich Einspinner, Arbeitsmöglichkeiten für den Freiwilligen Arbeitsdienst, S. 51; in: Studenten und Arbeitslose im Arbeitsdienst, Hrsg. Studentischer Arbeitsdienst, Wien 1932.

[3] Hugo Steinhardt-Radlow, Die geregelte Zuführung der Jugend in das Erwerbsleben, ein Dienst an der Wirtschaft, Die Wirtschaftspolitik, 15. 12. 1934, S. 19.

[4] Josef Mire, Arbeitsdienst und Arbeitslosigkeit, Arbeit und Wirtschaft, 1932, S. 681.

[5] Otto Bauer, Zwischen zwei Weltkriegen?, Die Krise der Weltwirtschaft, der Demokratie und des Sozialismus, Prag 1936; in: Otto Bauer, Werksausgabe, Band 4, Wien 1976, S. 103.

[6] Jaromir Diakow, Staatlicher Arbeitsdienst, Wochenschrift des Niederösterreichischen Gewerbevereins, 1933, S. 925.

[7] Erst Streeruwitz, Ursachen und Bekämpfung der Arbeitslosigkeit, Wochenschrift des Niederösterreichischen Gewerbevereins, 1933, S. 364.

kollektivvertraglichen Lohnbildung ausgeschlossen würden[8]. Nicht vorherzusehen waren auch die Auswirkungen, wenn der Freiwillige Arbeitsdienst als quasi-militärische Organisation mit Gehorsamspflicht als Streikbrecher eingesetzt werden würde[9].

Sozialdemokraten, Arbeiterkammer und freie Gewerkschaften forderten unter Hinweis auf den wirtschaftlichen Widersinn des Arbeitsdienstes an dessen Stelle eine großzügigere Ausgestaltung der produktiven Arbeitslosenfürsorge. Denn der Freiwillige Arbeitsdienst war für die Arbeitnehmervertreter „bestenfalls eine Linderung der materiellen Not eines Teiles der arbeitslosen und ausgesteuerten Jugend, welcher aber mit schweren politischen und gewerkschaftlichen Nachteilen erkauft wird“[10].

Die Sozialdemokraten konnten das Gesetz über den freiwilligen Arbeitsdienst nur verzögern, nicht verhindern[11]. Der Freiwillige Arbeitsdienst wurde Ende 1932 eingerichtet und nahm einen erstaunlichen Aufschwung. Selbst Sozialminister Odo Neustädter-Stürmer hatte nicht mit einem solchen Erfolg gerechnet. Der Freiwillige Arbeitsdienst war anfangs nicht imstande, die Arbeitsdienstwilligen aufzunehmen. Anfang 1933 mußte man an die 13 000 Arbeitsdienstwilligen vertrösten, bis man entsprechende Möglichkeiten für Unterbringung und Arbeit geschaffen hatte[12]. Dieser Andrang hatte aber durchaus konkrete Gründe. Der Boden für den Freiwilligen Arbeitsdienst war gut vorbereitet worden. Der Eintritt war freiwillig. Es durfte einem arbeitslosen Jugendlichen die Unterstützung nicht entzogen werden, wenn er sich weigerte, an solchen Arbeiten teilzunehmen.

Aber die Unterstützung von Arbeitslosen unter 25 Jahren war 1932 ganz drastisch eingeschränkt worden. Und im Rahmen dieser Sparmaßnahmen, der Durchführungsverordnung zur 28. Novelle zur Arbeitslosenversicherung wurden die Industriellen Bezirkskommissionen „zur Überleitung der Jugendlichen in den Freiwilligen Arbeitsdienst einge-

---

[8] Franz Keller, Der Freiwillige Arbeitsdienst im Jahre 1934, Die Wirtschaftspolitik, 15. 11. 1934, S. 25 und Österreichischer Volkswirt, Bd. 2 1932, S. 912.

[9] „Der Freiwillige Arbeitsdienst“, S. 912.

[10] Fritz Rager, Der soziale und wirtschaftliche Widersinn des Arbeitsdienstes, Wien 1931, S. 18 f.

[11] Der Nationalrat hatte sich sehr ausführlich, volle drei Sitzungstage, mit dem Gesetz zum freiwilligen Arbeitsdienst befaßt, und praktisch alle Argumente pro und kontra in der Diskussion vorgebracht: Steno-Protokolle des Nationalrats, 89. Sitzung, 1. 7. 1932, S. 2341, 98. Sitzung, 17. und 18. 8. 1932, S. 2554 ff. Da im Bundesrat gegen das Gesetz Einspruch erhoben wurde, konnte das am 1. August 1932 mit Wirkung vom 1. September beschlossene Gesetz erst verspätet in Kraft treten.

[12] Odo Neustädter-Stürmer, Der Freiwillige Arbeitsdienst in Österreich, Die Wirtschaftspolitik, 1. 8. 1934, S. 5.

laden"[13]. Für den Arbeitslosen unter 25 Jahren ergab sich daher nur in vielen Fällen die Alternative, entweder gänzlich ohne Unterstützung zu bleiben, oder wenigstens Unterkunft, Verpflegung und Beschäftigung beim Freiwilligen Arbeitsdienst zu finden. Vier Fünftel der Arbeitsdienstwilligen kamen daher aus dem Kreis der Nicht-Unterstützten. Ein Umstand, der zwar als „zusätzliche Fürsorgemaßnahme"[14] hervorgehoben wurde, aber durchaus den Intentionen der Regierung auf dem Gebiet der Arbeitslosenunterstützung entsprach.

Andererseits war der wirtschaftlich mögliche Anwendungsbereich des Freiwilligen Arbeitsdienstes besonders anfangs recht eingeschränkt. Die Regierung hatte sowohl der anfangs eher mißtrauischen Industrie, vor allem aber den Gewerkschaften die Zusage gemacht, dem Arbeitsmarkt durch den Freiwilligen Arbeitsdienst keine Konkurrenz entstehen zu lassen. Diese Bedingungen — Gemeinnützigkeit und Zusätzlichkeit — standen aber einer großzügigeren Anwendung des Arbeitsdienstes im Weg. Im Juni 1933 fand daher eine Novellierung dieses Gesetzes statt, die den Arbeitsdienst in die allgemeinen Arbeitsbeschaffungsmaßnahmen des Bundes eingliederte[15].

Damit waren die Zusagen an die Gewerkschaften gefallen, was der Regierung um so leichter fiel, als die Sozialdemokraten letztlich doch nicht für den Freiwilligen Arbeitsdienst gestimmt hatten. Aber auch der wirtschaftliche Unterschied zwischen dem Freiwilligen Arbeitsdienst und der Produktiven Arbeitslosenfürsorge war damit auf die Art der Entlohnung reduziert[16]. Während bei der produktiven Arbeitslosenfürsorge der Träger der Arbeit die Zuschüsse zur Ermäßigung der kollektivvertraglichen Löhne benützen konnte, waren sie beim Freiwilligen Arbeitsdienst für Unterkunft und Verpflegung bestimmt. Die beiden Institutionen erschienen damit durchaus gleichwertig, der Freiwillige Arbeitsdienst sogar billiger. Freiwilliger Arbeitsdienst und Produktive Arbeitslosenfürsorge konkurrierten miteinander.

Ende 1933 erschien es daher notwendig, eine Aufteilung der geförderten Arbeiten vom Sozialministerium aus vorzunehmen und einem Über-

---

[13] Heinrich Einspinner, Neues vom Freiwilligen Arbeitsdienst, Wochenschrift des Niederösterreichischen Gewerbevereins, 1933, S. 484.

[14] Vgl. „Die Verschlechterung der Arbeitslosenfürsorge", Österreichischer Volkswirt, Bd. 2 1933, S. 670.

[15] Franz Keller, Der Arbeitsdienst in Österreich, Soziale Praxis, 1934, 34. Jg. Heft 46, S. 1380.

[16] Vgl. Amtliche Nachrichten des Bundesministeriums für soziale Verwaltung 1935, S. 57 und „Der Freiwillige Arbeitsdienst", Arbeit und Wirtschaft, 1933, S. 242. Während bei der Produktiven Arbeitslosenfürsorge die Arbeit zusätzlich, aber produktiv, d. h. volkswirtschaftlich und nach wirtschaftlichen Grundsätzen gerechtfertigt sein mußte, war für den Arbeitsdienst noch zusätzlich Gemeinnützigkeit vorgeschrieben. Die Produktive Arbeitslosenfürsorge war daher bei Straßenbauten, Siedlungs- und Kraftwerkbauten einzusetzen, während der FAD zumindest Anfangs eher fuer Sportanlagen, Gartenanlagen oder noch bei Hochwasserschäden einzusetzen war.

gewicht des Freiwilligen Arbeitsdienstes entgegenzuwirken: „Im Interesse der Beschäftigung der Familienerhalter, für die sich der Freiwillige Arbeitsdienst weniger eignet, wäre zu trachten, mehr Arbeit mit der Produktiven Arbeitslosenfürsorge durchzuführen[17].“ Zusätzlich hatte man aber während des Jahres 1933 einige Erfahrungen mit dem Freiwilligen Arbeitsdienst sammeln können, welche die wirtschaftliche Begründung dieser Einrichtung durchaus in Frage stellte.

Es hatte sich gezeigt, daß das Bauen mit dem Freiwilligen Arbeitsdienst, wegen der notwendigen Investitionen, insbesondere der Unterkünfte, sehr teuer war. Da der Freiwillige Arbeitsdienst statt einem normalen achtstündigen nur einen sechsstündigen Arbeitstag hatte, war es zumeist sogar billiger, die Arbeiten regulär, in freier Lohnarbeit zu vergeben[18]. 1934 war die Rentabilität des Freiwilligen Arbeitsdienstes nur noch eine Illusion und diese Institution wurde nur mehr vom politischen Willen der durchführenden Körperschaften, bzw. des Bundesministeriums für soziale Verwaltung getragen.

Perzentanteil der Ausgaben für den Freiwilligen Arbeitsdienst an den gesamten Sozialausgaben

1933	1 %
1934	2,8 %
1935	2,5 %
1936	1,1 %
1937	0,6 %
1938	1,3 % (Voranschlag)

Quelle: Alexander Fibich, Österreichische Budgetausgaben, S. 105.

[17] Interministerielle Besprechung vom 20. Dezember 1933, VWA/Sozialpolitik, 834/33.

[18] Der Österreichische Volkswirt berichtet dazu 1933: „Wiederholte Berechnungen über das Verhältnis von Kosten und Leistungen haben gezeigt, daß der Arbeitsdienst mit den freien Facharbeitern nicht in Wettbewerb treten kann. So hat das Salzburger Landesbauamt die Kosten einer Arbeitsstunde im Arbeitsdienst bei einem Wasserschutzbau mit 85 bis 88 g errechnet, der Stundenlohn eines freien Arbeiters stellt sich bei gleicher Leistung auf 70 g. In Oberösterreich wurden bei einer Flußregulierung im Arbeitsdienst die Kosten für einen Kubikmeter bewegte Erde mit 2,70 S erhoben, die sich in freier Arbeit auf 2,10 S stellten. Genauere Erhebungen hat der aus Vertretern der Bauern-, Handels-, Arbeiter- und Ingenieurkammer der IBK und Landesregierung zusammengesetzte Arbeitsausschuß in Steiermark gemacht. In seinem dritten Tätigkeitsbericht von Mai bis August stellt er fest, daß beim Arbeitsdienst je Kopf mit durchschnittlichen Tageskosten von 3,50 S zu rechnen sei. Auf die Lagerregien (Köche, Boten, Lager- und Wirtschaftsführer) entfallen 10 bis 15 %, so daß eigentlich nur 85 bis 90 % der Kosten produktiv sind. Dazu kommt, daß die Arbeitsdienstwoche 7 Verpflegungstage hat. Stellt man die Regien und den 7. Verpflegungstag in Rechnung, so erhöhen sich die Kosten je Arbeitstag auf 4,55 S. Der Erdarbeiter im freien Lohn erhält in der betreffenden Gegend 5 bis 5,50 S einschließlich der Sozialversicherungsbeiträge 5,50 bis 6 S für den achtstündigen Arbeitstag während der Arbeitsdienst regelmäßig nur 6 Stunden arbeitet. Auf die gleiche Zeit des Arbeitsdienstes umgerechnet ergibt das für den freien Arbeiter einen Taglohn von 4,50 S oder nicht ganz so viel wie beim Arbeitsdienst.“

Von dieser politischen Sicht her war aber der Freiwillige Arbeitsdienst durchaus ein Erfolg. Er hatte, ohne das Budget zu sehr zu belasten, an seinem Höhepunkt bis zu einem Viertel der Arbeitslosen Jugendlichen erfaßt[19], ihr statt Unterstützung Beschäftigung gegeben und das Problem einer Generation, die scheinbar ohne Arbeit heranwachsen sollte, doch um einiges gemildert.

Arbeitsbeschaffung, „Arbeitsschlacht" und staatliche Investitionspolitik

Die Maßnahmen der produktiven Arbeitslosenfürsorge waren aber nur ein Teil der staatlichen Arbeitsbeschaffungspolitik. Obwohl zwar grundsätzlich die Privatindustrie für die Beschaffung von Arbeitsplätzen als zuständig erklärt wurde, forderte man doch schon in den Zwanzigerjahren von mehreren Seiten, vor allem aber von der sozialdemokratischen Opposition einen verstärkten Einsatz der Staatlichen Investitions- und Ausgabenpolitik zur Bekämpfung der Arbeitslosigkeit.

Der Grundsatz des ausgeglichenen Budgets, dem in der österreichischen Wirtschaftspolitik im Zusammenhang mit den bei der Völkerbundanleihe übernommenen Verpflichtungen ein besonders hoher Stellenwert zukam, setzte dieser Politik aber von vornherein enge Schranken.

Die unter diesen Bedingungen als möglich angesehene Arbeitsbeschaffungspolitik umriß Bundeskanzler Ender 1931 vor dem Nationalrat: „Unter den einzelnen Maßnahmen, die seitens der Bundesregierung zur Bekämpfung der Arbeitslosigkeit getroffen wurden, sind zunächst jene hervorzuheben, die auf eine Hebung des Beschäftigungsgrades der inländischen Produktion durch Vergebung öffentlicher Aufträge abzielen. Hier war das Augenmerk der Regierung nicht allein darauf gerichtet, dem Grundsatz des Schutzes der Inlandsproduktion im Rahmen des öffentlichen Lieferungswesens tunlichst uneingeschränkt Geltung zu verschaffen, sondern auch dafür Vorsorge zu treffen, daß, soweit dies im Rahmen der zur Verfügung stehenden Mittel und nach der Art der zu vergebenden Arbeiten und Lieferungen möglich ist, die Aufträge in die Zeit schwächerer Beschäftigung der Unternehmungen hinausgegeben werden[1]."

Daneben betonte die Regierung auch immer wieder die arbeitsbeschaffende Wirkung der Sachausgaben des Budgets an sich[2] und prä-

---

[19] Davon bis zu 10 % Mädchen, vgl. „Arbeitsdienst und Höhenstraße", Österreichischer Volkswirt, Bd. 1 1934/35, S. 45.

[1] Otto Ender, „Mitteilungen über die Verwaltungstätigkeit der Regierung in Richtung der Milderung der Arbeitslosigkeit", Sten. Protokolle des Nationalrats, 21. Sitzung, 6. 2. 1931, S. 662 ff.

[2] Die Arbeitsverschiebung über das Budget war schon in einer Empfehlung des Internationalen Arbeitsamtes vom Jahre 1919 enthalten. Die Mitglieds-

sentierte diese dem Nationalrat mehrmals als Maßnahme zur Milderung der Arbeitslosigkeit.

Ein Verhalten, das allerdings bei der Opposition starken Widerspruch hervorrief. So warfen die Sozialdemokraten schon 1922 der Regierung vor: „Das Programm besteht darin, daß die Herren der Regierung und der einzelnen Bundesministerien die Ausgaben für bestimmte Arbeiten zusammenstellen, die sowieso ressortmäßig für das nächste Jahr zu erledigen wären. Die Summe dieser Ausgaben macht das Investitionsprogramm für die Notstandsarbeiten aus[3].“ Und 1931 antwortete Otto Bauer den „Mitteilungen über die Verwaltungstätigkeit der Regierung in Richtung der Milderung der Arbeitslosigkeit“: „Der Herr Bundeskanzler hat uns ausführlich dargestellt, um wieviel man da Uniformen und dort Baustoffe bestellte ... und hat das in den Zusammenhang gerückt, das sei im wesentlichen die Bekämpfung der Arbeitslosigkeit[4].“

Bis zur Weltwirtschaftskrise schien diese Politik zusammen mit der Arbeitslosenunterstützung und der produktiven Arbeitslosenfürsorge aber ausreichend.

Ende 1929 erfolgte dann der wirtschaftliche Umschwung. Österreich reagierte, im Einklang mit den meisten anderen Ländern, durchaus im Rahmen der traditionellen Wirtschaftspolitik. Da die Einnahmen bereits 1930 zurückblieben, begann der Staat zu sparen und das Budget einzuschränken nach dem Grundsatz: „Geordnete Finanzen, d. h. ein Zustand, in dem die Einnahmen die Ausgaben übersteigen, sind die Grundlagen jeder Wirtschaft. Wer gegen diesen Grundsatz, daß die Finanzen geordnet sein müssen, verstößt, wer also mehr ausgibt, als er einnimmt, der zehrt eine Zeitlang an der Substanz, und der unvermeidliche Ausgang, das unvermeidliche Ende ist selbstverständlich der Zu-

länder sollten danach trachten, hieß es dort: „Die Ausführung der öffentlichen Arbeiten so zu regeln, daß sie, so weit wie möglich, für die Zeit der Arbeitslosigkeit und für die daraus besonders betroffenen Gebiete vorbehalten werden.“ Vgl. „Unemployment and public works“, Studies and Reports, Serie C, Nr. 15, Genf 1931, S. 181; und H. Fehlinger, Das Arbeitsproblem und die Internationale Arbeitsorganisation, Jahrbuch für Nationalökonomie und Statistik, 135. Bd. 1931, S. 79 f.; ebenso forderten im Linzer Programm 1926 die Sozialdemokraten u. a.: „Die Bekämpfung der Wirtschaftskrise durch Konzentration der öffentlichen Arbeiten und Bestellungen auf Zeiten großer Arbeitslosigkeit“, in: Österreichische Parteiprogramme, a.a.O., S. 255. Die Ausgabenverlagerung im Budget war daher ein bereits anerkanntes Mittel zur Steuerung der Arbeitslosigkeit, aber in seiner Art nur für einen kurzfristigen Ausgleich geeignet. Vgl. Josef Resch, Amtliche Nachrichten des Bundesministeriums für soziale Verwaltung, 1926, S. 20; Hans Keller, Arbeitsmarktpolitik in Österreich, Arbeit und Beruf 1926, S. 439; und „Hilfsprogramm der Gewerkschaften gegen Arbeitslosigkeit“, Österreichischer Volkswirt, Bd. 1 1929/30, S. 419.

[3] Johann Smitka, Sten. Protokolle des Nationalrats, 105. Sitzung, 3. 5. 1922, S. 3493.

[4] Otto Bauer, Sten. Protokolle des Nationalrats, 21. Sitzung, 6. 2. 1931, S. 662.

sammenbruch[5].“ Über diesen Grundsatz konnte der Finanzminister 1931 im Parlament durchaus Übereinstimmung feststellen: „Der Sparwille, den die Regierung hat, wurde von keinem der Herrn Redner angezweifelt, von niemandem kritisiert, von allen gutgeheißen[6].“ Nachdem aber der erhoffte und vorhergesagte Konjunkturaufschwung des Jahres 1931 nicht nur nicht stattfand, sondern ein wirtschaftlicher Rückgang von bis dahin unbekanntem Ausmaß eintrat, gerieten auch die öffentlichen Finanzen völlig in Unordnung. Die Regierung sah sich gezwungen für 1932 einen Restriktionshaushalt aufzustellen und ein Budgetsanierungsgesetz im Nationalrat einzubringen, das auch mit den Stimmen der Sozialdemokraten beschlossen wurde. Die Ausgaben sollten auch nun „unter allen Umständen aus laufenden Einnahmen bestritten werden“[7] und so wurden 82 Millionen Schilling an Personalaufwand und 100 Millionen Schilling an Sachaufwand gekürzt[8]. Die Mindereingänge und die Ausgabendrosselung brachte es mit sich, daß für Investitionen nahezu nichts mehr übrig blieb. Die staatlichen Investitionsausgaben gingen von 248 Mill. S 1930 auf 5 % dieses Standes (12,5 Mill. S) 1932 zurück[9].

Dennoch fand die Regierung mit der Politik des ausgeglichenen Budgets und der „soliden Gebarung“ eine breite Zustimmung, denn die Inflation von 1922 war noch unvergessen. So erklärte Wilhelm Ellenbogen 1932: „Wenn wir Sozialdemokraten immer wieder darauf aufmerksam gemacht haben, daß der Bundeshaushalt in Ordnung sein müsse, so darf das nicht Wunder nehmen, denn wir wissen alle, daß eine Unordnung des Bundeshaushaltes die Gefahr einer Inflation im Lande heraufbeschwören kann. Wir wissen, daß eine solche Inflation eine ungeregelte, eine völlig unsoziale Vermögensabgabe, eine völlig regellose Lohnsenkung wäre[10]“, und auch Otto Bauer stellte fest, daß die Wiederherstellung des Gleichgewichts im Budget „in dieser Stunde, da die Verteidigung der Währung zur obersten Pflicht geworden ist, eine zwingende und unaufschiebbare Notwendigkeit ist“[11]. Aber auch in der Industrie war man in der Weltwirtschaftskrise der Meinung, daß sich der öffentliche Haushalt „auch in der schlimmsten Notlage nicht von der Bahn

---

[5] Emanuel Weidenhoffer, Sten. Protokolle des Nationalrats, 13. Sitzung, 10. 2. 1931, S. 285.

[6] Emanuel Weidenhoffer, S. 318.

[7] Emanuel Weidenhoffer, Sten. Protokolle des Nationalrats, 46. Sitzung, 30. 9. 1931, S. 1276.

[8] Bundeskanzler Karl Buresch, S. 1182.

[9] Die Angaben über das Budget sind entnommen aus: Alexander Fibich, Die Entwicklung der österreichischen Bundesausgaben in der Ersten Republik (1918 - 1938), Diss. Wien 1977, S. 170 ff.

[10] Wilhelm Ellenbogen, Sten. Protokolle des Nationalrats, 46. Sitzung, 30. 9. 1931, S. 1184.

[11] Otto Bauer, S. 1251.

einer soliden Gebarung abdrängen lassen darf"[12]. Wie der Bund, versuchten auch Länder und Gemeinden der Wirtschaftskrise mit der „kapitalistischen Methode der Wirtschaftsrettung"[13] zu begegnen, indem sie ihre Investitionen weitgehend einstellten und Löhne und Gehälter reduzierten. So konnte die Gemeinde Wien voan 1931 bis 1934 die Personalkosten um 25 % senken und die Summe der Ausgaben fiel von 1929 bis 1934 von 521 Mill. S auf 360 Mill S[14].

1932/33 begann aber wie in ganz Europa auch in Österreich ein gewisses Umdenken in der Wirtschaftspolitik. Schon in der Zeit der Budgeteinschränkung hatte es vereinzelt Stimmen gegeben, in den Industriellen Bezirkskommissionen, der Arbeiterkammer und den Gewerkschaften, die eine verstärkte Arbeitsbeschaffung mit größeren öffentlichen Mitteln forderten, selbst wenn diese „vor den Augen des kühlen Finanzmannes nicht vollkommen bestehen können"[15].

1933 schrieb der ehemalige christlichsoziale Bundeskanzler Ernst Streeruwitz: „Wenn man darauf verweist, im Budget sei kein Raum für Investitionen, so muß ich sagen, daß auch ein aktives Budget seinen Sinn verliert, wenn es wirtschaftlich steril ist, auf der einen Seite nur Steuern, auf der anderen Seite nur Gehalte enthält. Nichtausgaben allein ist keine Wirtschaft, am Nullpunkt gibt es nur noch Buchhaltung, aber kein Leben mehr[16]."

Zwar war die Haltung zu öffentlichen Investitionen als Mittel der Konjunkturpolitik dadurch erschwert, daß die ökonomische Theorie eine dauernde Gleichgewichtsstörung auf dem Arbeitsmarkt nicht kannte: „Es ist gerade das vielbescholtene Rentabilitätsprinzip der Privatwirtschaft, das, wenn die Voraussetzungen ungestörten Ablaufes der entsprechenden Anpassungsprozesse gegeben sind, eine dauernde Arbeitslosigkeit nicht zuläßt und alles tut, um Arbeit und Kapital zusammenzubringen[17]."

---

[12] Ludwig Urban (Präsident des Hauptverbandes der Industrie Österreichs), Arbeitsbeschaffung als industrielles Problem, Die Wirtschaftspolitik, 13. 11. 1934, S. 16.

[13] Johann Schorsch, Die Notwendigkeit der Arbeitsbeschaffung, Arbeit und Wirtschaft, 1932, S. 16. Schorsch stellte für die Entwicklung seit Beginn der Weltwirtschaftskrise fest: „Durch die fast ununterbrochene Lohn- und Gehaltsreduzierung wurde das Lohn- und Gehaltskonto in der Wirtschaft systematisch um mindestens 300 Millionen Schilling herabgesetzt."

[14] Vgl. Richard Schmitz, Die Arbeitsbeschaffung durch die Stadt Wien, Die Wirtschaftspolitik, 15. 11. 1934, S. 11 und: Fritz Hönig, Wiener Investitions- und Steuerpolitik, Österreichischer Volkswirt, Bd. 1 1937/38, S. 194.

[15] Heinrich Einspinner, Schafft Arbeit!, Neue Freie Presse, 1. 2. 1930. Vgl. ebenso: Johann Böhm, Ist die Arbeitslosigkeit wirklich ein unlösbares Problem?, Arbeit und Wirtschaft, 15. 1. 1931, S. 51 und: Edmund Palla, Das Problem der Arbeitslosigkeit in Österreich, Neue Freie Presse, 12. 1. 1931.

[16] Ernst Streeruwitz, Ursachen und Bekämpfung der Arbeitslosigkeit, Wochenschrift des Niederösterreichischen Gewerbevereins, 1933, S. 366.

Aber nicht nur bei den Gewerkschaften, sondern auch in wissenschaftlichen Kreisen, neigte man immer mehr zu der Ansicht, daß sich in absehbarer Zeit die Lage von selbst nicht bessern würde. Ließe man den Dingen ihren freien Lauf und erwartete die Rettung von den Auswirkungen des kapitalistischen Automatismus, so lief man Gefahr, dem unerbittlichen Zusammenbruch entgegenzueilen[18]. Nachdem sich in der Wirtschaftspolitik diese resignierende Auffassung durchgesetzt hatte, „trat die Frage der Arbeitsbeschaffung spontan aus dem Problemkreis der allgemeinen Konjunkturpolitik heraus" und verließ den Rahmen des Prinzipiellen. Losgelöst von grundsätzlichen Überlegungen stellte sich daher am Höhepunkt der Weltwirtschaftskrise das Problem der Arbeitsbeschaffung als eine elementare Notwendigkeit und forderte eine unmittelbare Lösung ohne Rücksicht auf die sonstigen Wege, welche die Wirtschaftspolitik einschlagen würde[19].

1932/33 war man sich über die Notwendigkeit der Arbeitsbeschaffung in ganz Europa im klaren. Unterschiedliche, zum Teil sogar sehr unterschiedliche Meinungen gab es allerdings über Ausmaß und Art der Durchführung. In erster Linie stand man vor dem Problem der Finanzierung. „Wer Arbeitsbeschaffung sagt, der hat auch Kreditschöpfung gesagt[20]", stellte Woytinsky fest und die Gewerkschaften im Deutschen Reich forderten dementsprechend auch eine Finanzierung der öffentlichen Arbeiten über Kreditierung der Banken unter Führung der Reichsbank. Die Inflationsgefahr wurde wegen der vorangegangenen Deflationspolitik, den Lohnkürzungen, überfüllten Lagern und des Absatzmangels als eher unbedeutend angesehen[21].

Aber auch in Österreich entstanden eine ganze Reihe von Arbeitsbeschaffungsplänen, allen voran die der Arbeiterkammer, des Niederösterreichischen Gewerbevereins und der Gewerkschaften, die ihre Finanzierung neben Budgetverlagerungen und Anleihen auch in einer begrenzten Kreditausweitung sahen. Der Niederösterreichische Gewerbeverein war

---

[17] F. A. Hermens, Öffentliche Investitionen und Konjunkturumschwung, Österreichischer Volkswirt, Bd. 2 1935, S. 543 und: R. F. Kahn, The relation of home investment to employment, Economic Journal, Juni 1931.

[18] Wladimir Woytinsky, Das Gebot der Stunde: Arbeitsbeschafftung, Arbeit und Wirtschaft, 1932, S. 163.

[19] Josef Dobretsberger, Bemerkungen zu den Arbeitsbeschaffungsplänen, Jahrbuch für Nationalökonomie und Statistik, 137. Bd., 1932, S. 564.

[20] Wladimir Woytinsky, S. 163. Der in der Zeit viel zitierte Ausspruch lautete vollständig: „Wer in einem kapitalarmen, verschuldeten Land, wie Deutschland, ‚Arbeitsbeschaffung' sagt, der hat von ‚Kreditschöpfung' gesprochen."

[21] Wladiminr Woytinsky, S. 164. Woytinsky berichtet in diesem Zusammenhang auch von einem Plan des deutschen Konjunkturforschers Ernst Wagemann, die niedrigeren Banknoten aus der Deckungspflicht der Bundesbank herauszunehmen, um so neue Zahlungsmittel in die Wirtschaft zu pumpen und diese dadurch anzukurbeln, da die Deflation offensichtlich nicht zum Erfolg geführt hatte.

noch vorsichtig und betrachtete eine Kreditausweitung zur Arbeitsbeschaffung „nur im äußersten Fall und nur in jenem Maße zulässig, als mit Sicherheit zu erwarten ist, daß der Ertrag der neu zu schaffenden Anlagen binnen kurzer Zeit ein Rückströmen der neu in Verkehr gesetzten Zahlungsmittel herbeiführt“[22]. Die Arbeiterkammer schlug in einem noch gemäßigten Arbeitsbeschaffungsplan neben einer Reduzierung und Verschiebung der Rückzahlung von Staatsschulden ein Münzprägungsprogramm vor[23]. Ein Stück weiter ging aber schon Otto Bauer in seiner Rede vor der Reichskonferenz der freien Gewerkschaften 1933, der sich zwar auch gegen inflationistische Gedanken wehrte, „aber so sicher wir keine Geldentwertung wollen, so gewiß müssen wir verlangen, daß man unbeirrt durch kreditpolitische Lehrmeinungen aus einer vergangenen Zeit, die für unsere ganz anders geartete Zeit wenig passen, alle Möglichkeiten der Kreditausweitung und Kreditschöpfung im Interesse der Arbeitsbeschaffung ausschöpft, soweit das nur überhaupt möglich ist, ohne in eine unbeherrschbare Geldentwertung zu gelangen“[24].

Die Entschließung der freien Gewerkschaften selbst war noch eindeutiger: „Durch eine innere Arbeitsbeschaffungsanleihe werden jedoch die notwendigen großen Mittel, nur dann aufgebracht werden können, wenn durch Kreditausweitung ihr Ertrag vergrößert wird. Wir wollen keine Geldentwertung: aber Schöpfung zusätzlicher Kaufkraft, in welcher technischen Form sie immer geschehe, muß keine Geldentwertung herbeiführen, wenn sie nur für produktive Zwecke und nur in dem Maße erfolgt, indem die Masse der produzierten und umgesetzten Waren tatsächlich vergrößert wird[25].“

So war eine gewisse Öffnung der österreichischen Wirtschaftspolitik im Jahre 1932/33 nicht zu verkennen[26], wenngleich die Stabilität der

---

[22] „Arbeitsbeschaffungsprogramm des Niederösterreichischen Gewerbevereins“, Östereichischer Volkswirt, Bd. 2 1933, S. 696 und: „Zur Frage der Arbeitsbeschaffung“, Wochenschrift des Niederösterreichischen Gewerbevereins, 1933, S. 434.

[23] „Arbeitsbeschaffungsplan der Arbeiterkammer“, Österreich. Volkswirt, Bd. 1 1932/33, S. 599.

[24] Otto Bauer, Arbeit für 200 000, Ein Wegweiser aus der Not, Vortrag vor der Reichskonferenz der freien Gewerkschaften, 15. Juli 1933; in: Otto Bauer, Werksausgabe, Bd. 3, S. 945.

[25] „Arbeit für 200 000“, Entschließung der Reichskonferenz der freien Gewerkschaften vom 15. Juli 1933, in: Arbeit und Wirtschaft, 1933, S. 226.

[26] In diesem Zusammenhang erschien auch eine Diskussion von Vertretern der Wirtschaft und Nationalratsabgeordneten im Niederösterreichischen Gewerbeverein über das Problem der Arbeitsbeschaffung von Interesse. Hierbei ging das Spektrum der Meinungen von der Arbeitsbeschaffung „unter Ausschaltung jeglicher inflationistischer Tendenzen und umstürzlerischer Maßnahmen auf dem Gebiete der Wirtschaftsordnung“ bis zur Aufbringung einer Bürgschaftsanleihe von 800 Millionen Schilling auf den gesamten Grund- und Bodenbesitz, Gebäude und Erzeugungsstätten durch den Bund, und auch die

Währung die grundsätzliche Begrenzung der wirtschaftlichen Belebungsversuche darstellte.

Diese Linie der Finanzierung nahm den Plänen allerdings den großen Stil, der für einer erfolgreiche Arbeitsbeschaffung im großen notwendig erschien. Arbeitsbeschaffung im großen — und das zeigte das Beispiel anderer Länder — war nur unter radikaler Umkehr der Kreditpolitik zu verwirklichen[27]. Das aber war mit dem Währungsschutz unvereinbar. Ohne Inflation waren die Möglichkeiten begrenzt.

Die politische Entwicklung nach 1933 ließ aber nicht nur eine solche Entwicklung nicht zu, sondern beendete auch alle Ansätze zu einer Neuorientierung der österreichischen Wirtschaftspolitik. Die Arbeitsbeschaffungsaktion der österreichischen Regierung 1933/34 war daher von Finanzierung, Umfang und Art der Arbeiten durchaus im Einklang mit traditionellen wirtschaftspolitischen Vorstellungen. Sie verlief etwa nach dem Muster der produktiven Arbeitslosenfürsorge, wobei der Bund selbst als Träger der Arbeit auftrat. Die Finanzierung erfolgte über eine Inlandsanleihe und die Bemühungen gingen dahin, möglichst viele Arbeitslose in Beschäftigung zu bringen[28]. Ähnlich wie bei der produktiven Arbeitslosenfürsorge wurden daher vor allem arbeitsintensive Projekte in Angriff genommen, wie Straßen-, Brückenbau oder Erdarbeiten. Der Bau der Großglockner Hochalpenstraße, der Packstraße, der Wiener Reichsbrücke und der Wiener Höhenstraße wurde in dieser Zeit begonnen oder forciert. Vom ganzen Aufbau und der Durchführung her waren diese Arbeitsbeschaffungsaktionen auf Milderung der Arbeitslosigkeit und wohl weniger auf Überwindung der Wirtschaftskrise ausgerichtet. Die Regierung wollte zeigen, daß auch sie etwas gegen die Arbeitslosigkeit unternimmt, wartete aber letztlich doch auf eine selbständige Erholung der Wirtschaft, darauf, daß die Krise von selbst wieder vorüber geht. Der staatliche Investitionsaufwand hatte sich zwar nach 1932 im Rahmen der Arbeitsbeschaffungspolitik wieder gesteigert, betrug aber 1933 und 1934 lediglich 18 % bzw. 39 % der entsprechenden Ausgaben des Jahres 1930.

Der wirtschaftlich weitaus günstigere Erfolg und stärkere Rückgang der Arbeitslosigkeit in anderen Ländern, vor allem dem Deutschen Reich, veranlaßte aber die autoritäre Regierung in Österreich, wieder verstärkte Anstrengungen auf dem Gebiet der Arbeitsbeschaffung zu un-

Schaffung von Steuergutscheinen, Wertschilling und die Einführung zusätzlicher Wertzeichen. Wochenschrift, 1933, S. 195.

[27] Josef Dobretsberger, S. 576.

[28] Dem diente auch die Verordnung des Bundesministeriums für soziale Verwaltung, bei Arbeiten, die mit öffentlichen Mitteln durchgeführt wurden, 50 % (Erlaß vom 24. 2. 1930) bzw. 80 % (Verordnung vom 8. 3. 1931) der Beschäftigten aus dem Kreise der Arbeitslosen aufzunehmen. Amtliche Nachrichten des Bundesministeriums für Soziale Verwaltung, 1931, S. 228.

ternehmen: 1935 verkündete Bundeskanzler Kurt Schuschnigg die „Arbeitsschlacht“.

Selbst in einer Zeit der mehr oder weniger freiwilligen Selbstbeschränkung der österreichischen Presse konnte der Österreichische Volkswirt an dieser Aktion nicht ganz ohne ironische Bemerkungen vorübergehen: „Arbeitsschlacht“, „Frontabschnitt Wien“ ... donnerndes Kriegsgetöse um diese doch so friedfertige Beschäftigung. Im Felde gab es neben der Front noch einen Etappenraum, jetzt kennt man nur noch Fronten und während man einst von der Dampfwalze einer vordringenden Armee sprach, wird man demnächst im Wortbild der harmlosen Straßenwalze vielleicht als Tank wieder begegnen, wenn nicht gar von Flammenwerfern des Arbeitseifers hören[29].“ Mit der Arbeitsschlacht war aber nicht nur eine weitgehende Ideologisierung der Wirtschaftstätigkeit des Staates und verstärkte Bemühungen auf propagandistischem Gebiete verbunden, sondern auch eine gewisse Einstellungsänderung in bezug auf die konjunkturpolitischen Aufgaben des Staates. Man hatte sich zu der Ansicht durchgerungen, wie einige andere Länder schon Jahre vorher, daß der Staat zumindest in Krisenzeiten die Pflicht eines Eingriffs in die Wirtschaft hatte. In der „Theorie der Arbeitsschlacht“[30] hieß es dazu: „Der Staat ist nicht allein von Gewinnhoffnung und Verlustangst dirigiert, sondern er hat höhere Pflichten und höhere Interessen. Er muß einen Teil der von den Unternehmern unterlassenen Investitionstätigkeit aufnehmen und so jene Besserung erzeugen, die, auf den privaten Sektor der Wirtschaft überspringend, eine weitere Besserung auslöst ... Greift der Staat nun ein und ersetzt teilweise die geschwundene Privatinvestitionstätigkeit, so wirkt dies auch belebend auf den Konsumgüterverbrauch. Fördert er weiters die Investitionstätigkeit im privatwirtschaftlichen Sektor durch entsprechende Hilfe und erweckt so wieder Gewinnhoffnung, so kann eine allmähliche Besserung eintreten. Das Überspringen des Vertrauens auf die Privatinitiative wird so zum Kernproblem jeder Arbeitsschlacht. Immer wird die Erweiterung des staatswirtschaftlichen Sektors als vorübergehende Maßnahme zu werten sein.“

Der Rückzug des Staates aus der Wirtschaft wurde damit zwar nach wie vor offen gehalten, aber eine geradezu psychologische Konjunkturtheorie in den Mittelpunkt gestellt, bei der der Staat durch „Initialzündung“, durch Arbeitsbeschaffung einen einmaligen Anstoß gibt, um den Optimismus der Wirtschaftstreibenden wieder zu erwecken und einen allgemeinen Konjunkturaufschwung in der Privatindustrie hervorzurufen. Der Staat beschränkte sich damit nicht mehr nur auf Bemühungen zur Milderung der Arbeitslosigkeit, sondern sah in den Maßnah-

[29] „Wiener Arbeitsschlacht“, Österreichischer Volkswirt, Bd. 2 1935, S. 557

[30] Theorie der Arbeitsschlacht, in: Die Wirtschaftspolitik, 15. 5. 1935.

men der Arbeitsschlacht bereits ein aktives Instrument der Konjunkturbeeinflussung.

Die Arbeitsschlacht war zumindest groß angelegt[31]. Insgesamt sollten etwa doppelt soviele Mittel aufgewendet werden, wie bei der ersten Arbeitsbeschaffungsaktion 1933/343. Schwergewicht lag wiederum beim Straßenbau. Im ganzen sollten in drei Bereichen, dem „staatlichen Frontabschnitt", dem „öffentlich-rechtlichen Frontabschnitt", der Länder und Gemeinden betraf und in dem allerdings unbedeutenden „Frontabschnitt Privatwirtschaft", 421, 3 Mill. Schilling investiert werden, um „den Endsieg im Kampf gegen den furchtbaren Feind, die Wirtschaftskrise"[31] zu erlangen. Die tatsächliche Durchführung fiel allerdings um einige Nummern kleiner aus. Etwa die Hälfte der Arbeitsschlacht dürfte tatsächlich geschlagen worden sein. Von den 214,7 Mill. Schilling, die im „staatlichen Frontabschnitt" angekündigt worden waren, schienen als Investitionsaufwand des Budgets dieses Jahres 103 Mill. Schilling auf.

Einen entscheidenden Anteil an der Arbeitsschlacht hatte auch die Gemeinde Wien, die ab 1934 wieder verstärkte Bemühungen auf dem Gebiet der Arbeitsbeschaffungs- und Investitionspolitik unternahm und bis 1938 regelmäßig etwa 10 % ihrer Ausgaben für diese Zwecke verwendete[32]. Wie schon in den Zwanzigerjahren betrieb die Gemeinde wieder eine durchaus eigenständige Wirtschaftspolitik, die mit den wirtschaftspolitischen Grundsätzen des Bundes nicht immer in Einklang stand.

Die Stadt legte auch in den Dreißigerjahren das Schwergewicht auf Hochbauarbeiten und nicht so sehr auf Straßen, wie der Bund, mit der Begründung, daß gerade in diesem Bereich die Höchstzahl der verschiedenen Gewerbe beschäftigt werden[33]. Außerdem finanzierte sie ihren zusätzlichen Investitionsaufwand, neben der Erhöhung der Mieten, vor allem über Hypothekarkredite auf die städtischen Wohnhausanlagen, also gerade mit Hilfe der vom Bund so ängstlich vermiedenen Kreditausweitung[34].

Mit den Maßnahmen 1935 hatte die Arbeitsbeschaffung in Österreich aber schon ihren Höhepunkt erreicht. Die Arbeitsschlacht wurde weder gewonnen, noch verloren, sie lief einfach aus. 1936 reduzierte der Bund seine Investitionen wieder drastisch. Wohl wurde 1937 noch einmal ein „Arbeitsförderungsprogramm" erlassen, das aber im Ausmaß nicht mehr

[31] Siehe: Das Programm der Arbeitsschlacht, Die Wirtschaftspolitik, 15. 5. 1935, S. 8.

[32] Ludwig Drexler, Arbeitsschlacht und Privatwirtschaft, in: Das Programm der Arbeitsschlacht, S. 5; Richard Schmitz, Die Arbeitsbeschaffung der Stadt Wien, a.a.O., und Fritz Hörnig, Wiener Investitions- und Steuerpolitik, S. 194.

[33] Fritz Hörnig, S. 194.

[34] Fritz Hörnig, S. 194.

an die vorigen Aktionen herankam. Bemerkenswert war lediglich, neben der Verlagerung weg vom Straßenbau, ein gewisses Umdenken in der Finanzierung.

Außer der obligaten „Arbeitsanleihe“ hatte man sich nun doch, wenn auch in beschränktem Umfang, auf eine Krediterweiterung eingelassen. Sowohl für die Modernisierung des Hauptpostgebäudes in Wien wurde ein langfristiger Kredit (15 Mill. S) über die Sparkassen aufgebracht, vor allem aber die Elektrifizierung der Bundesbahnstrecke Salzburg-Linz (55 Mill. S) erfolgte durch ein Anleihenkonsortium aus Versicherungen und Sparkassen, denengegenüber der Bund die Haftung übernahm[35, 36]. 1937 wurden aber die Arbeitsbeschaffungspläne gänzlich aufgegeben. Der Budgetvoranschlag für das Jahr 1938 sah nur mehr eine Förderung der privaten Investitionstätigkeit über Kreditverbilligung, beim Wohnbau und Fremdenverkehr vor[37].

Durchschnittliche Zahl der Beschäftigten bei den Arbeitsbeschaffungsmaßnahmen in Österreich (in 1 000)

Jahr	FAD	PAF	St.	Insg.	Im Verh. zu Unterst. AL		Im Verh. zur Zahl d. AL	
1934	15,1	13,7	13,2	42,0	14,6 %	(288)	7,7 %	(545)
1935	13,4	15,5	23,2	52,1	19,9 %	(262)	10,1 %	(515)
1936	6,9	5,6	19,0	31,5	12,2 %	(259)	6,1 %	(515)
1937	4,5	9,4	20,6	34,5	14,9 %	(231)	7,4 %	(464)

Quelle: Monatsberichte des Österreichischen Instituts für Konjunkturforschung, Heft 2, 1936, S. 45 und Heft 2, 1938, S. 44; FAD = Freiwilliger Arbeitsdienst, PAF = Produktive Arbeitslosenfürsorge.

Man war letztlich enttäuscht über die Wirkung der Arbeitsbeschaffungsmaßnahmen. Der „Ankurbelungsfaktor“, die sich angeblich automatisch potenzierende Wirkung öffentlicher Investitionstätigkeit[38], war in Österreich ein „Mythos“ geblieben. Durch Arbeitsbeschaffung, Arbeitsschlacht, und Arbeitsförderungsprogramm war die Arbeitslosigkeit in Österreich nicht entscheidend gesunken, 1937 immer noch hoch, und relativ höher als in den meisten anderen Ländern Europas.

Ein wesentliches Moment für den eher mäßigen Erfolg der Arbeitsbeschaffungspolitik lag aber in den staatlichen Maßnahmen selbst, in der Diskrepanz zwischen den angekündigten Maßnahmen und der praktischen Durchführung. Zum einen hatte man sich bei der Frage der Finanzierung fast ausschließlich auf Anleihen verlassen und nicht einmal diese Möglichkeit ganz ausgeschöpft.

35, 36 Dr. A. O., Das neue Arbeitsförderungsprogramm, Österreichischer Volkswirt, Bd. 1 1936/37, S. 384.

37 Dr. A. O., Wirtschaftslage und Wirtschaftspolitik, Österr. Volkswirt, Bd. 1 1937/38, S. 439.

38 Dr. A. O., Das neue Arbeitsförderungsprogramm, S. 383.

Als erste Arbeitsanleihe wurde die „Treffer-Anleihe“ aufgelegt, die nicht nur relativ gut ausgestattet war, sondern bei der auch Vorkriegsrenten zur Zeichnung verwendet werden konnten und überdies noch die Möglichkeit bestand, einen „Treffer“, einen Gewinn zu machen. Der Erfolg übertraf alle Erwartungen.

Die auf 200 Millionen Schilling festgelegte Anleihe wurde mit 265 Millionen Schilling weit überzeichnet und es waren Überlegungen im Gang, sie auf 300 Millionen Schilling zu erhöhen. Letztlich ließ man diese Möglichkeit aber doch vorübergehen und beschränkte sich auf 220 Millionen Schilling. Der Österreichische Volkswirt gab dafür auch eine Begründung: „Nie ist es nützlich, wenn die Finanzverwaltung über zuviel Geld verfügt, denn das regt nur zu leichter Ausgabenwirtschaft an. Für ein vernünftiges Arbeitsbeschaffungsprogramm werden die dem Finanzminister verbliebenen Mittel voll ausreichen[39].“

Nach Abzug des Disagios und der eingelieferten Renten verblieben 175 Millionen Schilling, davon wurden 20 Mill. Bundesschuld an die Nationalbank abgezahlt und der Rest war zur Deckung des Investitionsbedarfes 1933/34 vorgesehen. Das tatsächlich durchgeführte Investitionsprogramm wich aber noch wesentlich von dem ursprünglichen ab[40].

Vor allem bei Eisenbahn und Post wurden die angekündigten Investitionen wieder eingeschränkt und die Gesamtsumme der Investitionen des Bundes für die Jahre 1933/34 lag mit 141,3 Millionen Schilling noch deutlich unter dem Erlös der Anleihe und der für die Arbeitsbeschaffung angekündigten Mittel. Als nächste wurde im Zusammenhang mit der Arbeitsschlacht die „Österreichische Arbeitsanleihe 1935“ aufgelegt. Diese erbrachte 135 Millionen Schilling, wovon 66 Millionen zur Arbeitsbeschaffung, der größte Teil aber „zur Konsolidierung schwebender Staatsschuld“[41] verwendet wurde. Ähnlich erging es der Arbeitsanleihe 1936, bei der etwa ein Drittel der aufgebrachten 158 Millionen Schilling der staatlichen Schuldrückzahlung zugeführt wurde und der Rest von 104 Millionen Schilling „teils zur Finanzierung des budgetmäßigen Investitionsprogramms 1937, teils zur Bedeckung des zusätzlichen Arbeitsförderungsprogramms“[42] bestimmt war. Etwa ein Drittel der „Arbeitsbeschaffungsanleihen“, wurden daher nicht zur Arbeitsbeschaffung, sondern zur Rückzahlung der Staatsschuld verwendet.

Eine weitere Frage betraf die Art der Arbeiten, die beschaffen wurden.

---

[39] „Treffer Anleihe“, Österreichischer Volkswirt, Bd. 1 1933/34, S. 130.

[40] „Öffentliche Arbeiter“, Österreichischer Volkswirt, Bd. 1 1933/34, S. 352.

[41] „Die Arbeitsanleihe“, Österreichischer Volkswirt, Bd. 2 1935, S. 576, Für den Mehrbetrag wurden Schatzscheine zurückgelöst, die 1934 für Budgetausgleichzwecke ausgegeben worden waren.

[42] Dr. A. O., Das neue Arbeitsförderungsprogramm, S. 385.

Am Höhepunkt der Weltwirtschaftskrise wurde in vielen Ländern Arbeitsbeschaffungsaktionen durchgeführt, die sich zumeist auf Straßenbau udgl. konzentrierten. Hier war die Gewähr gegeben, möglichst viele Arbeitslose in Beschäftigung zu bringen und einen hohen Lohnanteil zu erreichen. Außerdem waren dies Sofortmaßnahmen, die sich unmittelbar auf die Arbeitslosenstatistik, als Erfolgsbarometer der Regierung, niederschlug.

Der „Multiplikatoreffekt" war aber sehr gering. Mit Auslaufen der staatlichen Aktionen war die Wirkung größtenteils vorüber, die Leute wieder arbeitslos. Erst eine verstärkte staatliche Investitionspolitik im Zusammenhang mit der Rüstung führte 1934/35 in einigen europäischen Ländern zu einem wirtschaftlichen Wiederaufschwung[43]. So sehr diese „Rüstungskonjunktur" von den Zeitgenossen auch mit Sorge betrachtet wurde, so zeigte sie doch, daß eine Überwindung der Wirtschaftskrise nicht durch Arbeitsbeschaffungspläne, sondern nur durch eine verstärkte staatliche Investitionspolitik möglich war, die in Bereiche eingriff, wo der Multiplikatoreffekt hoch war. Daß dies nicht ausschließlich der Rüstungsbereich sein mußte, darauf hatte die Gemeinde Wien mit ihrer Begünstigung des kommunalen Wohnbaus unter Hinweis auf deren breite wirtschaftliche Wirkung, bereits frühzeitig aufmerksam gemacht.

Entwicklung der österreichischen Bundesausgaben in Millionen Schilling

Jahr	Gesamt-Ausgaben	Anteil der Investitionsausgaben in Mill. S	in % der Gesamtausgaben	mit Landes-Verteidigung
1923	1 005	76,1	7,6 %	
1924	1 314	103,7	7,9 %	
1925	1 410	90,6	6,4 %	
1926	1 602	135,7	8,5 %	
1927	1 835	195,7	10,7 %	
1928	1 977	212,5	10,8 %	
1929	1 990	147,2	7,4 %	
1930	2 289	248,4	10,9 %	
1931	2 331	98,4	4,2 %	
1932	1 924	12,5	0,6 %	
1933	2 089	44,6	2,1 %	6,2 %
1934	2 174	96,7	4,4 %	9,2 %
1935	2 052	103,0	5,0 %	11,0 %
1936	2 023	35,6	1,8 %	10,0 %
1937	2 079	70,5	3,4 %	15,0 %
1938	2 045	32,1	1,6 %	12,3 %

Quelle: Alexander Fibich, Die Entwicklung der österreichischen Bundesausgaben in der Ersten Republik (1918 - 1938), Diss., Wien 1937, S. 170 ff. (1938 Voranschlag).

Die Überwindung der Weltwirtschaftskrise gelang daher in anderen Ländern erst durch eine außerordentlich stark forcierte Investitionspo-

[43] Timothy W. Mason, Sozialpolitik im Dritten Reich, Opladen 1977, S. 385.

litik. So gab das Deutsche Reich 1933/34 etwa ein Drittel seines Budgets für Investitions- und Rüstungszwecke aus, die zu einer 30 % Erhöhung der Reichsschuld führte. In Österreich wurde von 1933 bis 1937 aber nur durchschnittlich 3,3 % der Gesamtausgaben des Bundes für Investitionszwecke verwendet, berücksichtigt man auch die Ausgaben für Landesverteidigung, so waren es etwa 10 %[44]. Die Investitionen 1933 bis 1938 erreichten durchschnittlich lediglich 41 % der Investitionsausgaben von 1923 bis 1930 und selbst 1935, im Jahr der Arbeitsschlacht, betrugen die staatlichen Investitionen gerade 43 % derer von 1930. Hier sind die wesentlichen Gründe für die nur mäßige Überwindung der Arbeitslosigkeit zu suchen.

Die Arbeitsbeschaffungsmaßnahmen waren in Österreich nur eine Kopie dessen, was man im Ausland beobachtet hatte, zumeist nur mit halber Kraft durchgeführt und zum Teil geradezu mit dem Charakter von Scheintätigkeiten.

An der österreichischen Wirtschaftspolitik war die Weltwirtschaftskrise scheinbar spurlos verüber gegangen. Die wirtschaftlichen und konjunkturellen Vorstellungen der Zwanzigerjahre standen auch in den Dreißigerjahren im großen und ganzen noch in Geltung. Ausgeglichenem Budget und Währung wurde auch in und nach der Weltwirtschaftskrise absolute Priorität zugesprochen, hier wurden die Erfolge der österreichischen Wirtschaftspolitik und die Pluspunkte der österreichischen Wirtschaft gesehen. Die Bekämpfung der Arbeitslosigkeit wurde höchstens propagandistisch an erste Stelle gereiht, doch selbst das schien nach 1935 immer weniger notwendig.

Eine Arbeitsbeschaffungspolitik aber, die bedeutend weniger für Investitionen aufbrachte, wie in wirtschaftlichen „normalen" Jahren und welche die ohnehin schon unzulängliche Finanzierung über Anleihen noch weiter durch offizielles und inoffizielles Abzweigen der Mittel für andere Zwecke verschlechterte, war kaum geeignet, die hohe Arbeitslosigkeit in Österreich zu überwinden.

Die bessere Verteilung der vorhandenen Arbeit

Eine ganze Reihe von Maßnahmen gingen von der Vorstellung aus, daß das Ausmaß der Arbeitsgelegenheiten zumindest kurzfristig nicht oder nur unzulänglich veränderbar war. Anders als bei der Arbeitsbeschaffung, die letztlich zusätzliche Arbeitsmöglichkeiten zur Verfügung stellen wollte, waren diese Bestrebungen danach gerichtet, entweder dem bestehenden heimischen Arbeitsmarkt auszuweichen oder die vorhandene Arbeit besser und sinnvoller aufzuteilen. Durch diese Auffassung gekennzeichnet waren die Bemühungen um eine Verkürzung der

[44] Budgetangaben nach Alexander Fibich, S. 170 ff.

Arbeitszeit, bzw. Kurzarbeit, die Auswanderung und die Innenkolonisation.

Arbeitszeitverkürzung und Kurzarbeit

Die Herabsetzung der Arbeitszeit war bereits ein altes Anliegen der Arbeiterschaft, das bis auf Robert Owen zurückverfolgt werden konnte[1]. Die Reduzierung der Arbeitszeit sollte ein Anteil der Arbeiter an der technischen Entwicklung sein. „Hohe Löhne und kurze Arbeitszeit sind das Korrelat zum technischen Fortschritt[2].“

Einzelne soziale Experimente noch vor dem Ersten Weltkrieg hatten auch den Nachweis erbracht, daß sich die Reduzierung des Arbeitstages auch von der Produktionsseite her als günstig erweisen konnte[3].

Die hohe Arbeitslosigkeit in der Zwischenkriegszeit gab der Dauer des Arbeitstages aber noch eine zusätzliche Bedeutung und gerade zu den Zeiten höchster Arbeitslosenziffern bekamen die Bemühungen um eine Verkürzung des Arbeitstages einen verstärkten Auftrieb.

Dabei vermischten sich grundsätzliche Überlegungen der Arbeiterbewegung mit wirtschaftlichen Notstandsmaßnahmen: Es geht nicht an, stellte Ferdinand Hanusch fest, „daß auf der einen Seite Tausende Menschen länger als acht Stunden, zehn und elf Stunden arbeiten, während andererseits wieder Zehntausende Menschen vollständig arbeitslos sind und nicht den nötigen Erwerb zu finden vermögen“[4]. Wenn es, wie in der Weltwirtschaftskrise, nicht genug Arbeit gab, so sollte die vorhandene Arbeit eben besser aufgeteilt werden. „Es hat Zeiten gegeben“, wie Otto Bauer argumentierte, „da waren zuwenig Lebensmittel im Lande, da waren wir gezwungen, Lebensmittel zu rationieren. Es wäre ganz unerträglich gewesen, wenn das wenige Brot, das im Lande war, nur von einem Teil der Bevölkerung gegessen hätte werden können, und es für den anderen kein Brot gegeben hätte. Wir haben wenigstens ein Mindestquantum jedermann sichern müssen. Heute haben wir nicht zuwenig Brotfrucht, aber zuwenig Arbeit, und so wie wir einmal Lebensmittel rationieren mußten, müssen wir heute innerhalb der Grenzen des möglichen die Arbeit rationieren[5].“

---

[1] Vgl. Max Lederer, Grundriß des österreichischen Sozialrechts, Wien 1932, S. 16 und 302.

[2] Julius Wilhelm, Arbeitszeit und Arbeitslosigkeit, Österreichischer Volkswirt, Bd. 1 1925/26, S. 242; und: Stephan Bauer, Achtstundentag, Handwörterbuch der Sozialwissenschaften, Göttingen 1923, S. 29 ff.

[3] So führten etwa 1868 das Arsenal in Springfield (USA), 1893 die Salford Iron Works, Manchester und 1900 die optischen Werke Zeiß in Jena den Acht-Stunden-Arbeitstag ein und erzielten damit dauernde Produktionssteigerungen; vgl. Max Lederer, S. 303.

[4] Ferdinand Hanusch, Sten. Protokolle des provisorischen Nationalrats, 5. Sitzung, 22. 11. 1918, S. 124.

[5] Otto Bauer, Sten. Protokolle des Nationalrats, 21. Sitzung, 6. 3. 1931, S. 673.

Den Arbeitnehmervertretungen schien daher bei hoher Arbeitslosigkeit aus wirtschaftlichen und sozialen Erwägungen „eine Herabsetzung der Arbeitszeit zum Zwecke der Aufteilung der vorhandenen Arbeitsmöglichkeiten auf eine größere Anzahl von Personen“[6] dringend geboten, wobei man zwar prinzipiell gegen Lohnkürzungen in diesem Zusammenhang auftrat, in der Weltwirtschaftskrise die Arbeitszeitverkürzung aber selbst an dieser Frage nicht scheitern lassen wollte „da dieser Frage gegenüber der gebieterischen Notwendigkeit einer Lösung des Arbeitslosenproblems nur untergeordnete Bedeutung“[7] zukam. Die Arbeiter waren auch bereit, Opfer zu bringen, „um den arbeitslosen Massen Platz in den Fabriken zu machen“[8].

Ziel der Arbeitszeitverkürzung war 1918/19 die 48-Stunden-Woche und 1932/33 die 40-Stunden-Woche[9]. Der Erfolg beim Kampf um die 48-Stunden-Woche war an sich fast naheliegend. Weit mehr als die Notstandsmaßnahme in der Weltwirtschaftskrise war sie ein lang gehegtes gesellschaftspolitisches Anliegen der Arbeiterschaft. Mit der „sozialen Welle“[10] nach dem Ersten Weltkrieg wurde daher bereits im Dezember 1918 in Österreich der 8-Stunden-Arbeitstag gesetzlich eingeführt. Auf Grund der wirtschaftlichen Depression war der Widerstand gegen diese Aktion gering. „In einem Winter, dessen Kohlennot den österreichischen Fabriken nicht mehr als drei Betriebstage in der Woche gestattete, schien die 48-Stunden-Woche für die österreichische Industrie nicht unmittelbar bedrohlich[11].“ Eine allgemeine Zustimmung fiel um so leichter, als der Achtstundenarbeitstag vorerst nur befristet eingeführt wurde, und nicht in allen Bereichen Anwendung fand.

Die „kleingewerblichen Betriebe“ wurden nicht mit einbezogen, „da man bei einer Sozialpolitik, die eine Verringerung der Arbeitszeit beinhaltet, nicht generalisieren kann“ und „weil es sofort zu einer Unmenge von Ausnahmen kommen würde, die überhaupt die achtstündige Arbeit von vornherein als illusorisch erscheinen“[12] ließ. Die gesetzliche Gültigkeit war „bis zum Friedensschluß“ befristet, allerdings stellte Ferdinand Hanusch von vornherein fest, „Ich glaube kaum, daß wir

[6] Enquête über die Verkürzung der Arbeitszeit, 25. 2. 1932, Amtliche Nachrichten des Bundesministeriums für Soziale Verwaltung, 1932, S. 52.

[7] Enquête über die Verkürzung der Arbeitszeit.

[8] Wiener Vertrauensmännerversammlung der Sozialdemokratischen Partei, Österreichischer Volkswirt, Bdn. 1 1930/31, S. 555.

[9] „Verkürzung der Arbeitszeit“, Österreichischer Volkswirt, Bd. 1930/31, S. 563.

[10] Max Lederer, S. 304.

[11] Fritz Rager, Das sozialpolitische Werk Ferdinand Hanuschs, Arbeit und Wirtschaft, 1923, S. 770.

[12] Gustav Richter, Sten. Protokolle der prov. Nationalversammlung, 11. Sitzung, 19. 12. 1918, S. 401.

auf diesem Gebiet einen Rückschritt machen werden[13]." Seine Ansicht wurde bald bestätigt. Im Dezember 1919 bekam das Gesetz über den Achtstundenarbeitstag eine endgültige Fassung, zumal während des Jahres 1919 in den meisten europäischen Ländern ebenfalls sozialpolitische Gesetze in dieser Richtung erlassen wurden. Das definitive Gesetz dehnte seine Wirkung praktisch auf alle Wirtschaftsbetriebe aus, mit Ausnahme der Landwirtschaft und den Unternehmungen des Handels und Verkehrs[14]. Die tatsächliche Wirkung der Verkürzung der Arbeitszeit auf den Arbeitsmarkt ist aber auch nachträglich kaum feststellbar, da einmal durch Ausnahmeverordnungen Erleichterungen für einzelne Berufsgruppen geschaffen wurden und zusätzlich die Möglichkeit bestand, um eine Ausnahmegenehmigung anzusuchen. Die Anträge der Firmen, die beim Sozialministerium ein Ansuchen gestellt hatten sind Legion und füllen ganze Bücher. Vor allem aber glichen die Rationalisierungsbestrebungen der Zwanzigerjahre die arbeitsmarktpolitische Wirkung dieser Maßnahme weitgehend wieder aus. Begünstigt durch den Nachholbedarf der während des Krieges vernachlässigten Anlagen, durch den Zwang der Anpassung der Wirtschaft an die neuen Gegebenheiten und einer weltweiten Rationalisierung folgte der Arbeitszeitverkürzung in den Zwanzigerjahren tatsächlich eine verstärkte Tendenz zu Rationalisierung und arbeitssparenden Verfahren. Der Produktionsfaktor Arbeit wurde entsprechend der Arbeitszeitverkürzung und darüber hinaus durch den Produktionsfaktor Kapital ersetzt.

Mit der Weltwirtschaftskrise und dem verstärkten Arbeitsmangel kam die Diskussion um eine Verkürzung der Arbeitszeit abermals in Gang. Nun war aber der Widerstand der Arbeitgeber fast unüberwindlich geworden, zumal es ihnen gelang, in den meisten europäischen Ländern die Regierungen in dieser Frage auf ihre Seite zu ziehen[15].

Da die Arbeitszeitverkürzung unter dem Gesichtspunkt der zusätzlichen Einstellung von Arbeitskräften angestrebt wurde, war das Hauptargument der Unternehmerseite die Erhöhung der Lohn- und Sozialkosten und damit die Erhöhung der Produktionskosten, welche als für die Wirtschaft nicht tragbar angesehen wurden[16]. Eine neuere Verschlechterung der Wirtschaftslage der einzelnen Betriebe und damit

[13] Ferdinand Hanusch, Sten. Protokolle der prov. Nationalversammlung, 11. Sitzung, 19. 12. 1918, S. 408.

[14] Vgl. Max Lederer, S. 305 ff.

[15] Dies wurde insbesondere bei der Konferenz des Internat. Arbeitsamtes ab 1933 deutlich; vgl. R. Fuhs, Die Vermeidung der Arbeitslosigkeit durch internationale Verkürzung der Arbeitzeit —, Verlauf und Ergebnis der Vorkonferenz, Soziale Praxis, 1933, 42. Jg. Heft 10, S. 305 ff.

[16] Vgl. Enquête über die Verkürzung der Arbeitszeit, S. 53, allein die Mehrbelastung durch die Sozialversicherungsbeiträge wurde vom Sozialministerium mit 10 % bis 20 % angegeben (der Lohnsumme).

neuerlich Arbeitslosigkeit wurden als logische Folge gesehen. Ein weiteres, geradezu traditionelles Argument gegen die Arbeitszeitverkürzung war, daß sie isoliert in einem einzelnen Land durchgeführt, zu einer Beeinträchtigung der Konkurrenzfähigkeit führen müßte. Dies hofften die Arbeitnehmervertretungen bei einer internationalen Konferenz des Internationalen Arbeitsamtes 1933 auszuschalten. Die Hoffnung auf eine Lösung durch Internationalisierung des Problems sollte sich aber nicht erfüllen. Bereits in der Vorkonferenz über die „Verminderung der Arbeitslosigkeit durch internationale Verkürzung der Arbeitszeit“[17] prallten die Argumente aufeinander: Unterkonsumtion, Recht auf Arbeit, Arbeitszeitverkürzung als Mittel der Bekämpfung der Arbeitslosigkeit und als berechtigter Anteil der Arbeitnehmer an der Rationalisierung der vorangegangenen Jahre auf der einen Seite; Produktionskostenerhöhung, Nachfrageverminderung, Inflationstendenz und neuerlicher Rationalisierungsimpuls auf der anderen Seite. So geschlossen die Arbeitnehmer bei dieser Konferenz auftraten, so geschlossen waren auch die Arbeitgeber. Die Konferenz scheiterte und auch die Bemühungen des Internationalen Arbeitsamtes waren damit in eine Sackgasse geraten. Die österreichische Regierung stand der 40-Stunden-Arbeitswoche von vornherein zumindest reserviert gegenüber und sah in ihr eine Maßnahme, „deren Erfüllung im besten Fall erst in einer Reihe von Jahren überhaupt erst in die Nähe rücken kann“[18], und Sozialminister Resch erklärte sich 1932 nach einer mißlungenen Aussprache der Wirtschaftspartner nicht bereit, einen Gesetzesentwurf über die Verkürzung der Arbeitszeit auszuarbeiten[19].

Nach 1933 lehnte die österreichische Regierung das Mittel der Arbeitszeitverkürzung als Krisenbekämpfung kategorisch ab. Die Begründung dazu gab Bundesminister Neustädter-Stürmer: „Die Verkürzung der Arbeitszeit würde sich daher in den einzelnen Ländern verschieden auswirken, zu großen Verschiebungen in den Konkurrenzbedingungen führen und vor allem jene Länder besonders empfindlich treffen, die arm an Bodenschätzen sind.“ Und dazu zählte man sich in Österreich. „Alle diese Erwägungen müssen begründete Zweifel erwecken, ob in der Verkürzung der Arbeitszeit ein geeignetes Mittel zur Bekämpfung der Arbeitslosigkeit erblickt werden kann, weshalb die österreichische Bundesregierung für eine internationale Regelung der Arbeitszeitverkürzung ... nicht einzutreten vermag[20].“ Dennoch verstummte die Diskus-

---

[17] Vgl. R. Fuhs, Vermeidung der Arbeitslosigkeit, S. 306.

[18] Richard Schmitz, Sten. Protokolle des Nationalrats, 21. Sitzung, 6. 3. 1931, S. 684.

[19] Enquête über die Verkürzung der Arbeitszeit, S. 53.

[20] Odo Neustädter-Stürmer, Ministerratsvortrag vom 15. Juni 1934, VWA/Sozialpolitik, 50.931/34; ebenso das Antwortschreiben Josef Reschs an das Internationale Arbeitsamt, Genf, vom 21. Nov. 1934, VWA/Sozialpolitik, 108.971/34.

sion um die 40-Stunden-Woche selbst im Ständestaat nicht mehr. 1935 gingen Forderungen des Gewerkschaftsbundes in diese Richtung[21] und 1937 schrieb der Österreichische Volkswirt: „Manche der in der Krise entstandenen Massenvorstellungen scheinen nun ebenso unausrottbar werden zu wollen, wie sich die meisten der in der Krise eingeführten Wirtschaftsbeschränkungen nun als nicht mehr abschaffbar zu erweisen scheinen[22].“ Die Vertrauensmänner der Arbeiterschaft der chemischen Industrie hatten eine 40-Stunden-Woche für ihren Wirtschaftszweig gefordert.

Was aber auf allgemeiner Basis so schwer zu erreichen schien, und in den Dreißigerjahren scheinbar überhaupt nicht mehr durchführbar war, hatte sich in den einzelnen Betrieben tatsächlich schon weitgehend durchgesetzt: die Kurzarbeit. Insbesondere in der Stabilisierungskrise 1923/24 und in der Weltwirtschaftskrise fand die Arbeitsstreckung zur Überbrückung der wirtschaftlichen Depression eine weit verbreitete Anwendung. Ein nicht unbedeutender Teil der Arbeitnehmer war nicht 48 Stunden in der Woche beschäftigt, sondern 40 Stunden und zum Teil noch bedeutend weniger. Die Aufrechterhaltung eines über den Geschäftsgang hinaus gehenden Standes an Beschäftigten, mit einer Lohnreduzierung auf der einen Seite und mit höheren Kosten auf der anderen Seite verbunden, war sowohl von Arbeitnehmer- als auch von Arbeitgeberseite her nicht nur wirtschaftlich, sondern auch sozial eine gewisse Leistung. 1923, als etwa 50 % der Metallarbeiter in Kurzarbeit standen, sprach Ferdinand Hanusch von „einem der größten Solidaritätsakte, die die Arbeiterschaft im Laufe der letzten Jahrzehnte zustande gebracht hat“[23].

Aber auch für das Unternehmen, das sich einen gewissen Stock an Arbeitern über die Krise hinweg halten wollte, war die Verteilung der Produktion auf eine größere Zahl von Arbeitern als nötig mit einer Verteuerung der Gestehungskosten verbunden, selbst dann, wenn durch die Minderung des Lohnes die bezahlte Lohnsumme gleich blieb[25]. Die Kurzarbeit nahm in der Weltwirtschaftskrise mit 20 % bis 25 % der Beschäftigten ein ganz erhebliches Ausmaß an[24]. Betroffen waren insbesondere die Metallindustrie, die Leder- und Schuhindustrie und das Textilgewerbe, wohl nicht nur, da sie von der Wirtschaftskrise am meisten betroffen waren, sondern auch da sich in ihrem Bereich die Arbeitsstrekkung am ehesten als durchführbar erwies.

---

[21] „Vierzigstundenwoche in Österreich“, Österreichischer Volkswirt, Bd. 2 1935, S. 517.

[22] Österreichischer Volkswirt, 1937, Bd. 2, S. 968.

[23] Ferdinand Hanusch, Sten. Protokolle des Nationalrats, 169. Sitzung, 20. 2. 1923, S. 5264.

[24] Monatsberichte des österreichischen Instituts für Konjunkturforschung, Wien 1936, S. 46.

[25] Österreichischer Volkswirt, Bd. 1 1930/31, S. 536.

Ein solcher Umfang an Kurzarbeit wirkte ohne Zweifel dämpfend auf die Arbeitslosigkeit, auch wenn die Auswirkungen nicht immer die gleichen blieben.

In Deutschland stellte man für die Jahre 1927/28 eine vorauseilende Wirkung der Kurzarbeit fest[26]. Bei schlechtem Geschäftsgang wurde zuerst Kurzarbeit eingeführt und dann Arbeiter entlassen und bei wirtschaftlicher Besserung zuerst wieder auf Vollarbeit übergegangen und erst dann neuerlich Arbeitskräfte eingestellt. Es handelte sich hier aber um kein ökonomisches Gesetz, sondern um eine Taktik der Unternehmen, die sich ohne weiteres auch ändern konnte. Die österreichischen Unternehmen hatten, zumindest in der Weltwirtschaftskrise, eine andere Taktik. Wie aus Erhebungen der Wiener Arbeiterkammer hervorging, schritten die österreichischen Unternehmen unter dem Druck der Krise zuerst zu Entlassungen und erst später zur Arbeitsstreckung[27]. Demnach folgte die Kurzarbeit auch nur langsam auf die Zunahme der Arbeitslosigkeit.

In der Weltwirtschaftskrise selbst verhinderte die umfangreiche Kurzarbeit aber, daß die Arbeitslosenziffer noch höher anstieg. Nach 1933 hatte sie aber die umgekehrte Wirkung, indem durch Übergang zur Vollarbeit die Arbeitslosigkeit langsamer zurückging, als es der ohnehin schon langsamen wirtschaftlichen Erholung Österreichs entsprochen hätte.

Ausmaß der Arbeitszeit in den größeren Betrieben[28]

Jahr	Kurzarbeit	48 Stunden	über 48 Stunden	Zahl der erfaßten Arbeiter*
1929	5 %	88 %	7 %	100
1930	5 %	88 %	7 %	88
1931	21 %	74 %	5 %	70
1932	20 %	76 %	4 %	55
1933	28 %	68 %	4 %	47
1934	21 %	72 %	7 %	100
1935	14 %	79 %	7 %	109
1936	15 %	78 %	7 %	113
1937	12 %	81 %	7 %	121

* 1929 = 100 1934 = 100

Quelle: Wirtschaftsstatistisches Jahrbuch der Kammer für Arbeiter und Angestellte für Wien, 1933/35, S. 395 und 1937, S. 339.

[26] Wladimir Woytinsky, Arbeitslosigkeit und Kurzarbeit, Jahrbuch für Nationalökonomie und Statistik, 134. Bd., 1931, S. 29.

[27] Neben den Angaben der Wiener Arbeiterkammer siehe: „Kurzarbeit", Österreichischer Volkswirt, 930/31, S. 584.

[28] Für die Zeit vor 1929 liegen nur wenige Angaben vor. So führte die Gewerkschaft mit Stichtag 31. Dezember 1922 eine Erhebung durch, bei der etwa ein Drittel der erfaßten Arbeiter in Kurzarbeit standen (Arbeit und Wirtschaft 1923, S. 130). In den Zwanzigerjahren dürfte die Kurzarbeit aber weitgehend zurückgedrängt worden sein. Eine Erhebung des Metallarbeiterver-

Ausmaß der Arbeitszeit in den größeren Betrieben

Prozentanteil der Kurzarbeit (unter 48 Stunden) auf Grund der ersten neun Monate

Wirtschaftsbereich	1934	1935	1936	1937
Bergbau und Hüttenwerke	11,4 %	11,5 %	16,2 %	4,6 %
Eisen- und Metallindustrie	28,9 %	14,9 %	10,7 %	7,9 %
Bau- und Baumaterialindustrie	18,1 %	8,6 %	8,5 %	6,5 %
Holz und Holzverarbeitende Industrie	17,2 %	5,6 %	8,4 %	13,6 %
Chemische und Gummiindustrie	12,1 %	10,4 %	11,0 %	12,4 %
Papier und Papierverarbeitende Industrie	12,9 %	8,7 %	13,1 %	6,9 %
Nahrungs- und Genußmittelindustrie	18,0 %	14,3 %	20,5 %	19,5 %
Textil- und Bekleidungsindustrie	22,3 %	11,5 %	10,0 %	12,4 %
Leder und Schuhindustrie	29,3 %	31,9 %	42,9 %	34,1 %

Quelle: Monatsberichte des österreichischen Instituts für Konjunkturforschung, 1938, S. 43.

Auswanderung

Die Enge des heimischen Arbeitsmarktes legte aber auch den Gedanken nahe, auf ausländische Arbeitsmärkte auszuweichen. Dieser Form der persönlichen Überwindung der Arbeitslosigkeit lag eine spezifische psychologische Haltung zugrunde, ein „Pioniergeist“[1], bei dem versucht wurde, aus der Lethargie der Arbeitslosenunterstützung, Kurzarbeit und Not auszubrechen und das Problem der Arbeitslosigkeit radikal zu lösen.

Die Dauer der Wirtschaftskrise hatte die österreichische Republik zu einem Auswanderungsland gemacht.

Vor dem Ersten Weltkrieg hatte das Gebiet des heutigen Österreich praktisch kaum eine Auswanderung aufzuweisen, mit Ausnahme des Burgenlandes und in geringem Maße Tirols und Vorarlbergs[2]. Nach dem Zerfall der Monarchie kam es aber in ganz Österreich zu einer größeren Auswanderungswelle, die 1923 ihren Höhepunkt erreichte. Wie schon in der Monarchie, welche die Abwanderung allerdings auch aus militärischen Gründen einzudämmen versuchte, war man sich auch in der Republik über Vor- und Nachteile der Auswanderung anfangs ganz und gar nicht einig. Die Auswanderungsgegner hoben hervor, „daß jeder einzelne Volksgenosse, der auswandert, materiell und moralisch einen Ver-

bandes für den 31. Dezember 1925 ergab, daß die Kurzarbeit unter Metallarbeitern, die 1922 nach 56 % betragen hatte, nur mehr knapp über 2 % betrug (Arbeit und Wirtschaft 1926, S. 140).

[1] Beispiele von dieser Haltung werden etwa gegeben: Othmar Gamilschegg, Neue Heimat, Innsbruck 1925, der die Ansiedlungsversuche österreichischer Offiziere kurz nach dem Ersten Weltkrieg in Brasilien beschreibt.

[2] Zur Österreichischen Auswanderung vor dem Ersten Weltkrieg: Hans Chmelar, Höhepunkte der österreichischen Auswanderung, Wien 1974.

lust für die Nation bedeutet, ferner, daß vor dem Krieg nur die kulturell tiefstehenden Nationen das große Heer der eigentlichen Auswanderer stellten, daher für uns eine Auswanderung großen Stils einen kulturellen Rückschritt bedeuten müßte"[3].

Auch befürchtete man nicht ganz zu Unrecht, „die Entblößung des Arbeitsmarktes gerade von den besten und leistungsfähigsten Elementen"[4].

Bereits anfangs der Zwanzigerjahre vollzog sich aber ein bemerkenswerter Stimmungsumschwung.

Selbst die Unternehmerseite, die sicherlich nicht für die Auswanderung eintrat, sah in der Arbeitslosigkeit eine noch größere Belastung für die Wirtschaft und eine noch größere Gefahr für die Zukunft, daß sie der Anschauung zuneigte, eine Auswanderung in gewissem Maß wäre unvermeidlich[5]. Die Arbeiterschaft, die in den ersten Nachkriegsjahren von der Auswanderung nichts wissen wollte, von ihr den Entzug der besten Kräfte der Arbeiterbewegung fürchtete und etwa im Jahr 1919, die ihr angebotene Beteiligung österreichischer Arbeitskräfte an den Arbeiten in den französischen Wiederaufbaugebieten kategorisch ablehnte[6], änderte unter dem Druck der Massenarbeitslosigkeit ihre Meinung, und stand auf dem Standpunkt: „daß der Staat unter den gegebenen Produktions- und Absatzverhältnissen einen Bevölkerungsüberschuß aufweist, der zunächst nur durch Auswanderung kuriert werden kann[7]."

Ganz in diesem Sinn richtete auch 1925 die Arbeiterkammer Wien an die Regierung den Vorschlag, sie möge an „die Regierung der Vereinigten Staaten mit dem Ersuchen herantreten, ohne grundsätzliche und ohne dauernde Änderung der Einwanderungsgesetzgebung die Einwanderung von insgesamt 50 000 österreichischen Arbeitern und Angestellten im Verlaufe von ein bis zwei Jahren als außerordentliche einmalige Notstandsmaßnahme zu gestatten"[8].

---

[3] Fritz Preiß, Arbeitsvermittlung durch Beschaffung von Arbeitsgelegenheiten im Auslande (Übersee), Arbeit und Beruf, 1927, S. 493; ebenso: Das Arbeitslosenproblem und die Auswanderungsfrage, Wirtschaftliche Nachrichten für Handel, Gewerbe und Industrie, Wien, 8. Juni 1925.

[4] Fritz Rager, Die Bedeutung der Auswanderung für Österreich, Arbeit und Beruf, 1926, S. 309; auf diesem Aufsatz beruhen auch im folgenden die Überlegungen zum Problem der österreichischen Auswanderung nach Übersee.

[5] Fritz Rager, S. 309.

[6] Vgl. die Wiederaufbauarbeit in Frankreich und die deutsch-österreichische Bauindustrie, Wochenschrift des Niederösterreichischen Gewerbevereins, 1919, S. 296.

[7] Fritz Rager, S. 310.

[8] J. Jk., „Aus- und Einwanderung in Österreich", Österreichischer Volkswirt, Bd. 2 1925, S. 965.

Obwohl sich sowohl Christlichsoziale als auch Sozialdemokraten zu einer durchaus zustimmenden Haltung zur Auswanderung durchgerungen hatten[9], war die Regierung schon ab 1919 auf eine Auswanderungspolitik festgelegt, an der sich später wenig ändern sollte. In diesem Jahr schuf sie eine Auskunfts- und Informationsstelle, das Wanderungsamt, welches die Bedingungen auf den ausländischen Arbeitsmärkten und in den Einwanderungsländern studierte und den Auswanderungswilligen kostenlos zur Verfügung stand[10]. Damit war aber die Tätigkeit der Regierung in Richtung Auswanderung weitgehend erschöpft.

Die Probleme, die sich bei der Auswanderung stellten, schienen aber auch fast unüberwindbar. Ein großer Teil der Länder kam für eine Auswanderung nur in sehr eingeschränktem Ausmaß in Frage. In vielen Ländern, wie Deutschland oder England herrschte ebenfalls ein Überangebot an Arbeitskräften, in einem anderen Teil des Weltarbeitsmarktes, wie in Amerika oder Australien überwog wohl die Arbeitsnachfrage, strenge administrative Maßnahmen gaben aber für die Einwanderung nur kleine Kontingente frei. Dies galt vor allem für die Vereinigten Staaten ab 1924. Und ein anderer Teil der Länder benötigte nur eine bestimmte Art von Arbeitskräften und zwar zumeist solche, die in den Industrieländern im allgemeinen und in Österreich im besonderen nicht im Überfluß vorhanden waren: landwirtschaftliche Fachkräfte. Die Schwierigkeiten der österreichischen Auswanderung bestanden daher vor allem darin, daß Österreich jene Gruppe von Arbeitern, die der Weltmarkt brauchte, überhaupt nicht oder zumindest nicht in beträchtlichem Maße abzugeben hatte. Im Gegenteil, auf dem österreichischen Arbeitsmarkt mangelten die landwirtschaftlichen Arbeiter zu manchen Zeiten und in gewissen Gegenden selbst[11]. Gerade diese aber waren es, die auf allen großen aufnahmefähigen Arbeitsmärkten der Welt in erster Linie gesucht wurden: in Brasilien, Argentinien, Kanada, aber auch in den USA wurden vor allem „Farmer“ gesucht.

Auch Umschulungsversuche, um arbeitslose Industriearbeiter in der Landwirtschaft heimisch zu machen, hatten nur bescheidene Erfolge gebracht[12].

---

[9] Vgl. etwa: Stellungnahme Sozialminister Schmitz und Otto Bauers bei der Diskussion um die Arbeitslosigkeit, Sten. Protokolle des Nationalrats, 21. Sitzung, 6. 3. 1931, S. 667 f.

[10] Verwaltungsarchiv/Sozialpolitik, 21.072/19, 34.226/19, 35.688/19.

[11] So mußten insbesondere für Zuckerrübenarbeiten regelmäßig tschechische Wanderarbeiter angeworben werden, da sich Landarbeiter im Inland nur in unzureichendem Maße fanden.

[12] Die Rückführung arbeitsloser Industriearbeiter in die Landwirtschaft war ein Gedanke, der die Arbeitslosendiskussion in der Zwischenkriegszeit am Rande begleitete. Bereits 1922 wurde eine Enquête bei der Industriellen Bezirkskommission Wien über diesen Gegenstand abgehalten („Beschäftigung von Arbeitslosen in der Landwirtschaft in Österreich“, Amtliche Nachrichten des Bundesministeriums für Soziale Verwaltung, 1922, S. 197) und ab 1926

Ein zweites, nicht weniger schwer wiegendes Hindernis der Auswanderung als Massenlösung der österreichischen Arbeitslosigkeit, war die Kostenfrage[13].

Der typische potentielle österreichische Auswanderer der Zwischenkriegszeit konnte nicht einmal die Mittel der bescheidenen Kosten für die Passage III. Klasse in das überseeische Zielland aufbringen, ganz abgesehen von den Gebühren und den Unterhaltskosten bis zur Erreichung seines Wanderzieles. Die große Masse der österreichischen Auswanderungswilligen waren arbeitslose Industriearbeiter oder Angestellte, die im Bezug einer nur die kümmerlichste Lebensführung gestattenden Arbeitslosenunterstützung standen und bei längerer Arbeitslosigkeit bereits alle verfügbaren Vermögenschaften veräußert und Schulden angehäuft hatten. Auf Vorschläge, die Arbeitslosenunterstützung gewissermaßen zu kapitalisieren oder den Auswanderern Kapital aus öffentlichen Mitteln bereitzustellen[14], konnte die österreichische Regierung schwerlich eingehen, zumal dies für ein kapitalarmes und ständig auf Kreditsuche befindliches Land wie Österreich Summen erfordert hätte, die in keinem Verhältnis zu dem damit verbundenen Sinken der Arbeitslosenzahl standen. Doch auch vom moralischen Standpunkt aus wäre eine vom Staat formell getragene Auswanderung schwer zu vertreten gewesen. So scheiterte die vielleicht mögliche und empfehlenswerte Auswanderungschance für die meisten Arbeitslosen in Österreich an der ungelösten Kostenfrage. Wenn überhaupt so hätte nur eine billige Industrieauswanderung eine fühlbare Erleichterung für den österreichischen Arbeitsmarkt bringen können. Die Auswanderung nahm daher in Österreich lange nicht das Ausmaß an, das auf Grund der Arbeitslosigkeit durchaus naheliegend schien. Der „tragische Konflikt“, auf der einen Seite das verarmte, übervölkterte Österreich, auf der anderen Seite die rohstoffreichen, menschenleeren Kontinente der Übersee,

versuchte man die Bauernschaft für diesen Gedanken in Form einer Anlernprämie zu gewinnen. Der Erfolg war gering. Einmal wegen der geringen Bezahlung und Ferdinand Hanusch stellte schon 1922 fest, man müßte endlich von dem Gedanken abgehen, „daß man irgendeinen städtischen Proleten aufs Land hinausbringen kann und daß er dort mähen oder pflügen oder irgend eine landwirtschaftliche Arbeit verrichten kann“ (Sten. Protokolle des Nationalrats, 114. Sitzung, 7. 6. 1922, S. 3761). Wenn überhaupt, so kamen nur solche Arbeitslose in Betracht, die von der Landwirtschaft gekommen waren oder zumindest aus ländlichen Gebieten stammten. VWA/Sozialpolitik, 2.777/33; ebenso: Rücküberführung Arbeitsloser in die Landwirtschaft, Amtliche Nachrichten des Bundesministeriums für soziale Verwaltung, 1927, S. 46; und: Überführung von Industriearbeiter in die Landwirtschaft, Arbeit und Wirtschaft, 1928, S. 107.

[13] Als Betriebskapital zur Kolonialisierung wurden als notwendig berechnet: 1 000 Schilling in Brasilien, 5 000 Schilling in Argentinien und 1 000 Dollar in Kanada, Fritz und Mathilde Preiß, Brasilien als Asyl für Auswanderer deutscher Zunge, Wien 1925.

[14] VWA/Sozialpolitik, 7.189/20. Vgl. auch: Karl Forchheimer, Arbeitslosenfürsorge und Arbeitsvermittlung in Österreich, Arbeit und Beruf, 1926, S. 38.

war eben nicht so leicht zu lösen, wie es den Anschein hatte[15]. Im ganzen waren 80 700 Personen in der Zwischenkriegszeit aus Österreich in überseeische Länder ausgewandert[16]. Den Höhepunkt erreichte diese Bewegung 1923 mit 15 497 Auswanderern. Zwischen 1925 und 1930 betrug die Zahl durchschnittlich 4 000, und zwischen 1931 und 1935 noch etwa 2 000. Der Großteil der Auswanderer kam aus dem Burgenland, aus Wien und aus Niederösterreich, Zielländer waren vor allem die USA, Brasilien und Argentinien. Von den Berufen waren Land- und Forstwirtschaft, vor allem aus dem Burgenland, und Metall-, Maschinen- und Bauarbeiter überwiegend aus Wien führend.

Überseeische Auswanderungen aus Österreich 1921 - 1937
Quelle: Statistische Nachrichten, Wien 1924 bis 1937

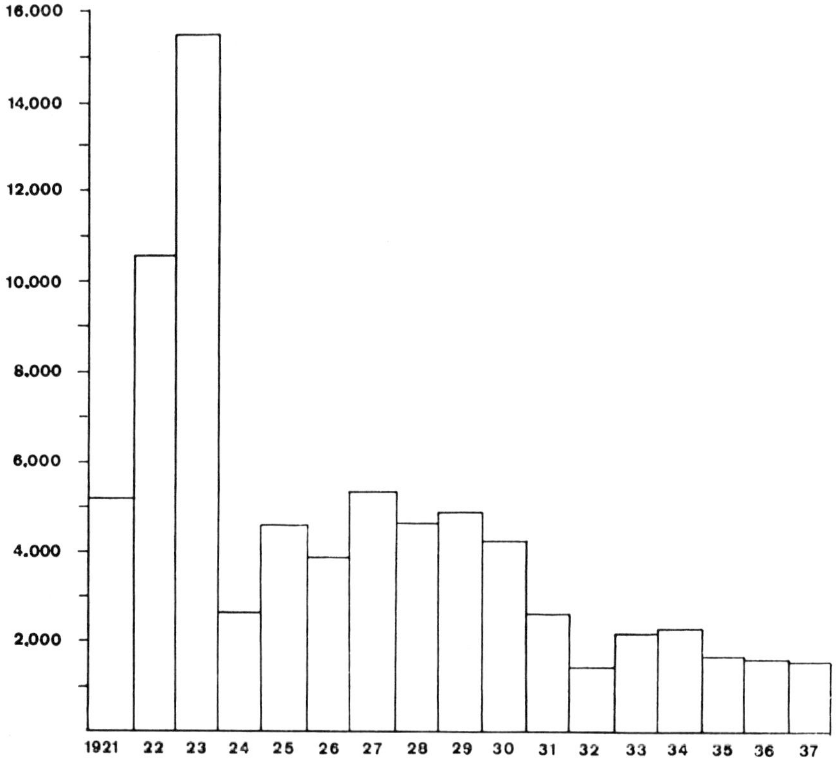

Doch die Auswanderung hatte eine nicht unwesentliche psychologische Bedeutung. Die Diskussion um das Bemühen, „sich den Staub des Vaterlandes von den Füßen zu schütteln", der wirtschaftlichen Trostlo-

[15] Fritz Rager, S. 309.
[16] Errechnet nach: Statistische Nachrichten, Wien 1924 - 1937.

sigkeit und Arbeitslosigkeit durch Auswandern zu entweichen, war in der Zwischenkriegszeit nie abgebrochen.

Vielleicht mehr noch als Wirtschaftsgeschichte war daher die Geschichte der Auswanderung aus Österreich zwischen den beiden Weltkriegen eine Geschichte der Illusionen. Angefangen von den zahllosen Einzelprojekten[15], bis zu österreichischen Regierung, die 1933 tatsächlich beim britischen Foreign Office anfragen ließ, ob nicht die Gründung einer Kolonie für Österreich möglich wäre, um dadurch die Arbeitslosigkeit zu überwinden[17], bis zu Kolonisierungsplänen von der Dimension des Landwirtschaftsministers Thaler, der an der Spitze einer Auswanderungsbewegung vorhatte, „mit einem Teil der unverbrauchten und brachliegenden Volkskraft ins Ausland zu gehen“ und in Paraguay eine geschlossene österreichische Kolonie von 30 000 gründen wollte[18].

Aber nicht nur in Übersee waren österreichische Arbeiter anzutreffen.

Auch innerhalb Europas bestand eine gewisse Wanderung. Dabei handelte es sich aber im geringerem Ausmaß um echte Auswanderer, sondern eher um „Gastarbeiter“.

Obwohl genauere Unterlagen fehlen, dürfte doch ein nicht unwesentlicher Teil dieser „Auswanderer“ nach einiger Zeit wieder nach Österreich zurückgekommen sein.

Darauf deuten einige Umstände hin.

Einmal bekamen die österreichischen Arbeiter in Frankreich, dem bevorzugten Fremdarbeiterland in dieser Zeit[19], einen Arbeitsvertrag nur für die Dauer von vier Monaten bis zu einem Jahr[20].

Auch tauchten die für „Fremdarbeiter“ geradezu typischen Probleme auf. Zum einen stellte man fest, die österreichischen Arbeiter müßten

---

[17] In dem Bericht an das Foreign Office London vom 22. Juni 1933 heißt es dazu: “The Minister then went on to say with some diffidence that one of his Ministers had another idea for easing the difficulties created by unemployment in Austria, and that he (Herr Frankenstein) was not so sure of the wisdom of the idea. I asked what it was, and the Minister then replied, bleshing slightly, that the idea was a colony should be found for Austria. He asked whether I thought the moment was opportune for ventilating such a suggestion. I said certainly not: the moment was inopportune, and the idea seemed to me impracticable.” FO 37/16647. Und die Meinung der britischen Regierung zu diesem Vorschlag: FO 37 5609/5609/3. Der Vorschlag sickerte aber zumindest in die Öffentlichkeit durch, und in der Presse wurden darüber Vermutungen angestellt, Die ganze Sache aber war völlig ungewiß, so ungewiß, daß in dieser Zeit in Deutschland der Spruch im Umlauf war: „Österreich, oder wer, kriegt eine Kolonie, oder was, in Afrika, oder wo.“

[18] VWA/Sozialpolitik, 40.475/32 und: Die Kolonisierungspläne des Ministers Thaler, Neue Freie Presse, 26. 2. 1931.

[19] Frankreich hatte 1929 bei einer Gesamtzahl von 18 Mill. Berufstätigen 2,5 Mill. Ausländer aufzuweisen. Fritz Rager, Die österreichische Auswanderung nach Frankreich, Österreichischer Volkswirt, Bd. 1 1929/30, S. 458.

[20] Fritz Rager, S. 458 und: Marcel Paon, L'immigration en France, Paris 1926.

„auf jeden Fall mit jenen Arbeitsplätzen vorlieb nehmen, die die einheimischen Arbeiter verschmähen[21]", und die österreichischen Gewerkschaften machten schon in den Zwanzigerjahren auf die Gefahr einer bevorzugten Entlassung ausländischer Arbeitskräfte bei einem Konjunkturumschwung hin[22]. Dennoch wurde die europäische Binnenwanderung als Erleichterung der Arbeitslosigkeit von der österreichischen Regierung gefördert, angefangen von Reisekostenzuschüssen[23], aber auch über direkte Vermittlung durch die Industriellen Bezirkskommissionen ins Ausland[24] und durch Auskünfte und Musterarbeitsverträge, die den einzelnen Arbeitnehmer im Ausland schützen sollten[25].

Eine durchgehende Statistik dieser Wanderungen wurde aber nicht geführt. 1922 wurde die Zahl der österreichischen Arbeiter in anderen europäischen Ländern mit 8 167 angegeben[26]. In der Hauptsache waren es qualifizierte Facharbeiter, die im Ausland tätig waren. Neben Deutschland und den Ländern des Ostens, wo schon traditionell eine gewisse Abwanderung österreichischer Arbeiter gegeben war, befanden sich die meisten Österreicher in Frankreich, wo sie in den nordfranzösischen Bergwerken und in der Metallindustrie Beschäftigung fanden.

Dort befanden sich 1923 etwa 5 000 Österreicher, deren Zahl zwar im Konjunkturrückgang 1927 auf 2 000 fiel, auf Grund verstärkter französischer Anwerbungen 1929/30 aber wieder den vorherigen Stand erreichte und sogar darüber hinaus ging[27]. Genaue Angaben über die Östereicher, die in der Zwischenkriegszeit entweder ganz oder zumindest für eine gewisse Zeit ins Ausland gingen, liegen daher nicht vor. Nach Übersee wanderten etwa 80 000 Personen aus, Schätzungen sprachen von einer Auswanderung innerhalb Europas in einem noch weitaus

---

[21] J. Jk., Aus- und Einwanderung in Österreich, Österreichischer Volkswirt, Bd. 2 1925, S. 963.

[22] Die Auswanderung nach Frankreich, Arbeit und Wirtschaft, 1926, S. 629.

[23] Gewährung von Reiseunterstützung an auswandernde Arbeitslose, Amtliche Nachrichten des Bundesministeriums für Soziale Verwaltung, 1927, S. 171; Überseeauswanderer wurden in der Regel wegen der hohen Fahrtkosten ausgeschlossen.

[24] So vermittelte die Industrielle Bezirkskommission Wien 1930 etwa 280 Personen ins Ausland, vor allem nach Deutschland, die Schweiz und nach Holland. Fritz Rager, Auswanderung und Arbeitsvermittlung, Arbeit und Beruf, 1931, S. 241; mit der 24. Novelle zur Arbeitslosenversicherung wurde den Arbeitslosen sogar die Pflicht auferlegt, unter gewissen Umständen auch eine ihm im Ausland zugewiesene Arbeit anzunehmen. Vgl. Sozialminister Innitzer, Sten. Protokolle des Nationalrats, 138. Sitzung, 11. 6. 1930, S. 3827, eine Bestimmung, die von den Arbeitnehmervertretern aber entschieden abgelehnt wurde: Vgl. Fritz Rager, Auswanderung und Arbeitsvermittlung, Arbeit und Beruf, 1931, S. 241.

[25] VWA/Sozialpolitik, 38.727/26.

[26] VWA/Sozialpolitik, 9.586/23.

[27] Fritz Rager, Die österreichische Auswanderung nach Frankreich, Österr. Volkswirt 1929, S. 458; und „15 000 österreichische Arbeiter nach Frankreich", Neue Freie Presse, 25. 4. 1930.

größerem Ausmaß[28], die aber durch die Rückwanderung eine wesentliche Korrektur erfahren müßte. Wenn die Auswanderung daher auch nicht die große Lösung des Arbeitslosenproblems war, als die sie oft gesehen wurde[29], so stellte sie doch selbst in ihrem beschränkten Umfang ein beachtenswertes Ventil für den heimischen Arbeitsmarkt dar, der durch die Auswanderer sonst noch zum Teil zusätzlich belastet worden wäre.

Innenkolonisation

Dennoch ergab sich auch eine Gegenbewegung zur Auswanderung, die das Abwandern österreichischer Arbeitskräfte ins Ausland als einen nicht vertretbaren Verlust ansahen und die sich aus eine eigene Lösung zur Arbeitslosenfrage anbot: die Innenkolonisation. Es erschien an sich unvernünftig, daß Österreicher tausende von Kilometern zurücklegten und in Übersee große Strapazen auf sich nahmen, um ein Stück Land zu kultivieren, wo es doch in Österreich selbst noch genügend unbebautes und unkultiviertes Land gab. In Form einer „Österreichischen Auswanderung nach Österreich“[1] wollte man daher den Versuch machen, „mittellosen, landhungrigen Menschen durch Landzuteilung die Möglichkeit zu bieten, Heim und Familie zu gründen und dadurch die Vermehrung der wirtschaftlich Selbständigen und eine Verbesserung der sozialen Struktur herbeizuführen“[2]. Der Arbeitslosigkeit sollte dadurch viel von ihrer Problematik genommen werden, „daß für jedermann ein kleines Stück Garten oder Feld mit einer Heimstatt darauf zum Existenzminimum wird“[3].

Die Innenkolonisation war daher der Versuch, den Arbeitsmarkt grundsätzlich umzustrukturieren und enthielt auch Elemente der Arbeitszeitverkürzung und der Auswanderung, deren Grundgedanken sie übernahm und für ihre Zwecke umformulierte. Der Schlüssel zum Verständnis der Innenkolonisation liegt in ihrer Interpretation der Arbeitslosigkeit, die sich mit der Dauer der Wirtschaftskrise zunehmend zu

---

28 Vgl. Fritz Rager, Auswanderung und Arbeitsvermittlung.

29 Auch der Anschluß an Deutschland wurde zum Teil unter diesem Aspekt gesehen, daß Arbeitslose aus Österreich etwa ins Ruhrgebiet abwandern würden: Otto Bauer über die Haltung der Sozialdemokraten zum Anschluß im Oktober 1918: „So haben wir natürlich auch gewußt, daß auch der Anschluß an Deutschland die Tatsache des industriellen Bevölkerungsüberschusses in Österreich nicht beseitigen würde; aber wir haben angenommen, daß es möglich sein werde, daß dieser industrielle Bevölkerungsüberschuß eben dann in anderen Teilen des großen Deutschen Reiches, an der Ruhr oder am Rhein, in Sachsen oder in Mitteldeutschland, oder in einer der vielen deutschen Großstädte Beschäftigung finden werde.“ Sten. Protokolle des Nationalrats, 118. Sitzung, 29. 1. 1930.

1 Bruno Leinweber, Österreichischer Volkswirt, Bd. 2 1929, S. 756.

2 Walter Supanz, Aufgaben, Probleme und Ziele der Innenkolonisation, Diss. Graz, 1951, S. 54.

3 Julius Wilhelm, Österreichischer Volkswirt, Bd. 1 1924/25, S. 625.

bestätigen schien: „Die Arbeitslosigkeit ist keine vorübergehende Krise mehr, sondern eine Dauererscheinung und keinerlei Industrie oder Handelspolitik können ihr beikommen[4].“ Diese Krise wurde als Resultat einer fortgeschrittenen Wirtschaftsentwicklung und als Folge „fehlgeleiteter Menschenmassen und fehlgeleiteter Milliardeninvestitionen“[5] gesehen, die ihren deulichsten Ausdruck im Wachstum der Städte hatte. Diese, durch die Industrialisierung induzierte Entwicklung fand „durch den Krieg, die Wertzerstörung der Inflation und die fortschreitende Verarmung ein jähes Ende[6]“. Auf Grund der Anfang der Zwanzigerjahre beginnenden ständigen Steigerung der Arbeitslosenzahlen wurde der Schluß gezogen, daß es nicht verantwortlich und auch nicht möglich wäre, „dauernd bei einem System zu bleiben, das nur einen Teil der Arbeiter voll und intensiv beschäftigt, die anderen aber dauernd überzählig werden läßt“. Die Arbeit sollte daher einer gleichmäßigeren Verteilung unterliegen. „Wenn dauernd nur mehr als drei Viertel der vorhandenen Arbeiter voll beschäftigt werden können, dann ist es offenbar gerechter, vernünftiger und zweckmäßiger, den Einzelnen sechs Stunden täglich arbeiten zu lassen, statt dem vierten Teil der Arbeiter zeitlebens die Erwerbsmöglichkeit zu nehmen. Wir müssen ja auch bedenken, daß im Falle einer wesentlichen Besserung der Wirtschaftslage mit einem Fortschreiten der Rationalisierung zu rechnen ist, die wiederum Arbeitskräfte entbehrlich macht[7].“

Von hier war nicht mehr weit zu dem Gedanken, „daß die Zeit der industriellen Hochkonjunktur, wo die in den Städten zusammengedrängten Massen voll beschäftigt werden konnten“ vorüber waren und „wohl nie wieder industrielle und gewerbliche Arbeitsgelegenheiten in einem solchen Ausmaß vorhanden sein werden, daß allen arbeitsfähigen und arbeitswilligen Menschen bei Fortdauer des Achtstundentages Beschäftigung und dadurch voller Lebensunterhalt geboten werden kann[8]“. Mit dem Ende des Ersten Weltkrieges schien die wirtschaftliche Entwicklung der industrialisierten Länder an einem Entwicklungsstand angekommen zu sein, bei dem das Zurückgehen der Beschäftigungsmöglichkeit in der Industrie und im Gewerbe zu einer typischen Erscheinung und zu einem systemimmanenten Faktor geworden war. Aus dem Blickwinkel der Innenkolonisation war daher das Problem der Arbeitslosigkeit nicht nur ein Problem der Nachkriegszeit und der Ersten Re-

---

[4] R. M. Delannoy, Ein Forschungsinstitut für Innenkolonisation, Österreichischer Volkswirt, Bd. 1 1927, S. 539.

[5] Albert Gessmann, Wie werden wir uns ernähren — Innenkolonisation — Agrarfrage — Ernährungsproblem, Wien 1932, S. 6.

[6] Albert Gessmann, S. 8.

[7] Alexander Mahr, Die Stadtrandsiedlung, Ihre Bedeutung für die Bekämpfung der Krise und die Sicherung ihres wirtschaftlichen Erfolges, Wien 1933, S. 9 f.

[8] Albert Gessmann, S. 11.

publik, sondern ein Strukturproblem der industriellen Entwicklung überhaupt. Es galt eine „Umkehr der ungesunden Entwicklung der letzten 100 Jahre[9]" einzuleiten, das wirtschaftliche Gleichgewicht wieder herzustellen und eine wirtsaftliche Struktur zu erreichen, die nicht auf die „ungesunde Zusammenballung der Erzeugung auf wenige Riesenbetriebe[10]", sondern auf eine gleichmäßige Verteilung innerhalb der Volkswirtschaft im Sinne einer „natürlichen Ordnung[11]" aufbaute. Als Lösung dieses Strukturproblems wurde daher der Abbau „der zu weit getriebenen Verstädterung der industriellen und gewerblichen Arbeitskräfte[12]" gefordert, mit dem Ziel einer Verminderung der Abhängigkeit des Einzelnen von Wirtschaftskonjunktur und Krise. Zentrale Stellung kam dem Haus und Grundbesitz zu, der produktiv genutzt eine dauernde Existenzbasis schaffen sollte[13], verbunden mit einer gerechteren Verteilung der Arbeit und einer erhöhten Krisenfestigkeit auf Grund einer weitgehenden Autarkie der Familie innerhalb einer Siedlung. Damit bot die Innenkolonisation zunächst einmal die Lösung konkret anstehender Wirtschaftsprobleme an. Das Problem der Arbeitslosigkeit sollte einer dauerhaften Lösung zugeführt werden, im Gegensatz etwa zur Produktiven Arbeitsbeschaffung, die eine ständige Neuprojektierung und einen ständigen Neuaufwand erforderten. Durch die Lebensmittelversorgung und eine vermehrte landwirtschaftliche Produktion sollte zusätzlich ein Abbau der Lebensmittelimporte und ein wesentliches Sinken der Lebenshaltungskosten erreicht werden[14]. Ebenso erwartete man sich bei einem entsprechenden Umfang der Innenkolonisation auch eine erhebliche Nachfragewirkung, sowohl auf Grund der vermehrten Bautätigkeit, als auch wegen gewisser Nachfrageverschiebungen. Das Geldeinkommen der Siedler konnte zwar kaum höher angesetzt werden, als das eines unterstützten Arbeitslosen mußte jedoch nicht mehr nur für die dringendsten Lebensbedürfnisse ausgegeben werden. Im Hinblick auf die Entlastung des Arbeitsmarktes wurde ein zusätzlicher Effekt dadurch erwartet, daß die Siedlerstellen als Familienstellen gedacht waren und die Mitarbeit der Frau unbedingt erforderlich war[15].

---

[9] Karl Pallasmann, Innenkolonisation, Stadtrand- und Krisensiedlung, sowie gartenwirtschaftliche Siedlung, in: Die Wirtschaftspolitik, 15. 12. 1935, S. 12.

[10] Josef Plessl, Die Nebenerwerbssiedlung — Ein Weg aus der Wirtschaftskrise, Wien 1934, S. 9.

[11] Siehe hierzu: G. W. Mullins, Unemployment, The Gateway to a new life, London 1929.

[12] Albert Gessmann, S. 13.

[13] Karl Pallasmann, S. 12.

[14] Dieses Argument führt vor allem Julius Wilhelm immer wieder an, dazu u. a.: Auswanderung oder Innenkolonisation, Österreichischer Volkswirt, Bd. 2 1927/28, S. 681.

[15] Berücksichtigt man daher, daß eine Siedlungsstelle einen Arbeitsaufwand von zwei Personen erforderte, so stellte sich die Frage der Rentabilität in noch erhöhtem Maße.

Darüber hinaus verstand sich die Innenkolonisation aber auch noch als Lösungsmöglichkeit für eine ganze Reihe grundsätzlicher wirtschaftlicher und gesellschaftlicher Probleme. Als Ergebnis der angestrebten wirtschaftlichen Strukturveränderungen wurde eine Verbesserung der Lage der städtischen und der ländlichen Bevölkerung in Aussicht gestellt. „Es ist durchaus möglich, daß in der Zukunft die gemischt landwirtschaftlich-industrielle Betätigung eine dritte wirtschaftliche Hauptform neben der rein landwirschaftlichen und der rein industriellen darstellen wird, indem einerseits der Industriearbeiter größtenteils noch einen landwirtschaftlichen Nebenerwerb betreibt, und andererseits die Mehrzahl der Kleinbauern einen Nebenerwerb durch industrielle Kurzarbeit suchen[16].“ Folge davon wäre, die Beendigung der Landflucht, die „Beseitigung der industriellen Reservearmee[17]“, das „Verschwinden der Proletarierviertel in den Städten[18]“, eine verbesserte Infrastruktur, genügend Arbeit im Inland und ein Entgegenwirken zur Auswanderung[19].

Oft zitiertes Vorbild der österreichischen Innenkolonisation waren ähnliche Maßnahmen in den USA und Deutschland. Dennoch war die österreichische Innenkolonisation eine weitgehend eigenständige Bewegung. Ihre Zielsetzung war vielschichtiger, irrationaler und um einiges weniger konkret als ihre ausländischen Vorbilder.

Während die Kolonisation in den Vereinigten Staaten auf die intensivere Nutzung großer, dünnbesiedelter Landstriche gerichtet war, beschränkte sich die Innenkolonisation im Deutschen Reich im wesentlichen auf die Ostprovinzen und war überwiegend politisch-national orientiert[20]. Private Einzelaktionen, wie die Kurzarbeitersiedlungen der Firma Krupp oder Siemens, fanden ihre Begründung in der Erhaltung eines Facharbeiterstandes auch in Krisenzeiten[21]. Der österreichischen Innenkolonisation dagegen stand eine veränderte Wirtschafts- und Sozialstruktur vor Augen. Zum Teil auf Thünensches Gedankengut zurückgreifend bestand die Vorstellung von einem Volk auf Kurzarbeit gestellter Industriearbeiter mit entsprechend der Entfernung von der Stadt abgestuften bäuerlichen Funktionen. Eine Volkswirtschaft von in weiten Bereichen selbstgenügsamen Wirtschaftszellen, wobei der Gesamtstaat in bezug auf Ernährung autark, in bezug auf andere Pro-

[16] Alexander Mahr, Stadtrandsiedlung, S. 12 f.

[17] Julius Wilhelm, Auswanderung oder Innenkolonisation, S. 712.

[18] Alexander Mahr, Stadtrandsiedlung, S. 12.

[19] Selbst das Argument der Grenzsicherung besonders im Burgenland: Otto Ehrlich, Burgenländische Grenzsicherung und Innenkolonisation, Arbeit und Wirtschaft, 1927, S. 359 und auch das Argument der Rassenhygiene wurde hervorgeholt: A. Gessmann, S. 15.

[20] Albert Gessmann, S. 26.

[21] Siehe hierzu: Walter Bolz, Nebenerwerbssiedlung für Kurz- und Vollarbeiter, Berlin 1934.

dukte die Nachfrage dem (inländischen) Angebot weitgehend angepaßt wäre.

„Das innere Gleichgewicht in der Versorgung der Menschenmassen" wäre damit wieder zurückgewonnen. Mit Pioniergeist sollte der Weg heraus aus der Krise gefunden werden, zurück zu erprobten Wirtschaftsformen einer vor-, bzw. teilindustrialisierten Welt, zur romantisch-nationalen Verbundenheit mit der Scholle und des gesamten Bauernstand. „Es handelt sich hier also nicht um eine neue Wirtschaftsform, sondern, da der überfeinerte Apparat der berufsständischen Gliederung sich nicht als widerstandsfähig gegen Krisen erweist, um die Rückkehr zu alterprobten Lebensverhältnissen[22]." Innenkolonisation daher als die Rückkehr „zum Bauernstand, auf dem noch immer die gesunde Gesellschaft aufgebaut war[23]" und „die Wiederverbindung des Menschen mit dem Boden" als „die sicherste politische und geistige Befriedigung jedes Bürgers eines Staates[24]."

Mit der Innenkolonisation sollte der Versuch gemacht werden, aus dem Arbeitslosen „einen selbstzufriedenen, bodenständigen Kleinlandwirt[25]" zu machen und Staatsbürger, die durch ihrer Hände Arbeit wieder die Existenz für sich und ihre Familien zu sichern imstande sind und stolz auf den Erfolg ihrer Arbeit sein können[26]".

Entsprechend diesen weitreichenden Vorstellungen drängte die hauptsächlich von privater Initiative getragene Innenkolonisation[27] zu einer umfassenden Beteiligung von seiten der Regierungsstellen und der Interessenvertretungen. So wenig Widerspruch die Innenkolonisation aber auch fand, ebenso wenig konnte sie eine wirkungsvolle Unterstützung erreichen. Wohlwollende Befürwortung, vorsichtige Einschränkung und weitgehende Passivität waren die typischen Haltungen der angesprochenen Stellen ihr gegenüber. Die Regierung beschränkte sich auf eine Enquête im Jahre 1926 unter Leitung des Landwirtschaftsministers, bei der die Bedeutung der Innenkolonisation von allen Teilnehmern herausgestrichen wurde[28], die Arbeiterkammer erklärte, „daß sie die Innenkolonisation als eines der geeignetsten Mittel zur Bekämpfung der Arbeitslosigkeit ansieht" und auch Otto Bauer bekannte: „Die Innenko-

[22] Albert Gessmann, S. 13.

[23] N. Görlich, Das Recht auf Arbeit, Die Wirtschaftspolitik, 1. 9. 1934, S. 19.

[24] Josef Plessl, S. 6.

[25] Julius Uhlirs, Abbau der Arbeitslosen durch Innenkolonisation, Arbeit und Wirtschaft, Wien 1932, S. 173.

[26] Fritz Leinweber, Freiwilliger Arbeitsdienst und allgemeine Arbeitsdienstpflicht, „Tat", März 1932, S. 178.

[27] Neben der Initiative von Einzelpersonen war es vor allem der „Zentralverband der Kolonisten Österreichs, der „Selbsthilfebund Freiland" und das „Forschungsinstitut für Innenkolonisation".

[28] Siehe: Arbeitslosigkeit und Innenkolinisation, Arbeit und Wirtschaft, 1926, S. 628.

lonisation interessiert mich schon seit vielen Jahren[29]", meldete wohl einige Bedenken hinsichtlich des finanziellen Aufwands an, bekräftigte aber dennoch seine Zustimmung zur Innenkolonisation. In den Zwanzigerjahren beschränkte sich die Unterstützung auf kleinere Beihilfen von seiten des Landwirtschaftsministeriums und die Überlassung einiger Grundstücke zu niedriger Pacht durch die Gemeinde Wien. Erst mit der Weltwirtschaftskrise gelang es auch der Innenkolonisation eine etwas breitere Unterstützung zu finden[30].

Im Jahr 1932 wurde die Siedlungsförderung des Bundes, wenn auch in bescheidenem Rahmen, in den Dienst der nahrungswirtschaftlichen Kleinsiedelung gestellt. Der Bund und die Gemeinde Wien begannen nach systematischen Richtlinien die Stadtrandsiedlung zu fördern. Dabei stellte die Stadt den Grund zur Verfügung und führte die Aufsicht. Der Bund gab ein Darlehen und die Siedler hatten neben einem geringen Teil der Baukosten die Hälfte der notwendigen Arbeitsstunden selbst zu stellen. Das Eigentum ging nach drei Jahren an den Siedler über bei einer vierzigjährigen Tilgung des Darlehens.

Konkreter Erfolg und Umfang der gesamten Innenkolonisation in Österreich in der Zwischenkriegszeit ließ sich schwer feststellen. Auf Grund der entsprechenden Veröffentlichungen[31] lag die Zahl der vom Bund und der Gemeinde Wien geförderten Siedlerstellen bei etwa 1 500 neben etwa 500 von privater Seite geförderten Siedlerstellen. Dazu kamen noch etwa 500 Bauernstellen, die auf Grund des Wiederbesiedelungsgesetzes von 1919 wieder errichtet wurden.

Angesichts der weitgestellten Zielsetzung bei der Lösung relevanter gesellschaftlicher und wirtschaftlicher Probleme war der tatsächliche Erfolg der Innenkolonisation wohl mehr als bescheiden. Nicht 100 000 Arbeitslose wurden auf dem Land angesiedelt[32], sondern nur etwa 2 500 Siedlerstellen geschaffen und diese auch nur zum Teil mit Arbeitslosen besetzt. Das Scheitern der österreichischen Innenkolonisation war überwiegend auf prinzipielle Ursachen zurückzuführen. Einmal war der Anreiz für den städtischen Arbeitslosen in die Landwirtschaft zu gehen, gering. Trotz notwendiger Mithilfe der gesamten Familie reichte das

---

[29] Sozialdemokratie und Innenkolonisation, Freiland — Kampfblatt für Innenkolonisation und Bodenreform, Wien, 1. Juni 1931, S. 1.

[30] Eine gesetzliche Grundlage dafür bestand schon seit 1919 mit dem Wiederbesiedlungsgesetz. Dieses Gesetz sah unter bestimmten Voraussetzungen die Wiederbesiedlung von seit 1870 aufgelassenen Bauernstellen vor. Walter Suppanz, S. 46.

[31] So vor allem: Der Aufbau des österreichischen Siedlungswerkes, Österreichisches Kuratorium für Wirtschaftlichkeit, Wien 1933; Wien im Wiederaufbau, Wohnungswesen, Wien 1937 und: Walter Supanz, Aufgaben, Probleme und Ziele der Innenkolonisation.

[32] Wie es etwa Julius Wilhelm vorschwebte: Auswanderung oder Innenkolonisation, S. 712.

Resultat zumindest in den ersten Jahren kaum an die Arbeitslosenunterstützung heran. Die Innenkolonisaion brachte zwar unter Umständen eine Existenzmöglichkeit, das Verhältnis zwischen Arbeit und Ertrag, die Rentabilität war aber gering. Auch waren die Lebensverhältnisse in den „Primitivsiedlungen" eindeutig niedriger als in den angeprangerten Proletariervierteln und der Nebenerwerb in den Nebenerwerbssiedlungen blieb zumeist aus[33].

Vor allem aber brachte der Versuch, von dem der industriellen Welt eigenen Grundsatz der Spezialisierung zurück zu einer Mischwirtschaft, zur Autarkie im kleinsten Bereich zu kommen, auch auf landwirtschaftlichem Gebiet, weitgehende Mißerfolge. Bei der ungewohnten Tätigkeit konnte der Innenkolonialist der landwirtschaftlichen und gärtnerischen Konkurrenz weder qualitäts- noch kostenmäßig entgegen treten.

Resultat der österreichischen Innenkolonisation war ein sozialer Wohnbau einfachster Art, in geringem Umfang eine Existenzsicherung, keineswegs aber eine gesellschaftliche Veränderung. Die Ausstrahlung des Gedankens der Innenkolonisation erklärte sich aus der wirtschaftlichen Problematik und der scheinbar ausweglosen Situation der Arbeitslosen in Österreich in der Zwischenkriegszeit. In krassem Gegensatz dazu stand die Selbsthilfe, der Versuch, sich mit Pioniergeist und der eigenen Hände Arbeit eine Existenz zu schaffen, sei es durch Auswanderung oder durch Innenkolonisation. In der von der Weltwirtschaftskrise und Stagnation gekennzeichneten Zeit zwischen den beiden Weltkriegen, vermochte daher der Gedanke der Innenkolonisation immer wieder von neuem Hoffnung zu wecken, auch wenn die Zahl der wirtschaftlich Erfolgreichen nur wenige hundert erreichte.

Staatliche Zwangsmaßnahmen

Als letztes Mittel gegen die Arbeitslosigkeit wurde in Österreich, wie in anderen Ländern auch, der Versuch unternommen, die Verteilung der Arbeitsplätze staatlich direkt zu beeinflussen.

Wenn schon Wirtschaftspolitik und andere Maßnahmen zur Überwindung der Arbeitslosigkeit nicht ausreichten, so wollte man wenigstens während der wirtschaftlichen Krisenzeit den Arbeitsmarkt verstärkt in den Griff bekommen. Vor allem Sozialdemokraten und Gewerkschaften traten für eine spezielle Arbeitsmarktpolitik und eine obligatorische Arbeitsvermittlung ein, um die vorhandenen Arbeitsmöglichkeiten besser, gerechter zu verteilen[1]. Der Widerstand von Arbeitgeberseite war naheliegend. Eine solche Arbeitsmarktpolitik schien nicht

---

[33] Philip Knab, Die Zukunft der Wiener Stadtrandsiedlung.

[1] Vgl. Otto Bauer, Sten. Protokolle des Nationalrats, 21. Sitzung, 6. 3. 1931, S. 673.

nur mit einer Stärkung der Gewerkschaften verbunden zu sein, sondern beeinträchtigte auch die Freizügigkeit der Arbeit und die Dispositionsfreiheit der Unternehmer. Zu einer umfassenden Arbeitsmarktpolitik war es denn auch nicht gekommen. Was blieb waren vereinzelte, zum Teil wenig überlegte, staatliche Eingriffe in den Arbeitsmarkt, die zumeist auch nur bestimmte Gruppen im Auge hatten.

Inlandsarbeiterschutzgesetz

Zunächst einmal die ausländischen Arbeitnehmer. Nachdem auch andere Länder ihren Arbeitsmarkt für Ausländer weitgehend abgesperrt hatten und die Vereinigten Staaten die Einwanderung ab 1924 drastisch einschränkten, wurde auch in Österreich der Druck, die Einwanderung ausländischer Arbeitskräfte zu unterbinden, immer stärker. Schon ab 1922 hatten die österreichischen Vertretungen im Ausland die Anweisung, den Zuzug von Ausländern möglichst zu begrenzen und im Jahr 1923 unternehmen einzelne Bundesländer selbständig Schritte zur Beschränkung der Zahl der ausländischen Arbeiter[2]. Die Verordnungen dieser Länder mußten zwar aus verfassungsrechtlichen Gründen wieder aufgehoben werden, im gleichen Jahr legte aber die Wiener Arbeiterkammer dem Bundesministerium für Soziale Verwaltung den Entwurf einer Verordnung vor, wonach die Einstellung ausländischer Arbeitskräfte an die Genehmigung der örtlich zuständigen Industriellen Bezirkskommission geknüpft werden sollte[3]. Danach verstummte die Forderung nach Schutz des inländischen Arbeitsmarktes nicht mehr und der Druck wurde stärker, je mehr die Zahl der Arbeitslosen stieg und je mehr sich andere Staaten gegen die Zuwanderung vom Ausland, und damit auch von Österreich, abschlossn. Die Gesetze und Maßnahmen zum Schutz des heimischen Arbeitsmarktes waren weltweit eine Begleiterscheinung der übrigen Absperrmaßnahmen und Autarkiebestrebungen geworden[4]. So sah sich auch Österreich nach langem Zögern zu einem „Akt des Selbstschutzes“[5] gezwungen.

In seiner letzten Sitzung des Jahres 1925 nahm der Nationalrat „das viel umstrittene, von den bürgerlichen Parteien durch Monate zurückge-

[2] Durch die ungünstige Wirtschaftslage in Deutschland 1923 waren vor allem Salzburg und Vorarlberg durch einen stärkeren Zuzug reichsdeutscher Arbeiter betroffen. Salzburg erließ daher am 1. Dezember 1923 eine Verordnung (GesBlNr. 115) und Vorarlberg am 11. Dezember 1923 (GesBlNr. 79), welche die Beschäftigung von Ausländern von einer besonderen Bewilligung abhängig machte.

[3] Zeitweilige Beschränkung der Einstellung und Beschäftigung ausländischer Arbeiter und Angestellter in Österreich, Amtliche Nachrichten des Bundesministeriums für Soziale Verwaltung, 1925, S. 256.

[4] Vgl. Beschränkungen der Arbeit von Ausländern in den europäischen Ländern, Soziale Praxis, 1935, 44. Jg., Heft 22, S. 650.

[5] Max Lederer, Grundriß des österreichischen Sozialrechts, S. 91.

haltene Inlandsarbeiterschutzgesetz, offenbar unter dem Eindruck der katastrophal anschwellenden Arbeitslosigkeit in diesem Winter[6]" an. Das Gesetz sah für die Beschäftigung ausländischer Arbeitnehmer, die nach dem 1. 1. 1923 eingewandert waren, eine behördliche Arbeitsbewilligung vor[7].

Die Regierung hatte sich nur schwer zu diesem Schritt durchgerungen. Das Gesetz entsprach an sich nicht den wirtschafts- und sozialpolitischen Vorstellungen der bürgerlichen Parteien. Dementsprechend hatte auch die Erläuterung des Gesetzes weit eher denen Charakter einer Rechtfertigung, als einer Begründung: „Angesichts der äußerst ungünstigen Wirtschaftslage Österreichs und der Zahl der Arbeitslosen ... und angesichts der immer größer werdenden Zahl von stellensuchenden Ausländern in Österreich (im Jahre 1924 sind nach einem Ausweise des Wanderungsdienstes im Bundeskanzleramt allein rund 10 000 Ausländer zur Berufsausübung nach Österreich eingewandert) sah sich das Bundesministerium für soziale Verwaltung veranlaßt, dem steten Drängen der Arbeiter- und Angestelltenschaft nachgebend, einen entscheidenden Schritt zur Schaffung eines Gesetzes zu unternehmen ... Es hat darum dem Nationalrat einen Gesetzesentwurf vorgelegt und damit einen Weg betreten, den schon andere Staaten gegangen sind[8]."

Die Wirkung dieser arbeitsmarktpolitischen Maßnahme wurde aber bewußt wieder eingeschränkt. Einmal mit der bei sozialpolitischen Gesetzen geradezu typischen Befristung des Gesetzes. Auch das Inlandsarbeiterschutzgesetz war nur als „ein Ausnahmegesetz für die Zeit der gegenwärtigen auf dem Arbeitsmarkt herrschenden außerordentlichen Verhältnissen gedacht und soll daher mit dem Wegfall dieser Verhältnisse seine Wirksamkeit verlieren[9]". Zusätzlich wurde aber noch eine Ausnahmebestimmung eingebaut, ausländische Arbeitskräfte doch zuzulassen, „wenn es die Lage des Arbeitsmarktes zuläßt oder wenn wichtige Interessen der Volkswirtschaft es erfordern[10]". Vor allem aber stieß die praktische Durchführung dieses Gesetzes auf große Schwierigkeiten. Die Bestimmungen wurden „durchaus liberal"[11] gehandhabt und die Sozialdemokraten sprachen sogar davon, daß das Inlandsarbeiterschutzgesetz „von den Behörden ganz einfach nicht eingehalten[12]" wurde.

[6] Fritz Rager, Das Inländerschutzgesetz angenommen, Arbeit und Wirtschaft, 1926, S. 19.

[7] „Gesetz über die zeitweilige Beschränkung der Beschäftigung ausländischer Arbeiter und Angestellter" vom 19. 12. 1925, BgBlNr. 457.

[8] Amtliche Nachrichten des Bundesministeriums für soziale Verwaltung, 1925, S. 256 f.

[9] Amtliche Nachrichten, S. 259; § 17 Abs. 2.

[10] Amtliche Nachrichten, S. 258.

[11] S. 92.

[12] Paul Schlesinger, Sten. Protokolle des Nationalrats, 118. Sitzung, 29. 1. 1930, S. 3418.

1926 wurden im ganzen für 3 870 Ausländer eine Arbeitsbewilligung erteilt, aber für Wien lagen Angaben vor, wonach im Mai 1926 neben 1 674 ausländischen Arbeitern mit behördlicher Genehmigung weitere 2 926 Ausländer ohne Bewilligung beschäftigt waren[13].

Bei einer weltweiten Absperrung der nationalen Arbeitsmärkte konnte wohl auch Österreich schwer beiseite stehen. Das „befristete" Gesetz von 1925 blieb bis zum Ende der Ersten Republik in Geltung, hatte aber gerade in und nach der Weltwirtschaftskrise, als die Arbeitslosigkeit in Österreich größer war als in vielen anderen Ländern, weniger wirtschaftliche vielleicht eher noch moralische Bedeutung. Die wenigen Arbeitsplätze im Inland sollten wenigstens den Österreichern überlassen bleiben. Der Hauptdamm gegen die Einwanderung nach Österreich war aber vor allem die schlechte wirtschaftliche Lage.

Der Kampf gegen die „Doppelverdiener"

Das Inlandsarbeiterschutzgesetz war aber nicht die einzige arbeitsmarktpolitische Maßnahme, wo sich hohe moralische Rechtfertigung mit mangelnder wirtschaftlicher Auswirkung vereinte. In vielleicht noch höherem Maße traf diese Kombination für „den Kampf gegen das Doppelverdienen" zu, der ebenso umstritten, wie populär war. Die Ansicht war weit verbreitet, „daß in einer Zeit so hoher Arbeitslosigkeit wirklichem Doppelverdienst etwas unmoralisches anhaftet[1]". Es war nicht in Einklang zu bringen, „daß während so viele gar kein Einkommen haben, Tausende und Tausende ein Doppeleinkommen beziehen[2]". Wer einen zusätzlichen Verdienst annahm, um sich sozial und materiell besser zu stellen, handelte offensichtlich unsozial: „Solange Tausende nicht einmal genug verdienen, um den psychologischen Lebensmaßstab zu erreichen, hat niemand das Recht, den sozialen sich dadurch zu erhalten, daß er Armen den Arbeitsplatz versitzt[3]."

Mehr noch als eine arbeitsmarktpolitische war daher die Frage des Doppelverdienertums unter den Bedingungen einer hohen Arbeitslosigkeit, eine Frage der sozialen Gerechtigkeit. Vom Sozialministerium her zeigte man daher auch eine gewisse Tendenz, den Forderungen nach Beseitigung des Doppelverdienstes Rechnung zu tragen. Allein, die Schwierigkeiten einer generellen Regelung waren erheblich.

---

[13] Fritz Rager, Das Inlandsarbeiterschutzgesetz vom 19. Dezember 1925, Wien 1927; und „Einwanderung", Österr. Volkswirt, Bd. 1 1927/28, S. 32.

[1] Verteilung der Arbeitsplätze, Soziale Praxis, 19. 10. 1933, S. 1201.

[2] Richard Schmitz, Sten. Protokolle des Nationalrats, 21. Sitzung, 6. 3. 1931, S. 681.

[3] Oskar Meister, Die Bedeutung des Doppelverdieners für den Arbeitsmarkt, Arbeit und Beruf, 1928, S. 18.

Schon der Begriff „Doppelverdiener" war außerordentlich dehnbar, und es verstand fast jeder etwas anderes darunter[4]. Der „typische Doppelverdiener" im ursprünglichen Sinn war ein einzelner Arbeitnehmer, der mehr als einen Arbeitsplatz innehatte. Häufig ein Beamter oder Pensionist, der mit dem Nebenerwerb seinen unzureichenden Hauptverdienst aufzubessern suchte. Bei dem umfangreichen Beamtenabbau in Österreich nach dem Ersten Weltkrieg wurden viele wegen der geringen Pensionsansprüche sogar auf diesen Weg verwiesen[5]. Damit bekam der Kampf gegen die Doppelverdiener aber schon eine sozial bedenkliche Seite. Während der Blick an sich auf die höheren Einkommen der öffentlichen und privaten Angestellten gerichtet war, wären von einer allgemeinen gesetzlichen Regelung überwiegend „kleine Leute" betroffen worden.

Es war daher nicht leicht, Abhilfe zu schaffen „ohne gegen die einen, nämlich die Arbeitslosen, oder gegen die anderen, nämlich die Pensionisten und öffentlichen Angestellten, die mit ihren Gehalten oder Pension nicht leben können, ungerecht zu werden[6]".

Es war nicht leicht, ein Gesetz zu formulieren, „welches bestehendes und mit Recht beklagtes Unrecht behebt und nicht neues Unrecht schafft". Und man war sich im klaren, daß es noch schwerer war, „das Gesetz so durchzuführen, daß nicht neue Willkür eintritt[7]". Dieser Personenkreis war aber nur ein Teil der angefeindeten Doppelverdiener. Daneben wurde der Begriff häufig noch auf Ehepaare, auf die „eheweibliche Erwerbstätigkeit[8]" ausgedehnt, die schon weltanschaulich von vielen Seiten abgelehnt wurde, in der Weltwirtschaftskrise ihre Berechtigung aber scheinbar völlig verloren hatte.

Nicht die Arbeitsverteilung, sondern die Einkommensverteilung in Zeiten wirtschaftlicher Not wurde damit in den Mittelpunkt gerückt. Nicht das Einkommen des Einzelnen, sondern das der Familie war zu sichern. Extreme, aber konsequente Vertreter im Kampf gegen die Doppelverdiener dehnten daher den Begriff auf die ganze Familie als Einkommenseinheit aus, inclusive der Erwerbstätigkeit erwachsener Kinder. Gegen diese auf die Spitze getriebene Ablehnung des Doppelverdienens, sprachen aber doch einige schwerwiegende, vor allem auch be-

---

[4] Vgl. Verteilung der Arbeitsplätze, S. 1201.

[5] Doppelverdiener, Österreichischer Volkswirt, Bd. 1 1930/31, S. 610; dieses Verhalten war aber auch noch in den späteren Dreißigerjahren festzustellen: Öffentliche Meinung und Doppelverdiener, Österr. Volkswirt, Bd. 1 1935/36, S. 224.

[6] Otto Bauer, Sten. Protokolle des Nationalrats, 118. Sitzung, 29. 1. 1930, S. 3410.

[7] Richard Schmitz, Sten. Protokolle des Nationalrats, 21. Sitzung, 6. 3. 1931, S. 681.

[8] Therese Schlesinger, Doppelverdiener, Arbeit und Wirtschaft, 1926, S. 93.

völkerungspolitische Gründe. Mit einer prinzipiellen Untersagung der Erwerbstätigkeit Jugendlicher wären unter anderem auch Fragen der Berufsausbildung und des Nachwuchses auf dem Arbeitsmarkt verbunden gewesen[9].

Die Diskussion um die beiden anderen Formen des Doppelverdienens blieb aber, in enger Korrelation zum jeweiligen Stand der Arbeitslosen, in zum Teil stark emotionaler Form aufrecht. Am Höhepunkt der Weltwirtschaftskrise, 1932 versuchte denn auch die Regierung eine Lösung dieser Frage und eine „Erleichterung der Lage auf dem Arbeitsmarkt durch Einschränkung des Doppelverdienerwesens[10]" zu erreichen. Damit begannen die Schwierigkeiten in dieser Richtung aber erst richtig. Denn die Haltung der Dienstgeber und der Dienstnehmer zu diesem Problem waren unvereinbar und grundverschieden. Die Mehrzahl der Arbeitnehmervertretungen trat ganz entschieden für das Doppelverdienergesetz ein, allerdings im Zusammenhang mit dem von Gewerkschaft und Sozialdemokraten wiederholt geforderten obligatorischen Arbeitsnachweis[11], der die vorhandene Arbeitsmöglichkeit auch nach sozialen Gesichtspunkten vergeben sollte und damit eine individuellere Behandlung des Doppelverdienertums erlaubt hätte. Die Ablehnung der Beamten war naheliegend.

Sie sahen im Verbot des Doppelverdienstes eine Beeinträchtigung prinzipieller Rechte: „Vom ethisch-moralischen Standpunkt aus bleibt es jedenfalls sehr bedauerlich, daß nunmehr versucht wird, selbst jenes Recht anzutasten, das dem Menschen als lebenswichtigsten mit auf den Weg gegeben wurde: Das Recht auf Arbeit[12]." Vor allem aber die Arbeitgeber konnten einem solchen Eingriff in den Arbeitsmarkt nur ablehnend gegenüber stehen. Sie sahen darin „einen bedenklichen Eingriff in die private Rechtssphäre und in die Freiheit des Wirtschaftslebens und damit die wichtigsten Grundlagen des geltenden Wirtschaftssy-

---

[9] Vgl. Herrnstadt, Einige Angaben über Doppelverdiener, Arbeit und Beruf, 1931, S. 85; und: Wieder Doppelverdiener, Österreichischer Volkswirt, Bd. 1 1933/34, S. 257.

[10] „Bundesgesetz über außerordentliche Maßnahmen zur Erleichterung der Lage auf dem Arbeitsmarkt durch Einschränkung des Doppelverdienerwesens", Amtliche Nachrichten des Bundesministeriums für Soziale Verwaltung, 1932, S. 23; Die Geltungsdauer des Gesetzes sollte vorläufig bis Ende 1932 beschränkt sein. In § 1 hieß es: „Wer in einem privatrechtlichen Dienstverhältnis steht, darf für die Zeit, während der dieses Dienstverhältnis besteht, ein anderes privatrechtliches Dienstverhältnis nicht eingehen, wenn das durchschnittliche Gesamteinkommen im Monat den Betrag von 400 Schilling übersteigen würde."

[11] Otto Bauer, Sten. Protokolle des Nationalrats, 118. Sitzung, 29. 1. 1930, S. 3410 und ebenfalls Otto Bauer bei seiner Rede vor der Reichskonferenz: Arbeit für 200 000; der freien Gewerkschaften. Otto Bauer, Werke, Band 3, S. 95.

[12] Max Lederer, Grundriß des österreichischen Sozialrechts, S. 589.

stems[13]". Der verfolgte Zweck würde allzu teuer erkauft, zumal ernste Zweifel an der Wirksamkeit dieser Maßnahme bestanden, ob durch Freimachung von Arbeitsplätzen von Doppelverdienern eine fühlbare Entlastung des Arbeitsmarktes erreicht werden konnte. „Es handle sich bei den Doppelverdienern vielfach um derart gering entlohnte Beschäftigungen, daß diese überhaupt nur als Nebenbeschäftigung ausgeübt werden können und daher keinesfalls einem Arbeitslosen eine ausreichende Versorgung bieten könne. In anderen Fällen werden die durch den Abbau des Doppelverdieners frei gewordene Arbeit auf die übrigen Angestellten verteilt oder vom Unternehmer selbst übernommen werden. Sofern es sich aber um Dienstleistungen handle, die nur von besonders qualifizierten Arbeitskräften oder von Vertrauenspersonen verrichtet werden können, käme die Besetzung solcher Dienstposten durch Arbeitslose überhaupt nicht in Frage[14]".

Über den Personenkreis, auf den das Gesetz angewendet werden sollte, gingen die Meinungen aber noch zusätzlich quer durch die Interessenvertretungen und Parteien. Waren nur Dienstverhältnisse oder auch selbstständige Einkommen mit einzubeziehen, war der Verdienst der Ehefrau Doppelverdienst, etc.?

Wie in anderen Ländern auch, etwa in Deutschland, wo die Auseinandersetzung um die Doppelverdiener noch radikaler geführt wurde[15], waren die wirklichen Resultate aber eher bescheiden. Der Gesetzesentwurf kam zwar 1932 in den Nationalrat, wurde auch mehrfach abgeändert, gelangte aber nie wirklich zur Beratung. Es blieb einmal mehr dem Ständestaat überlassen, diese umstrittene Maßnahme einzuführen. Allerdings nur in Form einer „Teillösung", einer „Aktion zur Ausscheidung verheirateter weiblicher Bediensteter[16]", beschränkt auf „die öffentlichen Angestellten, die man auf die Einhaltung solcher Vorschriften leichter verpflichten" konnte[17]. Die Bestimmung sah vor, daß verheiratete weibliche Angestellte aus dem öffentlichen Dienst auszuscheiden hatten, wenn der Ehemann ebenfalls beim Bund beschäftigt war und eine bestimmte Einkommensgrenze erreichte.

---

[13] Begründung zum Bundesgesetz über außerordentliche Maßnahmen ... (Doppelverdienergesetz); Sten. Protokolle des Nationalrats, 1932, 287 der Beilagen, S. 4.

[14] a.a.O., siehe auch: Überstundenarbeit und Doppelverdiener, Amtliche Nachrichten des Bundesministeriums für Soziale Verwaltung, 1930, S. 142.

[15] Verteilung der Arbeitsplätze, S. 1205 f. Dort wurde etwa von einer Anordnung der Dortmunder Stadtverwaltung berichtet, „nach der Doppelverdiener, in deren Familien ein ihre Bedürfnisse übersteigendes Arbeitseinkommen vorhanden sei, dem Konzentrationslager zugeführt werden würden, wenn sie sich nicht innerhalb einer gewissen Schonfrist selbst beim Arbeitsamt melden". Die Verordnung wurde aber bald wieder zurückgenommen.

[16] VWA/Sozialpolitik, 477/34.

[17] Wieder Doppelverdiener, S. 257.

Diese partielle Lösung des Doppelverdienerproblems hatte sich aber weit von den ursprünglichen Absichten entfernt. Die Zahl der Stellen, die für die Arbeitslosen frei wurde muß eher als gering angenommen werden, vor allem aber war man der Forderung nach gerechterer Verteilung der Arbeitsplätze durch ein Verbot des Doppelverdienens für nur einen Teil der Erwerbstätigen, eben den öffentlichen Angestellten, wohl kaum näher gekommen.

Zwangseinstellung von Arbeitslosen

Der wohl weitestgehende Eingriff in den Arbeitsmarkt aber war die zwangsweise Einstellung von Arbeitslosen in die gewerblichen Betriebe.

Um einer weiteren Verschlechterung des Arbeitsmarktes vorzubeugen, bediente man sich 1919 dieses Mittels und verpflichtete Gewerbeinhaber mit mehr als 15 Arbeitnehmern durch Verordnung, um ein Fünftel mehr Beschäftigte einzustellen und den so erhöhten Arbeiterstand nicht mehr zu verringern[1].

Die Überlegung, die Arbeitslosen einfach auf dem Verordnungswege in die Betriebe zu bringen, war bestechend einfach, hätte aber bei konsequenter Durchführung wohl zu einem völligen Zusammenbruch der Wirtschaft geführt. Die Unternehmer nahmen dieser Verordnung gegenüber von Anfang an eine ablehnende Haltung ein. Sie erblickten in dem Zwang zur Beschäftigung einer vorgeschriebenen Zahl von Arbeitnehmern eine Fessel, die die Unternehmen daran hinderte, den Betrieb so einzurichten, wie es nach wirtschaftlichen Grundsätzen zweckmäßig und notwendig erschien[2]. Die Unternehmerseite versuchte daher von vornherein die Aufhebung dieser Zwangsverpflichtung zu erreichen, ihre Versuche scheiterten jedoch am Widerstand der Arbeiter- und Angestelltenorganisationen, die in der Verordnung ein Mittel zur Bekämpfung der Arbeitslosigkeit sahen[3]. Die ursprünglich kurzfristig angesetzte Notstandsmaßnahme wurde bis 1928 immer wieder verlängert.

Diese in ihrem Ansatz geradezu systemverändernde arbeitsmarktpolitische Maßnahme erfuhr aber in ihrer praktischen Anwendung eine we-

[1] Vollzugsanweisung vom 14. Mai 1919 zur Aufrechterhaltung des Arbeiterstandes in den gewerblichen Betrieben.

[2] Vgl. Franz Wlcek, Zwangsverordnung über die Beschäftigung von Arbeitern, Österreichischer Volkswirt, Bd. 1 1926/27, S. 75; ebenso die beiden Eingaben des Niederösterr. Gewerbevereins an die Regierung vom 31. 5. 1919 und 22. 10. 1919 zu dieser Frage: Wochenschrift des Niederösterreichischen Gewerbevereins 1919: Die Zwangsweise Einstellung von Arbeitslosen in die gewerblichen Betriebe, S, 233; Gegen die Verlängerung der Verpflichtung zur Einstellung von Arbeitslosen, S. 399.

[3] Franz Wlcek, S. 75. Eine ganze Reihe von Eingaben und Protesten in den Zwanzigerjahren zählt auf: Alfred Liebich, Begünstigende Faktoren und Maßnahmefolge der staatlichen Sozialpolitik (Deutsch)Österreichs im Zeitraum November 1918 bis Juli 1919, Diss. Wien 1977, S. 173.

sentliche Einschränkung und erwies sich in ihrem eigentlichen Sinn weitgehend als undurchführbar. Eine zusätzliche Einstellung von einem Fünftel der Arbeitnehmer hatte 1919 die Schaffung von 100 000 bis 150 000 zusätzlichen Arbeitsplätzen bedeutet. Tatsächlich wurden in diesem Jahr aber höchstens 20 000 Arbeitslose auf Grund der Verordnung zwangsweise eingestellt, davon die Hälfte in Wien[4]. Auch die Aufrechterhaltung des Pflichtbestandes an Beschäftigten war kaum durchzusetzen und die Industriellen Bezirkskommissionen sahen sich gezwungen, von ihrem Ausnahmerecht reichlich Gebrauch zu machen. Schließlich versuchten sie überhaupt von einer Entscheidung Abstand zu nehmen und verlegten sich darauf, zwischen dem Unternehmen und der Arbeitnehmerorganisation eine Einigung herbeizuführen, um die Entlassungen entweder einzuschränken oder wenigstens etappenweise durchzuführen[5].

War diese Zwangsmaßnahme auch sicher nicht geeignet, die Arbeitslosen in die Betriebe zu bringen, so hatte sie doch eine dämpfende und ausgleichende Wirkung auf den Verlauf der Arbeitslosigkeit. Bei Etlassungen wurde die Übereinstimmung mit den Industriellen Bezirkskommissionen gesucht, wodurch zumindest das Tempo des Personalabbaus bei einer großen Zahl von Betrieben verlangsamt wurde.

Eine allgemeine Lösung der Arbeitslosigkeit war daher durch gesetzliche Verordnungen nicht zu erreichen. Für einzelne Gruppen aber schien eine Verpflichtung zur Einstellung durchaus durchführbar und sinnvoll. Einmal für eine Gruppe von schwer zu vermittelnden Arbeitskräften, denen gegenüber der Staat sich verpflichtet fühlte, da sie sich „um das Vaterland verdient gemacht hatten": den Kriegsbeschädigten. Ihnen wollte man als „Akt öffentlich-rechtlicher Fürsorge" die Möglichkeit „eines auf eigene Arbeitsleistung beruhenden Erwerbes eröffnen und ihnen so eine materielle und moralische Stütze bieten[6]."

Auf Grund des Invalidenbeschäftigungsgesetzes von 1920 hatten alle Erwerbsbetriebe mit mehr als 20 Arbeitnehmern eine bestimmte Anzahl von Kriegsinvaliden zu beschäftigen[7]. Diese Maßnahme fand die Zustimmung aller Bevölkerungsschichten und war in ihrem Rahmen durchaus erfolgreich. 1931 standen 18 000 und damit etwa ein Viertel der gesamten Kriegsbeschädigten auf Grund dieses Gesetzes in Arbeit[8].

---

[4] Edmund Palla, Ein Jahr Arbeitslosenfürsorge in Östereich, Amtliche Nachrichten des Bundesministeriums für Soziale Verwaltung, 1919, S. 845.

[5] Franz Wlcek, S. 76; und: Hans Keller, Arbeitsmarktpolitik in Österreich, Arbeit und Beruf, 1926, S. 439.

[6] Max Lederer, S. 88; und: Egon Uranitsch, Das österreichische Invalidenbeschäftigungsgesetz, Arbeit und Beruf, 1927, S. 234.

[7] Max Lederer, S. 88.

Für eine andere Gruppe von Arbeitslosen, denen gegenüber sich der Staat ebenso verpflichtet fühlte, wurde 1934 eine Einstellungsverordnung erlassen.

Der Bürgerkrieg in Österreich hatte die Verwendung vieler tausend Angehöriger der verschiedenen bewaffneten Verbände im Sicherheits- und Bereitschaftsdienst notwendig gemacht. Nachdem die Februarereignisse vorüber waren, wurde schon im März aus innenpolitischen und finanziellen Gründen daran gegangen, den Schutzkorps abzurüsten und ihre Angehörigen wieder bürgerlichen Berufen zuzuführen[9]. Das Mittel dazu war eine Verordnung nach dem Vorbild der Bestimmung von 1919. Alle Erwerbsbetriebe mit mehr als 25 Beschäftigten hatten auf je 25 Arbeitnehmer einen abgerüsteten Schutzkorpsangehörigen einzustellen. Diese Verordnung stellte die Erfüllung „einer selbstverständlichen Pflicht der Bundesregierung gegenüber jenen Bevölkerungskreisen dar, die in Zeiten der Not mit dem Einsatz ihrer Person das Vaterland zu schützen bereit waren und nun in Hinkunft in verstärktem Maße wieder zivilen Berufen zugeführt werden sollen[10]“. In den ersten drei Monaten wurden knapp 20 000 der begehrten Einstellungsscheine verteilt.

Diese Einstellungsscheine waren ein deutliches Zeichen dafür, daß Arbeit in Österreich in den Dreißigerjahren ein Privileg geworden war.

Personen, die auf seiten der autoritären Regierung gestanden waren, hatten ein Vorrecht auf bevorzugte Vermittlung an den Arbeitsämtern. Arbeitslosigkeit war nicht mehr nur Schicksal für den Einzelnen, sondern zumindest teilweise politisches Druckmittel, Belohnung oder Bestrafung. Auch die Forderung, bekannte Sozialisten zu entlassen, wurde in dieser Zeit wiederholt gestellt. Die Angst, den Arbeitsplatz zu verlieren, wie hunderttausend andere arbeitslos zu werden, war eine der wesentlichen Gründe für die sichere Stellung des Ständestaates. Politische Auswirkungen der wirtschaftlichen Dauerkrise waren für die autoritäre Regierung in Österreich kaum zu fürchten, für eine politische Gefährdung von außen aber, bedeutete die Arbeitslosigkeit eine wesentliche Schwächung.

4. Und noch einmal: Arbeitslosigkeit als politisches Problem: Arbeitslosigkeit und der Anschluß 1938

Drei Tage vor dem Anschluß Österreichs an das Deutsche Reich übermittelte die britische Botschaft in Wien an das Foreign Office in London folgenden Bericht:

[9] Arbeitsvermittlung von abgerüsteten Schutzkorpsangehörigen, Österr. Volkswirt, Bd. 1 1933/34, S. 556; und: Amtliche Nachrichten des Bundesministeriums für Soziale Verwaltung, 1934, S. 68 und S. 153.

[10] Amtliche Nachrichten, 1936, S. 162.
1934, VWA/Sozialpolitik, 122/34.

[11] Bundesminister Neustädter-Stürmer, Vortrag vor dem Ministerrat, Mai

„Eine der größten Schwächen der Stellung Dr. v. Schuschniggs gegenüber den Nazis ist der Mangel an Unterstützung, oder besser gesagt, offene Opposition eines sehr großen Teils der Bevölkerung, welcher wirtschaftlich in so ärmlichen Verhältnissen lebt, daß er bereit ist, in jeder Veränderung eine Möglichkeit zur Besserung zu sehen.

Sicherlich zeigt die offizielle Statistik der Arbeitslosen, die in Unterstützung stehen, während des letzten Jahres eine bemerkenswerte Verbesserung, aber diese ist weit davon entfernt, ein wirkliches Bild der Lage zu geben. Sie gibt nicht nur keinen Hinweis über die beschränkten und — für viele jüngere Leute — geradezu hoffnungslosen Verhältnisse einer großen Zahl der Angestellten, sondern sie gibt auch keinen Hinweis über die große Zahl der Arbeiter, die nicht zum Bezug der Arbeitslosenunterstützung berechtigt sind. Diese bestehen aus (a) Arbeitslosen, deren Unterstützung bereits abgelaufen ist: Dieser Teil wird sich bei Aufrechterhaltung der Beschäftigung auf dem derzeitigen Niveau von selbst verringern; und (b) aus einer großen Zahl von jungen Leuten, welche nach Verlassen der Schule keine Beschäftigung finden konnten und infolgedessen nie eine Unterstützungsberechtigung erwarben. Dieser Teil wächst von selbst und ist bereits zahlenmäßig sehr beachtenswert, da seit Beginn der Wirtschaftskrise und der folgenden Arbeitslosigkeit die Arbeitgeber bei Neueinstellungen natürlich die älteren, verheirateten Bewerber bevorzugten. In einigen Gebieten wird der Anteil der Schulabgänger der letzten 7 oder 8 Jahre, die Arbeit bekommen konnten und damit auch eine Berechtigung zu Arbeitslosenunterstützung, nur auf 15 bis 20 Prozent geschätzt. Von dieser großen Masse der arbeitslosen Jugendlichen neigen einige unvermeidlich zu radikaleren sozialistischen oder zur Nazi-Partei. Die Lage der Mittelstandsjugend ist aber vielleicht noch ernster. Ein verhältnismäßig kleiner Teil der jährlich an den Universitäten und höheren Schulen Graduierten kann hoffen, in den überfüllten Berufen eine Anstellung zu finden. Auf Grund der Gewerbesperre, nach der kein neues Geschäft begonnen werden darf, werden keine Gewerbeberechtigungen mehr ausgestellt, und ein junger Mann kann sich nicht selbständig machen, wenn er nicht von einem bestehenden Unternehmen übernommen wird.

Beide dieser Bevölkerungsschichten sind fasziniert von den glänzenden Berichten, die ihnen vom hohen Beschäftigungsstand in Deutschland aufgedrängt werden, und werden verleitet zu glauben, daß ein Anschluß ähnliche Bedingungen für Österreich bringen würde[1]."

Die hohe Arbeitslosigkeit in Österreich gab daher den Nationasozialisten auch noch ein wirtschaftliches Argument für den Anschluß in die Hand, das vielleicht noch mehr Anklang fand, als das politische: „Soviel

[1] Bericht an das Foreign Office vom 9. März 1938, FO 37/22320, Public Record Office.

Arbeitslose im Verhältnis zur Gesamtbevölkerung wie Österreich Mitte März 1930 zählte, gab es im Deutschen Reich nicht einmal zur Zeit der nationalsozialistischen Machtübernahme, am Tiefpunkt der schweren Krise . . . Im Reich wurden die Arbeitslosen bis auf einige Tausende praktisch nicht einsatzfähige Leute binnen vier Jahren wieder in Verdienst gebracht. Die Not an Arbeit verwandelte sich in eine Not an Arbeitshänden. Die Wiedervereinigung mit dem Deutschen Reich hat nun auch in Österreich die Fesseln, die die Wirtschaft beengten, über Nacht gespregt[2]." „Der Zusammenschluß mit einem Reich, das die Arbeitslosenfrage gelöst hat, läßt auch auf diesem Gebiet der Wirtschaft einen grundlegenden Wandel erkennen. Die Arbeitsnot wird in Österreich binnen kurzem überwunden sein[3]."

Die Nationalsozialisten wollten das neue Herrschaftssystem, wie schon 1933 in Deutschland, auch 1938 in Österreich durch eine schnelle Überwindung der Wirtschaftskrise legitimieren. Auf Grund der wirtschaftlichen Lage in Deutschland war dieses Vorhaben außerordentlich begünstigt. Durch die forcierte Rüstungspolitik waren im Deutschen Reich Arbeitskräfte bereits knapp geworden, und Österreich verfügte als eines der wenigen europäischen Länder noch 1938 über ein größeres unausgenutztes Arbeitskräftereservoire. Die deutsche Wirtschaft wartete geradezu auf den österreichischen Arbeitsmarkt. Als erste Sofortmaßnahme veranlaße Göring die Aufnahme ausgesteuerter und jugendlicher Arbeitsloser in die Unterstützung. Allein in Wien wurden im ersten Monat nach dem Anschluß 42 000 Arbeitslose neu in die Unterstützung aufgenommen[4], in ganz Österreich waren es bis zum Mai 1938 95 000[5]. Diese als „Göring-Aktion" bezeichnete Maßnahme war als „Wiedergutmachung der von der Systemregierung gehandhabten brutalen Aussteuerungspraxis und zur Beseitigung des größten Elends unter der Arbeiterjugend[6]" gedacht. Gleichzeitig begann im Zusammenhang mit einer ganzen Reihe wirtschaftlicher und rüstungspolitischer Maßnahmen in erstaunlichem Tempo der Abbau der Arbeitslosigkeit in Österreich. In den ersten sechs Wochen wurden 140 000 Arbeitslose neu eingestellt[7]. Zusätzlich wurde der Arbeitsmarkt durch „die Hebung der Wehrkraft der

[2] Österreichs Wirtschaftsnot und Wirtschaftspolitik vor der Eingliederung in das Reich, Monatsberichte des österreichischen Instituts für Konjunkturforschung, Wien, 11. 4. 1938, S. 86.

[3] Otto Zell, Bewirtschaftung des Arbeitsmarktes, Österr. Volkswirt, Bd. 2 1938, S. 596.

[4] Monatsberichte des Österreichischen Instituts für Konjunkturforschung, 1938, S. 243.

[5] Erfolg am Arbeitsmarkt, Österreichischer Volkswirt, Bd. 2 1938, S. 603.

[6] Kräftige Arbeitsmarktentlastung, Österreichischer Volkswirt, Bd. 2 1938, S. 589.

[7] Arbeitsbeschaffung und Steigerung der Kaufkraft in der Ostmark, Österr. Volkswirt, Bd. 2 1938, S. 700.

Ostmark" entlastet, die zur „Herausnahme stärkerer Kontingente Jugendlicher aus der Arbeitslosenhilfe[8]" führte. Die Zahl der unterstützten Arbeitslosen betrug im November 1938 mit 72 000 nur mehr ein Drittel des Standes des entsprechenden Vorjahresmonats. Damit war der tiefste Stand seit 1923 erreicht. Im Verlaufe des Jahres 1938 verlagerte sich auch in Österreich das Problem der Arbeitsmarktpolitik von der Arbeitslosigkeit auf den besten Einsatz der verfügbaren Arbeitskräfte[9]. Für Metallarbeiter wurden bereits einschränkende Bestimmungen erlassen. Damit schien auch in Österreich, durch „die Erfolge nationalsozialistischer Wirtschaftsführung" die Sorge und Bedrohung durch die Arbeitslosigkeit der Vergangenheit anzugehören[10].

---

[8] Österr. Volkswirt, Bd. 2 1938, S. 700.

[9] Otto Zell, Bewirtschaftung des Arbeitsmarkts, a.a.O.; ebenso: Zum Problem der Vollbeschäftigung, Vierteljahresschrift zur Wirtschaftsforschung des Berliner Instituts für Konjunkturforschung, Heft 3, 1937 und L. Münz, Die gesamten Vorschriften über den Arbeitseinsatz nach dem Vierteljahresplan, Berlin 1937.

[10] Erfolg am Arbeitsmarkt, S. 603.

III. Soziale Folgen

1. Arbeitslosigkeit als soziale Desintegration

Es ist des öfters versucht worden, speziell unter dem Eindruck der Weltwirtschaftskrise, neben dem vergeblichen Beginnen, die Kosten der Arbeitslosigkeit zu errechnen, auch deren soziale und politische Auswirkungen zu beschreiben. Über erste vielversprechende Ansätze in den Dreißigerjahren, vor allem von Bakke und Lazarsfeld, sind die einzelnen Untersuchungen und Analysen jedoch kaum hinausgekommen. Das Interesse an diesem Problem ist in den Fünfzigerjahren nochmals kurz aufgeflackert und dann praktisch erloschen. Im Zeichen der Voll- und Überbeschäftigung wurde ihm keine vorrangige Bedeutung mehr zugesprochen, das Problem der Arbeitslosigkeit hatte sich scheinbar von selbst gelöst.

Zur Analyse der Situation der Arbeitslosigkeit in der Zwischenkriegszeit bietet daher die Soziologie eine Unterstützung nur in Teilbereichen. Etwa der Funktion des Arbeitseinkommens in der Gesellschaft, das auf die Situation des Arbeitslosen übertragen werden kann. Eine „Soziologie der Arbeitslosigkeit" aber steht noch aus[1]. Die Mehrheit der Fragen, die mit der sozialen Lage der Arbeitslosen zusammenhängen, bleiben unbeantwortet, oder die Antwort verzichtet auf eine empirische Absicherung und begnügt sich mit Annahmen und Hypothesen. Das zwar verstreute aber umfangreiche zeitgenössische Material über die Arbeitslosigkeit muß daher erst geordnet werden. Einen solchen Versuch stellt dieser Teil der Arbeit dar. Ein Ergebnis sei gleich vorweggenommen: Die soziologischen Ansätze und die vorhandenen historischen Unterlagen aus der Zwischenkriegszeit lassen erkennen, daß eine der wesentlichsten gesellschaftlichen Auswirkungen der Arbetislosigkeit, insbesondere der langfristigen Arbeitslosigkeit, mit sozialer Desintegration umschrieben werden kann.

„We live in a monetary economy" schrieb Bakke 1938 in seinem Werk über die Arbeitslosen, „and a great of host our solutions for problems of living involves the decision to make an expenditure and have the matter settled."[2] Löhne, Gehälter und Gewinne werden demnach als Einsatz

[1] Darüber dürfen auch manche Titel wie: „Soziologie de Chômage" nicht hinwegtäuschen, die fast ausschließlich nur Teilbereiche der Arbeitslosigkeit behandeln.

[2] Bakke, E. Wight: Citizens without work, London 1947, S. 186.

sozialer Ressourcen im Sinne von Sanktionen verstanden, zur Kontrolle menschlichen Verhaltens in sozialen Strukturen. Wirtschaftliche Belohnungen und Strafen regulieren die Rollenverteilung innerhalb einer Gesellschaft, die Rekrutierung von Individuen für diese Rollen und die Intensität der Rollenerfüllung selbst[3]. Der Arbeitslose erfuhr solche Sanktionen — etwa geringeres Einkommen — ohne unbedingt gegen die Rollenerwartung verstoßen zu haben. Seine Arbeitslosigkeit äußerte sich in zwei Richtungen: in einem Einkommensrückgang und einem Verlust an sozialer Stellung und Prestige. Der Arbeitslose stand praktisch außerhalb der Gesellschaft. Sanktionen, wirtschaftliche Belohnungen und Bestrafungen wurden anders geregelt, als es seiner Erfahrung als arbeitender Mensch entsprach. Transfereinkommen traten an die Stelle des Arbeitseinkommens, wirtschaftliche Beziehungen verlagerten sich zu verwandschaftlichen und politischen — Geschenke, Arbeitslosenunterstützung —. Daneben trat der Arbeitslose aus einer ganzen Reihe sozialer Bindungen aus, die mit seiner Situation als Arbeitnehmer direkt oder indirekt verbunden waren. Er war nicht mehr Produzent, sondern nur noch Konsument, und verlor seine Rolle als Kollege und Mitarbeiter.

Aber auch die nähere soziale Umgebung wurde durch die Arbeitslosigkeit beeinträchtigt. Der Kontakt mit Freunden und Bekannten erforderte eine gewisse materielle Grundlage und eine einigermaßen ähnliche wirtschaftliche und soziale Situation[4]. Mit gesunkenem Einkommen entfielen aber, vor allem bei langfristiger Arbeitslosigkeit, nicht nur die Möglichkeiten zu Aktivitäten außer Haus, sondern auch Einladungen wurden schwer möglich, da diese direkt oder indirekt mit Ausgaben verbunden waren. Nicht nur die Bewirtung, sondern auch Mangel bei Heizung, Möbel oder Bekleidung machten dem Arbeitslosen diese Kontakte nur mehr schwer möglich[5]. Bei langem Ausschluß aus dem Arbeitsprozeß veränderte sich ebenso die Interessenlage des Arbeitslosen zum Beschäftigten. Mit den Einkommensunterschieden wurde Mitleid und Gefühl der Unterlegenheit zunehmend deutlicher.

Damit erfuhr der Arbeitslose eine ihm zumeist unverständliche Reduktion seiner Funktion und Stellung in der Gesellschaft. Seine sozialen Beziehungen wurden weitgehend auf die Familie beschränkt. Das Abbrechen der Kontakte mit Freunden, Bekannten und Arbeitskollegen brachte eine zunehmende Isolierung mit sich, die durch den Verkauf von Radios und das Abbestellen von Zeitungen noch weiter verstärkt wurde. So ging bei den Untersuchungen in Marienthal die Abonnentenzahl der Arbeiterzeitung trotz verbilligten Arbeitslosenbezug von

[3] Siehe: Smelser, Neil, J.: Soziologie der Wirtschaft, München 1972, S. 73.

[4] Bakke, S. 0 f.

[5] Siehe Tabelle der Freizeitbeschäftigung von Arbeitslosen.

1927 auf 1930 um 60 % zurück[6]. Der Bibliotheksbesuch reduzierte sich trotz kostenloser Entlehnung auf etwa die Hälfte und auch die Vereine mußten auf Grund der Arbeitslosigkeit einen starken Mitgliederverlust hinnehmen. Die Arbeitslosen konnten daher nicht, wie zuweilen angenommen wurde, ihre Freizeit zur Weiterbildung verwenden[7]. Die Freizeit war für sie ein tragisches Geschenk. Sie entsprach nicht der Freizeit, die vormals nach der Arbeit zur Verfügung stand, denn ein wesentlicher Teil der Freizeit und Freizeitbeschäftigung war die Beziehung und Ergänzung zur Arbeit, welche nun weggefallen war. „Losgelöst von ihrer Arbeit und ohne Kontakt mit der Außenwelt haben die Arbeiter die materiellen und moralischen Möglichkeiten eingebüßt, die Zeit zu verwenden[8].“ Die Freizeitbeschäftigung ging deshalb in der Arbeitslosigkeit stark zurück. „Der Kreis der Dinge und Einrichtungen, an denen noch Anteil genommen wird, schränkt sich immer mehr ein. Die Energie, die noch bleibt, wird auf das Aufrechterhalten des immer kleiner werdenden Lebensraumes konzentriert. Als charakteristisches Zeichen für die Reduktion fanden wir einen deutlichen Zerfall des Zeitbewußtseins, das seinen Sinn als Ordnungsschema im Tagesablauf verliert[9].“ Arbeitslosigkeit war mit sozialer Desintegration verbunden. Der Arbeitslose verbrachte viele Tagesstunden mit Nichtstun und Schlafen[10]. Bei den Zeitverwertungsbögen, die in Marienthal ausgefüllt wurden, entfielen Vormittag 35 % und Nachmittag 41 % auf „Nichtstun“ und bei Bakke wurden 24 % des Tages mit „zuhause herum sitzen“ angegeben[11]. Aufstehen, Mittagessen und Schlafengehen waren die Orientierungspunkte, die übrig blieben. Auf der Straße herumstehen, Spazierengehen, an der Ecke stehen, Schlafen, herumsitzen, aufs Essen warten, sind weitere Aktivitäten, die angegeben wurden. Der Zeitverfall ließ sich jedoch nur beim Arbeitslosen selbst beobachten. Die Ehefrau des Beschäftigungslosen war zwar auch mit allen sozialen und wirtschaftlichen Problemen der Arbeitslosigkeit konfrontiert, aber im strengen Wortsinn nicht arbeitslos geworden. Auf Grund der Beschäftigungslosigkeit des Ernährers der Familie nahm ihre Arbeitslast eher noch zu[12].

Arbeitslosigkeit war dem nach nicht Sache der Arbeitslosen allein, sondern ein Problem, das in der Familie ausgetragen und gelöst werden mußte, und Ehefrau und Kinder in zumindest gleichem Ausmaß betraf.

---

[6] Jahoda / Lazarsfeld / Zeisel: Die Arbeitslosen von Marienthal, Wien 1960, S. 39 - 41.

[7] Jahoda / Lazarsfeld / Zeisel, S. 40.

[8] Jahoda / Lazarsfeld / Zeisel, S. 69.

[9] Jahoda / Lazarsfeld / Zeisel, S. 89.

[10] Jahoda / Lazarsfeld / Zeisel, S. 53.

[11] Jahoda / Lazarsfeld / Zeisel, S. 75.

[12] Vgl. Soziale Praxis, 1933, 42. Jg., Heft 18, S. 560 und Jahoda / Lazarsfeld / Zeisel, S. 76 und 79.

Familie und Arbeitslosigkeit

Unsere Kultur baut in ihrer Struktur auf die Familie auf[13]. Sie ist nicht nur primäre soziale Einheit, sondern auch grundlegende wirtschaftliche Institution unserer Gesellschaft. In ihrem Rahmen werden wirtschaftliche Probleme erkannt und gelöst[14]. Konkret bedeutet das, daß im Jahre 1933 in Österreich nicht nur die etwa 500 000 Beschäftigungslosen, sondern mit deren Familien etwa ein bis zwei Millionen Menschen von der Arbeitslosigkeit direkt betroffen waren.

Im Falle der Arbeitslosigkeit veränderte sich auch die Stellung des Mannes in der Familie, da seine Autorität primär auf seine Funktion als Familienerhalter basierte[15]. Der Status der Eheleute und Eltern war durch ihre Pflichten gegenüber der Familie und Gesamtgesellschaft festgelegt. Die veränderte Situation durch die Arbeitslosigkeit erforderte dementsprechend Anpassung von Gewohnheiten und Verhaltensweisen von der gesamten Familie. In bezug auf Einkommen und Ausgaben, Beschäftigung und Arbeitssuche, soziale Beziehungen und Aktivitäten, Voraussicht und Planung und in Hinblick auf das Erkennen der eigenen Situation[16].

Hinsichtlich der Auswirkungen der Arbeitslosigkeit wurde schon in den Dreißigerjahren erkannt, daß diese ein unterschiedliches Ausmaß annehmen können:

„Beobachter aus allen Gegenden stimmten dahin überein, daß der arbeitslose Mann regelmäßig durch eine Reihe von Stufen hindurchgeht, die in Verschlechterung seines Aussehens, seiner Kleidung und seiseines Kräftezustands zutage treten, womit ein allmählicher Verlust von Hoffnung einhergehe, bis er das Endstadium erreiche worin er die Arbeitslosigkeit als normale Lebenslage betrachte[17]“, stellte eine englische Untersuchung im Jahr 1933 fest. Lazarsfeld stufte die von ihm beobachteten Arbeitslosen entsprechend ihrer Haltung in ungebrochen (23 %), resigniert (69 %) und gebrochen (verzweifelt oder apatisch 8 %) ein. Die Untersuchungen in Marienthal dauerten etwa zwei Monate[18] und waren ein Querschnitt der Situation eines Industriedorfes mit einer seit zwei Jahren fast gänzlich arbeitslosen Bevölkerung. Zum Schluß stellte auch Lazarsfeld fest: „Zwar haben wir verschiedene Haltungstypen unterschieden: eine aktivere, zuversichtlichere als die charakteristische Gruppe der Resignierten. Zwei andere darüber hinaus gebrochen und hoffnungslos. Aber jetzt zum Schluß haben wir erkannt, daß

[13] Vgl. Good, William, J.: Soziologie der Familie, München 1973, S. 11.

[14] Vgl. Bakke, S. 109.

[15] Good, S. 126.

[16] Vgl. Bakke, S. 193.

[17] Soziale Praxis, 1933, 42. Jg., Heft 24, S. 736.

[18] Dezember 1931 bis Jänner 1932.

hier vermutlich nur verschiedene Stadien eines psychologischen Hinabgleitens vorliegen, das der Reduktion der Zuschüsse und der Abnützung des Inventars parallel geht[19].“ Hier wurde die Vermutung ausgesprochen, daß es sich bei der Arbeitslosigkeit um einen dynamischen Prozeß handelte, in welchem die Zeit eine wesentliche Rolle spielte und bei dem mit zunehmender Erschöpfung der materiellen Reserven unterschiedliche Erscheinungsformen auftraten. Wenige Jahre später untersuchte Bakke über acht Jahre die Situation von etwa 200 arbeitslosen amerikanischen Familien und kam zu fünf Stadien[20], die auch mit den vorhandenen österreichischen Quellen nachgewiesen werden können:

1. vorläufige Stabilität
2. unstabiles Gleichgewicht
3. Desorganisation
4. versuchsweise Anpassung
5. ständige Anpassung

Stadium — vorläufige Stabilität

Mit dem letzten Lohn oder Gehalt, den finanziellen Reserven und Ersparnissen und der anlaufenden Arbeitslosenunterstützung lebte die Familie relativ ungestört auf demselben Niveau weiter. Der Arbeitslose suchte und erwartete eine ähnliche Anstellung, die Ausgaben wurden bis auf wenige Luxusausgaben kaum eingeschränkt. Eine Veränderung war dadurch gegeben, daß der Kontakt mit den Arbeitskollegen entfiel und der Arbeitslose mehr Zeit als bisher zuhause verbrachte. Die Arbeitslosigkeit wurde jedoch noch als vorübergehender Zustand, als eine Art unfreiwilliger Urlaub aufgefaßt[21].

Stadium — unstabiles Gleichgewicht

Die Stellung der Mitglieder innerhalb der Familienstruktur veränderte sich. Der Mann intensivierte die Stellensuche, war aber immer noch wählerisch und versuchte zumindest in seiner ehemaligen Branche unterzukommen. Er erfüllte aber nicht mehr seine grundlegende Funktion als Ernährer, auf welcher seine Stellung innerhalb der Familie basierte. Es kam zu neuen und ungewohnten Spannungen. Der Status der Mutter stieg. Zu einem Zeitpunkt, wo Arbeit ohnehin schwer zu finden war, begann sie mit Gelegenheitsarbeit oder mußte auf Grund der geringen Familieneinkommens eine Arbeit außerhalb des Haushaltes annehmen[22]. Ein Teil der Hausarbeit wurde auf andere Familienmitglie-

[19] Jahoda / Lazarsfeld / Zeisel, S. 49, 53 und 89.

[20] Siehe: Bakke, S. 153 ff.

[21] Jahoda / Lazarsfeld / Zeisel, S. 49 und 53.

[22] Bei einer Studie in den frühen Zwanzigerjahren in den USA bei 366 Familien nahmen etwa ein Drittel der Frauen nach der Arbeitslosigkeit ihrer

der, besonders die Kinder übertragen. Ebenso übernahm die Frau weitgehend die Verteilung der Ausgaben in der Familie, auch wenn sie dies bisher nicht getan hatte. Diese Veränderung in der Arbeitsteilung der Familie stellte eine Herausforderung an die einzelnen Familienmitglieder dar und hatte eine emanzipatorische Wirkung auf Frau und Kinder. Der Status des Ehemannes sank, und die mitverdienenden Kinder fanden ihre Bedeutung innerhalb der Familie zunehmend wichtiger. Denn während kleinere Kinder von den Auswirkungen der Arbeitslosigkeit[23] so weit als möglich bewahrt wurden, suchte ein Großteil der älteren Kinder nach Eintritt der Beschäftigungslosigkeit des Vaters selbst Arbeit. Die meisten brachen die Schule ab, oder sie arbeiteten nach der Schule an Sonntagen und in den Ferien[24] und leisteten einen Beitrag zum Haushaltsbudget. Das Verhältnis der vorhandenen Mittel zu den Ausgaben wurde in diesem Stadium kritisch. Auch Familien, die es nach langer Arbeitslosigkeit gelernt hatten, mit weitaus geringerer Unterstützung auszukommen, machten zu Beginn der Arbeitslosigkeit Schulden über Schulden[25]. Kleinere Kredite und Geschenke von Verwandten wurden häufiger und die finanziellen Reserven verschwanden zunehmens. Die Ausgaben wurden reduziert, aber nicht soweit, wie es den zur Verfügung stehenden Mitteln entsprochen hätte. Der Haushalt wurde aufrecht erhalten, das Problem der Neuanschaffung von Geräten stellte sich noch nicht. Die Funktion der Ausgaben als Belohnung oder Bestrafung der Kinder — Kleider, etc. — war aufgehoben. Ausgaben wie Miete, Heizung, Licht wurden zunehmend auf Kreditbasis abgeschoben. Die Aufrechterhaltung der bisherigen sozialen Stellungen wurde auch unter Opfern versucht. Luxusausgaben, die keine Auswirkung darauf hatten wurden eleminiert, „Social-Contact-Expenditures" mit Prestigecharakter aber solange als möglich aufrecht erhalten.

Pläne und Hoffnungen für die Zukunft bestanden noch. Es herrschte noch Aktivität und subjektives Wohlbefinden. Die Arbeitslosigkeit wurde als vorübergehendes Mißgeschick, als Schicksal und Ungerechtigkeit angesehen. Eine Rückkehr zum ehemaligen Lebensstandard und Alltag wurde noch erwartet. Das Stadium des unstabilen Gleichgewichts wurde in Marienthal als „ungebrochene Haltung" bezeichnet.

Stadium — Desorganisation

Die Tendenzen aus der vorhergehenden Periode verstärkten sich und kamen zu einem Höhepunkt. Die Familie wußte nicht mehr, was tun.

Männer selbst eine Stelle an, siehe: Unemployment and Child Welfare, US Department of Labour, Children's Bureau, Bureau Publication 125, 1923.

[23] Vgl. Jahoda / Lazarsfeld / Zeisel, S. 86 - 88 und: Die Kinder der Arbeitslosen, Internationales Arbeitsamt, Genf 1933 - 34.

[24] Jahoda / Lazarsfeld / Zeisel, S. 80 - 81.

[25] Jahoda / Lazarsfeld / Zeisel, S. 55.

Lazarsfeld bezeichnete diese Haltung als verzweifelt. Zwar wurde der Haushalt und die Pflege der Kinder noch aufrecht erhalten, aber Verzweiflung und Depression, Hoffnungslosigkeit und das Gefühl der Vergeblichkeit aller Bemühungen wurden vorherrschend. Es wurden keine Arbeitssuche mehr unternommen, keine Versuche zur Verbesserung der eigenen Lage, und Vergleiche mit der besseren Vergangenheit wurden häufig angestellt[26].

Der Alltag wurde vollkommen unorganisiert und verwirrt. Irregularität dominierte den Tagesablauf. Die Familie blieb nicht lange in dieser Periode. Die Tendenzen zur Anpassung an die veränderte Situation wurden stärker oder es kam zur Zerstörung der Familieneinheit. Die Beziehung zwischen den Ehepartnern wurde angespannt und belastet. Vorwürfe über Unfähigkeit, Kritik und alte Konflikte brachen wieder auf. Tendenzen, die bereits in der Ehe lagen, wurden verstärkt[27]. Ehemals kleine Probleme, wie Zahnarzt, Schuhreparatur, etc. wurden fast unlösbar. Unter bestimmten Bedingungen kam es auch zur Aufgabe des Zusammenlebens. Voraussetzung mußte jedoch eine Alternative sein, die attraktiver war, etwa die Rückkehr zu den Eltern. Die wirtschaftlichen Schwierigkeiten allein genügten noch nicht zur Trennung. Beim Verbleiben in diesem Stadium kam es zu der apathischen Haltung, die in Marienthal beobachtet wurde:

„Das Hauptkriterium für diese Haltung ist das energielose, tatenlose Zusehen. Wohnung und Kinder sind unsauber und ungepflegt. Die Stimmung ist nicht verzweifelt, sondern indolent. Es werden keine Pläne gemacht, es besteht keine Hoffnung, die Wirtschaftsführung ist nicht mehr auf Befriedigung der wichtigsten Bedürfnisse gerichtet, sondern unrationell.“ „Die Familie zeigt Verfallserscheinungen. Es gibt viel Streit, Betteln und Stehlen sind häufige Begleiterscheinungen[28].“ Häufigste Reaktion war jedoch die Anpassung an die Situation. Der Status des Mannes als Vater und Familienvorstand hatte schwer gelitten. Sämtliche Familieneinkommen gingen über die Frau, die die Ausgaben einteilte. Mitverdienende Kinder versuchten zunehmend von beiden Elternteilen unabhängig zu werden — Gründung eines eigenen Haushalts, frühe Heirat, —. Die finanziellen Mittel wurden auch bei stärksten Einschränkungen völlig ungenügend, um einen zufriedenstellenden Lebensstandard aufrecht zu erhalten. Die Möglichkeit zu Leihen war ausgeschöpft, die Kreditgeber wurden unruhig. Alle möglichen Gegenstände wurden verpfändet oder verkauft und die Abhängigkeit von Staat und Verwandten, von Unterstützung und Geschenken wurde zunehmend wichtiger. Zumeist fand auch eine Verschlechterung der Woh-

[26] Jahoda / Lazarsfeld / Zeisel, S. 86 - 88.

[27] Jahoda / Lazarsfeld / Zeisel, S. 55 - 56.

[28] Vgl. Soziale Praxis, 1934, S. 1377; und: Die Kinder der Arbeitslosen.

nungsbedingungen statt: „Die Arbeitslosigkeit wirkt sich auf die Unterbringung der Familie in einer Verminderung der Zimmerzahl aus. Zahlreiche Exmittierungen, die in sehr vielen Fällen den Verlust der Möbel zur Folge haben, finden statt[29].“ Praktisch alle gemeinsamen Aktivitäten außerhalb des Hauses wurden eingestellt. Die Kürzungen der Ausgaben an der „Social-Front“ war nun soweit, daß auch die Fassade nicht mehr aufrecht erhalten werden konnte. Auch kostenlose soziale Kontakte und Verwandtenbesuche wurden eingestellt, da keine ordentliche Kleidung mehr zur Verfügung stand. Normale politische Tätigkeit wurde aufgegeben. Manche Arbeitslose tendierten zu radikalen Richtungen. Der Arbeitslose war durch seinen Mißerfolg bei der Arbeitssuche frustriert und bezüglich der Arbeitsmöglichkeiten verwirrt. Er akzeptierte nun jede Arbeit. Der Arbeitslose war von seinen eigenen Fähigkeiten und der Zukunft enttäuscht, ebenso wie von den Möglichkeiten der Wirtschaft, ihm je wieder Arbeit geben zu können. Die Zukunftsplanung beschränkte sich nur noch auf den Rest des Tages.

Stadium — versuchsweise Anpassung

Das Anspruchsniveau war gesunken. Der soziale Abstieg wurde zumindest vorübergehend akzeptiert und die Versuche, den sozialen Status zumindest nach außen hin aufrecht zu erhalten wurden aufgegeben. Das Niveau der Vergangenheit war nicht länger die Norm der Gegenwart. Die Familie versuchte das Beste aus der Situation zu machen. Die Ausgaben wurden den Einnahmen angepaßt, die Eltern unterwarfen sich weitgehenden Einschränkungen zugunsten der Kinder und versuchten, wenn auch auf niedrigster Basis, wieder Pläne für diese zu machen. Arbeitslosigkeit war zur Gewohnheit geworden. Neue Aktivitäten — Schrebergarten, Kontakt mit neuen Bekannten, Nebenverdienst, etc. — wurden aufgenommen. Die älteren Kinder trugen nun regelmäßig zum Familienbudget bei und nahmen auch stärker an den Entscheidungen der Familie teil. Streitigkeiten nahmen ab, abgebrochene politische oder gewerkschaftliche Tätigkeiten wurden zum Teil wieder aufgenommen.

Stadium — ständige Anpassung

Der Zustand der Arbeitslosigkeit wurde nun als normal betrachtet. Aus der zeitweisen Anpassung war ein Dauerzustand geworden und der Versuch, sich in dieser Lage zu arrangieren. Die Tendenzen der vorherigen Periode verfestigten sich[30]. Die Ausgaben wurden den Einnahmen nun ständig angepaßt, Nebenarbeiten, Geschenke und Unterstützungen nahmen einen festen und wesentlichen Platz im Haushalts-

---

[29] Soziale Praxis, S. 1377.

[30] Jahoda / Lazarsfeld / Zeisel, S. 88.

budget ein. Alle Bedürfnisse, die über die Aufrechterhaltung des Haushalts hinausgingen erfuhren eine maximale Einschränkung.

Es kam wieder zu einem Gefühl des relativen Wohlbefindens[31]. Die soziale Anpassung verstärkte sich, alte Kontakte wurden abgebrochen und neue Beziehungen aufgebaut. Die eigene Situation erfuhr eine Erklärung in impersonellen sozialen und wirtschaftlichen Ursachen — Weltwirtschaftskrise, Kapitalismus, die Reichen, etc. —. Die Studie über Marienthal spricht von einer abgestumpften Gleichmäßigkeit[32]:

„Hier leben Menschen, die sich daran gewöhnt haben, weniger zu besitzen, weniger zu tun und weniger zu erwarten als bisher für die Existenz als notwendig angesehen worden ist[33].“

Dies ist das Stadium der Resignation, in dem die meisten der Arbeitslosen von Marienthal eingestuft wurden (69 %). Gleichmütiges, erwartungsloses Dahinleben bei ruhiger Stimmung und Verzicht auf eine Zukunft, die nicht einmal mehr in der Phantasie als Plan eine Rolle spielte. Keine Pläne, keine Zukunft, wobei sich das Leben allerdings auf einer etwas höheren Stufe stabilisiert hatte, als in den ersten Wochen der Arbeitslosigkeit erwartet worden war.

2. Arbeitslosigkeit und ökonomische Lage

Einkommensverschiebungen

Das differenzierte Bild, das die einzelnen Arbeitslosenfamilien gaben, hing stark mit ihrer unterschiedlichen wirtschaftlichen Situation zusammen. Persönliche Widerstandskraft gegen die sozio-psychologischen Spannungen (strains) der Arbeitslosigkeit und die Elastizität, das Vermögen, sich in eine neue Situation einzufinden, waren wesentliche Faktoren für den Zustand der Arbeitslosenfamilie. Entscheidend war aber die Höhe des verbliebenen Einkommens. Lazarsfeld ging sogar so weit, der Stimmungslage in den Arbeitslosenfamilien einen genauen Geldbetrag zuzuordnen[1]:

Stadium der Arbeitslosigkeit	monatliches Einkommen pro Verbrauchseinheit
ungebrochen	34,— Schilling
resigniert	30,— Schilling
verzweifelt	25,— Schilling
apatisch	19,— Schilling

[31] Jahoda / Lazarsfeld / Zeisel, S. 54.

[32] Jahoda / Lazarsfeld / Zeisel, S. 37.

[33] Jahoda / Lazarsfeld / Zeisel, S. 37.

[1] Jahoda / Lazarsfeld / Zeisel, a.a.O., S. 83.

Neben dieser persönlichen Einkommensdifferenzierung gab es aber noch starke regionale Unterschiede. Die von 1925 bis 1935 vorliegenden Haushaltsstatistiken[2] der Wiener Arbeiterkammer und eine Erhebung der Kammer für Arbeiter und Angestellte für Tirol und Vorarlberg über die Lebensverhältnisse unterstützter Arbeitsloser[3] auch in ländlichen Gemeinden bieten hierfür gewisse Anhaltspunkte:

Durchschnittliches Einkommen eines Arbeitslosen-Haushaltes (jährlich):

	1932	1933
Marienthal	1 293,—	
Vorarlberg		1 092,—
Tirol		988,—
Wien	1 970,—	1 703,—

Berücksichtigt man, daß Lazarsfeld einen jährlichen Einkommensunterschied von 150,— bis 200,— Schilling pro Verbrauchseinheit als entscheidend für die Situation der Arbeitslosenfamilie betrachtete, so sind die regionalen Unterschiede geradezu erstaunlich. Auf den ersten Blick hat es den Anschein, als ob den „reichen" Wiener Arbeitslosen die „armen" Arbeitslosen aus den Bundesländern gegenüber gestanden wären.

Das unterschiedliche Einkommen gibt ein Bild der Verschiedenartigkeit der Situation der Arbeitslosen in industriellen Zentren und im ländlichen Bereich. Die Einteilung der Arbeitslosenunterstützung nach einem 10- bzw. 12-klassigen Lohnschema begünstigte prinzipiell auf Grund des höheren Lohnniveaus die Arbeitslosen in der Stadt. Zumal die österreichische Arbeitslosenunterstützung primär für Arbeiter in Industrie und Gewerbe geschaffen worden war. Ländliche Berufe wurden überwiegend ausgenommen, und im Einvernehmen mit den Landesregierungen erstellte das Bundesministerium für Soziale Verwaltung eine regionale Einteilung entsprechend dem industriellen Charakter in „A", „B" und „C" Gebiete. Die „B" und die rein agrarischen „C" Gebiete erfuhren von der Unterstützung her einige Einschränkungen. So fanden etwa Aussteuerungen früher statt, die Dauer der Unterstützung war zum Teil kürzer und die langfristigen Notstandsunterstützungen wurden bestimmten Personengruppen überhaupt nicht gewährt[4].

Aber auch der vielgepriesene kleine landwirtschaftliche Eigenbesitz, der Sicherheit vor den konjunkturellen Schwankungen der Industriewirtschaft bieten soll, hatte eine zweite Seite. Während 1933 für einen

[2] Haushaltsstatistik, in: Jahrbuch der Kammer für Arbeiter und Angestellte für Wien, Jahrgang 1925 bis 1937.

[3] Erhebung der Arbeiterkammer für Tirol und Vorarlberg über die Lebensverhältnisse Arbeitsloser, in: Jahrbuch der Kammer für Arbeiter und Angestellte für Wien, 1933/35, S. 305.

[4] Verwaltungsarchiv, Sozialpolitik 97613/33 und 86242/33.

Drei-Personen-Haushalt die Einkommensgrenze (Gefährdung des Lebensunterhalts) zur Erlangung einer über die Arbeitslosenunterstützung hinausgehenden Notstandsunterstützung 2 256,— Schilling betrug, galt in ländlichen Gebieten der Besitz von zwei Stück Großvieh und einem Joch Grund als ausreichender Lebensunterhalt für drei Personen[5]. Bei einer noch so kleinen Landwirtschaft, oder bäuerlichem Besitz eines engeren Verwandten wurde die Unterstützung zumindest während des Sommers und des Herbstes nicht gewährt. „Diese Maßnahme ist an sich gerechtfertigt" hieß es in einer Anweisung des Bundesministeriums für Soziale Verwaltung, „da es nicht angeht, Leute mit landwirtschaftlichem Besitz ständig in der Notstandsaushilfe zu erhalten[6]." Der bescheidenen landwirtschaftlichen Eigenproduktion stand damit zumindest eine entsprechend geminderte staatliche Unterstützung gegenüber. Auch die Möglichkeit eines Nebenverdienstes und vor allem des Mitverdienens der anderen Familienmitglieder war auf dem Land um einiges geringer uid finanziell weniger einträglich wie in der Stadt. Während in Wien der Verdienst der Ehefrau mit Eintritt der Arbeitslosigkeit eine zunehmende Rolle im Familienbudget spielte, fiel er bei dem in ländliches Gebiet eingebetteten Marienthal kaum ins Gewicht. Dennoch war auch für die ländlichen Arbeitslosen die Gelegenheitsarbeit ein wesentlicher Beitrag zum Einkommen. Eine Kontrolle des Bundesministeriums für Soziale Verwaltung bestätigte diese Vermutung: „Bei den Arbeitslosen, mit denen in unmittelbaren Kontakt getreten wurde, konnte in einer erheblichen Zahl von Fällen festgestellt werden, daß sie sich am Tage der Erhebung in Arbeit befanden oder sich beruflich auf eigenem Besitz oder auf dem Besitz naher Angehöriger beschäftigten[7]." Die Untersuchung hatte für die Arbeitslosen keine Folgen, da sie sich darauf berufen konnten, daß sie die Aushilfearbeit später noch anmelden wollten. Ihr Nebenerwerb drückte sich aber finanziell weit weniger aus; einmal, da hierfür äußerst geringe Löhne bezahlt wurden — ein Grund warum es nicht gelang, arbeitslose Industriearbeiter auch nur zeitweise für Landarbeit zu bekommen — und zum anderen, da das Entgelt weitgehend in Naturalien erfolgte.

„Daß jedoch auch der zumeist kleine Besitz von Angehörigen, bzw. das Leben in einer Dorfgemeinschaft an und für sich bereits einen rela-

[5] Siehe: Gefährdung des Lebensunterhaltes, Erlaß des Bundesministeriums für Soziale Verwaltung vom 2. 8. 1933, Allgemeines Verwaltungsarchiv, Sozialpolitik 62557/33; und: Die Bestimmungen für die Beurteilung der Gefährdung des Lebensunterhalts, der Notlage und der besonderen Notlage, hrsg. Industrielle Bezirkskommission, Wien 1934.

[6] Anweisung des Bundesministeriums für Soziale Verwaltung an alle Industriellen Bezirkskommissionen, S. 31 Verwaltungsarchiv, Sozialpoltik 67793/33.

[7] Bericht des Bundesministeriums für Soziale Verwaltung über Erhebungen in den Sprengeln mehrerer Industrieller Bezirkskommissionen, Verwaltungsarchiv, Sozialpolitik 74142/33, S. 2 ff.

tiv starken wirtschaftlichen Rückhalt gewähren muß, glaubt die Kommission aus der geringen Bereitwilligkeit solcher Unterstützter schließen zu können, eine Arbeit, die nicht in nächster Nähe des Wohnortes gelegen ist, anzunehmen“, berichtete 1929 die Industrielle Bezirkskommission in Tirol, „Fortwährend wird beobachtet, daß sie lieber auf eine Unterstützung verzichten, als eine auswärtige, wenn auch im gleichen Bezirke gelegene Arbeit anzunehmen[8].“

Der Arbeitslose in Wien und anderen Industriebezirken verfügte sicherlich über ein etwas höheres Einkommen, als der in den ländlichen Gebieten, wenn auch der Unterschied nicht so groß gewesen sein dürfte, wie aus den Zahlen der Arbeiterkammern Wien und Tirol und Vorarlberg zu schließen wäre. Vor allem wurde durch den wesentlich höheren Bezug von Naturalleistungen und die wahrscheinlich stärkere verwandtschaftliche Unterstützung das Verhältnis stark verschoben. Die Ansicht, daß sich die Situation der Arbeitslosen auf dem Lande günstiger gestaltete als in den Ballungszentren, kann aber nicht aufrecht erhalten werden. Die Nebenerwerbslandwirtschaft entsprach im besten Falle der günstigeren Nebenerwerbsmöglichkeit in der Stadt.

Für den ländlichen und den industriellen Bereich galt aber gleichermaßen, daß man von der Arbeitslosenunterstützung alleine nicht leben konnte:

Durchschnittlicher Jahresbetrag der Unterstützung durch die Arbeitslosenversicherung (Arbeitslosenunterstützung und Notstandsaushilfe, in Schilling)

Jahr	Betrag	Jahr	Betrag
1923	420,—	1930	937,—
1924	657,—	1931	891,—
1925	790,—	1932	870,—
1926	809,—	1933	769,—
1927	818,—	1934	716,—
1928	817,—	1935	720,—
1929	869,—	1936	725,—
		1937	726,—

Quelle: Errechnet aus: Amtliche Nachrichten des Bundesministeriums für Soziale Verwaltung, Wien, 1923 bis 1938.

Der durchschnittliche Jahresbetrag entsprach nicht einmal den bereits sehr niedrigen Angaben von Tirol und Vorarlberg. Insgesamt machte die Arbeitslosenunterstützung, je nach Lage des Betroffenen, etwa die Hälfte bis ein Drittel seines Einkommens aus.

Gerade in der Weltwirtschaftskrise sanken auf Grund verringerter Einnahmen und steigender Belastung der Arbeitslosenversicherung

[8] Bericht der Industriellen Bezirkskommission für Tirol und Vorarlberg an das Bundesministeriums für Soziale Verwaltung, 10. Juli 1929, S. 4, Verwaltungsarchiv, Sozialpolitik, 625/29.

trotz erheblicher Zuschüsse des Bundes die Unterstützungssätze zwangsläufig. Der Unterstützungsbetrag von 1934 betrug nur mehr 77 % des Standes von 1930 und selbst mit Berücksichtigung des Lebenshaltungskostenindex war eine Verringerung um etwa 20 % eingetreten. Dabei bildete der Arbeitslosenhaushalt nur den Extremfall einer allgemein feststellbaren Entwicklung. Die Haushaltsstatistik der Arbeiterkammer wies für das Jahr 1934 nur mehr ein Einkommen von 63 % des Jahres 1930 aus. Die Einkommensentwicklung nahm geradezu die Form einer Pyramide an, mit der Spitze im Jahr 1929/30, einem starken Ansteigen bis zum Jahr 1929, um in den Dreißigerjahren um so steiler abzufallen.

Durchschnittliches Jahreseinkommen eines Arbeiterhaushaltes

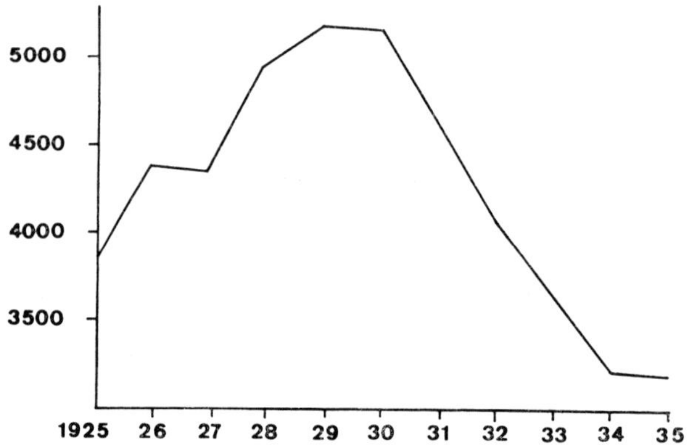

Quelle: Errechnet nach: Haushaltsstatistik der Kammer für Arbeiter und Angestellte Wien, in: Wirtschaftsstatistisches Jahrbuch, 1932 bis 1937.

Beim Durchschnitt der Arbeiterhaushalte lag der Anteil des Arbeitsverdienstes des Mannes am gesamten Familieneinkommen 1931 bei etwa 62 %, in den Jahren 1932 bis 1935 aber nur mehr bei 52 %. Neben den sich schon verringerten Einnahmen war der Arbeitsverdienst des Mannes noch stärker zurück gegangen. Der Ausgleich erfolgte durch einen wachsenden Anteil der Frau von 7 % auf 9 %, der erwachsenen Kinder von 8 % auf 10 %, vor allem aber der Arbeitslosenunterstützung von 2 % auf 8 %[9]. Das Einkommen aus Arbeit ging von 80 % des Haushaltsbudgets auf etwas über 70 % zurück, die Bedeutung von Transfereinkommen nahm auch für nicht arbeitslose Familien zu. Bei den ab 1932 gesondert erfaßbaren Arbeitslosenhaushalten zeigte sich dieselbe

[9] Berechnet nach: Haushaltsstatistiken, Jahrbuch der Kammer für Arbeiter und Angestellte für Wien, 1932 bis 1937. Damit war der Anteil der Frauenarbeit und der Erwerbstätigkeit erwachsener Kinder wesentlich geringer als etwa bei einer amerikanischen Untersuchung in den Jahren 1921 bis 1922, wohl auf Grund der dort nicht bestandenenen Arbeitslosenunterstützung, siehe: Millis, Harry, A.: The Economics of Labour, Vol. II, Labour Risks and Social Insurance, New York, 1933, S. 55.

Tendenz, jedoch bei einer vollkommen geänderten Einkommensstruktur.

Nimmt man die Haushalte mit einem Jahreseinkommen bis 2 000,— Schilling heraus, die sich weitgehend mit den Arbeitslosenhaushalten decken, so brachte ein Arbeiterhaushalt in den Jahren 1932 bis 1935 auf etwa drei Viertel seines Einkommens durch Arbeit selbst auf. 56 % entfielen auf den Mann und etwa je 10 % auf die Frau und die erwachsenen Kinder. Beim Arbeitslosenhaushalt steuerte der „Ernährer" aber nur mehr durchschnittlich 8,8 % zum Einkommen bei. Die Bedeutung des Einkommens der Frau war mit 20 % mehr als doppelt so groß, das der erwachsenen Kinder aber erstaunlich gering. Das Einkommen aus eigener Arbeit war auf ein knappes Drittel zurückgegangen, aber auch die Arbeitslosenunterstützung machte nur 37 % des Haushaltsbudgets aus. Das letzte Drittel wurde außer durch Pensionen udgl. durch private Spenden aufgebracht, die „in den unteren Einkommensschichten unentbehrlich zur Aufrechterhaltung der Lebensführung geworden sind"[10].

Einkommensstruktur überwiegend arbeitsloser Familien (in Prozent)[10a] (Einkommen unter 2 000,— Schilling jährlich

AL = Arbeitslose, D = Durchschnitt der anderen Einkommen

Jahr		1932	1933	1934	1935	1932-1935
Arbeitsverdienst	AL	10,29 %	9,0 %	4,76 %	11,05 %	8,8 %
des Mannes	D	58,59 %	51,94 %	56,01 %	59,0 %	56,0 %
Arbeitsverdienst	AL	21,41 %	17,35 %	21,42 %	19,16 %	20,0 %
der Frau	D	9,21 %	11,11 %	8,86 %	6,6 %	9,0 %
Arbeitsverdienst						
der erwachsenen	AL	0,42 %	3,45 %	2,72 %	3,19 %	2,5 %
Kinder	D	8,32 %	9,33 %	10,03 %	10,9 %	10,0 %
Arbeitsverdienst	AL	32,12 %	29,80 %	28,90 %	33,39 %	37,0 %
insgesamt	D	76,11 %	72,39 %	75,82 %	76,80 %	75,0 %
Jahreseinkommen	AL	1 970,—	1 703,—	1 631,—	1 825,—	1 782,—
Schilling	D	4 058,—	3 648,—	3 208,—	3 179,—	3 523,—
(alle Familien)						

Quelle: Berrechnet nach: Haushaltsstatistiken der Kammer für Arbeiter und Angestellte für Wien, in: Wirtschaftsstatistisches Jahrbuch, 1932 - 1936.

---

[10] Wirtschaftststatistisches Jahrbuch der Kammer für Arbeiter und Angestellte, Wien 1932, S. 334.

[10a] Wirtschaftliches Jahrbuch, Jahrgang 1932 bis 1937. Die Arbeitslosenhaushalte wurden nur zum Teil, wie beim Nahrungsverbrauch pro Einheit, beim Kalorien- und Nährstoffverbrauch und beim Gesamteinkommen gesondert angeführt. Bei der detaililerten Aufschlüsselung der Jahresausgaben und -einnahmen wurde diese Trennung jedoch nicht mehr vollzogen. Es kann aber angenommen werden, daß die Arbeitslosenhaushalte fast zur Gänze in der untersten Einkommensklasse — unter 2 000 Schilling — vertreten waren. Einmal entsprach die Zahl der in der Haushaltsstatistik der einzelnen Jahre erfaßten Arbeitlosenhaushalte ziemlich regelmäßig der Zahl der Haushalte in dieser Einkommensklasse. Dann spielte die Arbeitslosenunterstutzung im Budget der anderen Einkommensstufen kaum mehr eine Rolle; und schließlich

Ausgabenverschiebungen

Wie konnte man davon leben?

Das Auskommen mit Beträgen, die nur etwa die Hälfte oder weniger des normalen Arbeitseinkommens betrugen, war „nur durch eine ins kleinste durchdachte, geradezu raffinierte Einteilung und Berechnung möglich". „Schon die Geschwindigkeit, mit der uns die Frauen ihre Geldeinteilung aufsagen konnten", schrieb Lazarsfeld, „zeigte, wie genau sie durchdacht ist und wie wenig Änderungen es geben darf, will man auskommen[11]." Die Geschicklichkeit der Haushaltsführung und der Einteilung der verbliebenen Mittel war zum Teil entscheidend für die Situation der Arbeitslosenfamilie[12]. Die Aufrechterhaltung der Haushaltsführung gelang jedoch nur unter Verzicht auf die einfachsten kulturellen Bedürfnisse und sozialen Pflichten. 1933 gab der von der Krise betroffene durchschnittliche Arbeiterhaushalt in Wien für geistige Zwekke immerhin noch 121,— Schilling und für Unterhaltung und Sport noch 86,— Schilling aus. Dem Arbeitslosenhaushalt mit einem Einkommen unter 2 000,— Schilling verblieben hierfür nur noch 41,— bzw. 15,— Schilling.

„Die Arbeitslosenhaushalte zeigten gegenüber dem Durchschnitt der anderen Haushalte fast überall geringere Verbrauchsmengen", und die Schwierigkeiten stiegen in dem Maße „indem die Kleider und das Inventar verschleißen[13]." Bei den Arbeitslosen in Marienthal hatten 54 % nur mehr eine Fleischmahlzeit pro Woche. Kaffee und Brot waren das weitaus häufigste Nahrungsmittel für Frühstück und Abendessen[14]. Und obwohl vor allem auch am Essen gespart wurde, nachm der Anteil der „Nahrungs- und Genußmittel" an den Gesamtausgaben stark zu. Die absoluten Ausgaben bei den Arbeitslosenhaushalten hierfür betrugen nur mehr 60 % des Durchschnitts der anderen Haushalte, dieser Posten verschlang jedoch 59 % des gesamten Arbeitslosenbudgets (Durchschnitt 1932 - 1935) im Gegensatz zu einem Aufwand von 48 % bei den nicht erwerbslosen Familien.

---

wurde vor allem die längere Arbeitslosenunterstützung nur bis zu einem gewissen Einkommen — Gefährdung des Lebensunterhaltes — gewährt, dessen Grenze nur knapp über 2 000 Schilling lag. Es scheint daher durchaus zulässig, unter Berücksichtigung gewisser Abweichungen, die in der Statistik angeführten Haushalte mit einem Einkommen unter 2 000 Schilling mit den Arbeitslosenhaushalten gleichzusetzen.

[11] Jahoda / Lazarsfeld / Zeisel, S. 32 - 33.

[12] Jahoda / Lazarsfeld / Zeisel, S. 34 und 48.

[13] Jahoda / Lazarsfeld / Zeisel, S. 48.

[14] Jahoda / Lazarsfeld / Zeisel, S. 26.

Ausgaben für Nahrungs- und Genußmittel (in Schilling)

AL = Arbeitslosenhaushalte, D = Durchschnitt sämtlicher Haushalte

Jahr		1932	1933	1934	1935
Jahreseinkommen	AL	1 970,—	1 703,—	1 631,—	1 825,—
	D	4 041,—	3 599,—	3 160,—	3 094,—
Ausgaben für Nahrungs-	AL	1 139,—	971,—	988,—	1 049,—
und Genußmittel	D	1 878,—	1 686,—	1 546,—	1 504,—
in % der	AL	57,8	57,3	61,2	58,1
Gesamtausgaben	D	46,8	47,3	48,7	48,6
für 1000 Kalorien	AL	0,52	0,47	0,42	0,42
wurde bezahlt	D	0,63	0,57	0,52	0,53

Quelle: Errechnet aus: Haushaltsstatistik, in: Wirtschaftsstatistisches Jahrbuch der Kammer für Arbeiter und Angestellte in Wien, 1932 bis 1937.

Trotz weitgehender Einschränkungen beim Verbrauch von Nahrungsmitteln und trotz eines Trends zu billigeren Nahrungsmitteln und minderer Qualität — für 1 000 Kalorien zahlte der Arbeitslosenhaushalt mit 0,46 Schilling wesentlich weniger als der Durchschnitt mit 0,56 — bestätigte sich hier einmal mehr das Engelsche Gesetz[15].

Mit sinkendem Einkommen nahm der Anteil der Ausgaben für Nahrungsmittel an den Gesamtausgaben bei absolut sinkendem Ausgabenbetrag überproportional zu. Die Elastizität der Nachfrage nach Nahrungsmitteln war demnach größer als 1.

Auf dem Wohnungsmarkt gestaltete sich die Situation an sich günstiger. Auf Grund der Mieterschutzgesetzgebung machte der Wohnungsaufwand 1925 nur mehr 2,6 % der Gesamtausgaben eines Arbeiterhaushaltes aus, wohingegen er 1912 noch mit 13,7 % angesetzt wurde[16]. Der allgemeine Einkommensrückgang und die Verteuerung durch die Zinsgroschensteuer ließen die Ausgaben für Wohnzins und Instandhaltung 1932 - 1935 jedoch wieder auf 8,5 % der Gesamtausgaben anwachsen, und näherte sich damit wieder dem Vorkriegsstand. Trotz der Mieterschutzgesetze bestätigte sich demnach auch das Schwabsche Gesetz, das die Abhängigkeit des Wohnungsaufwandes von der Einkommenshöhe analog zum Engelschen Gesetz festlegt[17]. Von 1932 bis 1935 stieg der Wohnungsanteil am Haushaltsbudget bei den Arbeitslosen von 9,5 % auf 12,4 % und bei der Summe aller Haushalte von 5,4 % auf 8,5 %. Im Durchschnitt 1932 bis 1935 machte ihr Anteil bei den Arbeitslosen mit 11,2 % etwa 60 % mehr aus, als es der allgemeinen Entwicklung entsprach.

---

[15] Siehe: Dr. Gablers Wirtschaftslexikon, Band I, Wiesbaden 1967, S. 1119.

[16] Vgl. Robert Kresbach, Die Stellung des Arbeiters als Konsument, Diss. Graz 1953, S. 30; und: Wirtschaftsrechnungen von Wiener Arbeiterfamilien, Arbeitsstatistisches Amt, Wien 1916.

[17] Dr. Gablers Wirtschaftslexikon, Band II, S. 1050.

Anteil der Wohnungsausgaben am Gesamtbudget (in %)

AL = Arbeitslosenhaushalte, D = Durchschnitt sämtlicher Haushalte

Jahr		1932	1933	1934	1935
Wohnzins und	AL	9,5	11,1	11,7	12,4
Instandhaltung	D	5,4	6,1	7,2	8,5
Beleuchtung,	AL	7,3	8,9	8,7	8,2
Beheizung	D	4,5	4,9	5,3	5,0
Gesamt-	AL	16,8	20,0	20,4	20,6
aufwand	D	9,9	11,0	12,5	13,5

Quelle: Errechnet aus: Haushaltsstatistik, in: Wirtschaftsstatistisches Jahrbuch der Kammer für Arbeiter und Angestellte in Wien, 1932 bis 1937.

Wohnung, Beleuchtung und Beheizung nahmen zusammen mit Nahrungs- und Genußmitteln etwa 80 % des Arbeitslosenbudgets in Anspruch. Beim Durchschnitt sämtlicher Familien betrug der Anteil etwa 60 %. Von den restlichen 20 % des Budgets gab der Arbeitslosenhaushalt noch etwa 5 % für Bekleidung aus und mit den übrigen 15 % mußten alle übrigen Ausgaben und Bedürfnisse gedeckt werden. Die Schwierigkeit, diese 15 % einzuteilen erscheint offensichtlich. Das ständig anstehende Problem war jedoch die Einteilung des größten Postens im Budget des Arbeitslosenhaushaltes, die Aufteilung für Nahrungs- und Genußmittel. Auf diesem Gebiet ergaben sich einige Verschiebungen zum durchschnittlichen Haushalt, die am deutlichsten die kritische Situation der Arbeitslosenfamilien darstellten. Dabei muß festgehalten werden, daß von 1929 bis 1935 allgemein eine Verschlechterung der Lebenshaltung eingetreten war. Auch Familien von in Beschäftigung stehenden Arbeitern verfügten nur mehr über ein verringertes Einkommen und waren gezwungen, ihre Ausgaben dementsprechend anzupassen.

Der Unterschied zur Ausgabenstruktur der Arbeitslosenhaushalte war gegeben und zum Teil sehr deutlich. Dennoch bot die Mehrzahl der einzelnen Ausgabeposten nur eine ins Extreme gesteigerte Entwicklung einer allgemein vorherrschenden Tendenz. Durch die allgemeine Verschlechterung der Lebenshaltung zeigte sich bei der überwiegenden Zahl der einzelnen Ausgabeposten der gleiche Trend, bei den Arbeitslosenhaushalten aber ergab sich eine Verstärkung bis fast ins Unerträgliche.

Auf Grund der haushaltsstatistischen Erhebungen der Wiener Arbeiterkammern bei Arbeitslosenhaushalten in den Jahren 1932 - 1935 lassen sich auf dem Gebiet der Nahrungs- und Genußmittel einige Grundtendenzen erkennen:

1. Zentrale Bedeutung bei der Ernährung im Arbeitslosenhaushalt kamen Schwarzbrot, Mehl, Kartoffeln, Öl und Schmalz zu.

Das Verhältnis von Schwarzbrot zu Weißbrot konnte geradezu als Wohlstandsindikator betrachtet werden. „Während sich in den Jahren

1926 bis 1930 der Verbrauch an Schwarzbrot zu dem an Weißgebäck durchschnittlich etwa wie 3 : 1 verhalten hat, ist dieses Verhältnis im Jahr 1933 nahezu auf 5 : 1 gestiegen. Je größer die Familie, um so größer der Anteil des Schwarzbrotes und in Arbeitslosenhaushalten ist das Verhältnis der beiden Gebäcksorten nahezu 11 : 1[18]." Ihr Verbrauch überstieg auch absolut die Menge bei den übrigen Haushalten. Schwarzbrot war damit zum wichtigsten Nahrungsmittel der Arbeitslosen überhaupt geworden.

Entgegen früheren Beobachtungen, die dem Mehlverbrauch bei sinkendem Einkommen eine rückläufige Tendenz zusprachen[19], stand dieser in den Dreißigerjahren gegenüber dem Durchschnitt aller Haushalte absolut kaum zurück und nahm damit relativ eine weitaus wichtigere Stellung in der Ernährung der Arbeitslosenfamilie ein. Auch der Kartoffelverbrauch entsprach diesem Trend. Eine entscheidende Verlagerung zeigte sich jedoch auf dem Fettsektor. Butter, Speckfilz, Margarine und Pflanzenfette gingen zurück zugunsten von Öl und vor allem Schmalz, das dem Bedürfnis des Arbeitslosenhaushalts nach niedrigem Preis und hohem Kaloriengehalt entgegenkam und doppelt so hoch war, wie bei den anderen Haushalten.

2. *Keine entscheidenden Veränderungen traten bei Milch, Zucker und Gemüse ein,* wobei bei Milch allerdings der Verbrauch bei Magermilch höher war, wohingegen sich der Zuckerverbrauch trotz steigender Preise relativ hoch hielt.

3. *Stärkste Einschränkungen zeigten sich bei Fleisch, Wurst und Eiern.*

Gegenüber 1929 war der Fleischverbrauch bereits im Arbeiterhaushalt um 17 % geringer. Bei den Arbeitslosen hatte er sich aber mit 55 % fast halbiert. Zusätzlich zeigte sich noch ein Ausweichen auf billigere Fleischsorten und mindere Qualitäten.

Das Verhältnis der einzelnen Fleischsorten verhielt sich zueinander wie[20]:

	Rind-		Kalb-		Schweine-		Pferdefleisch
Durchschnitt aller Haushalte 1929	3,2	:	1,1	:	5,5	:	0,01
Durchschnitt aller Haushalte 1932 - 35	2,4	:	1,1	:	6,3	:	0,02
Durchschnitt aller Arbeitslosenhaushalte 1932 - 35	2,5	:	0,9	:	5,6	:	1,00

Quelle: Berrechnet nach: Haushaltsstatistik, in: Wirtschaftsstatistisches Jahrbuch der Kammer für Arbeiter und Angestellte Wien, 1930 bis 1935.

[18] Wirtschaftsstatistisches Jahrbuch, 1933, S. 299.

[19] Vgl. Robert Kresbach, Die Stellung des Arbeiters als Konsument, S. 127.

[20] Wirtschaftsstatistisches Jahrbuch, 1932, S. 235, S. 235.

Die Tabelle zeigt nicht nur die Wirkung eines verringerten Einkommens, sondern spiegelt auch preisbedingte Verschiebungen wider. Vor allem Schweinefleisch war billiger geworden und die Haushalte insgesamt zeigten eine entsprechende Elastizität. Der Arbeitslosenhaushalt jedoch, bei weitaus geringerem Fleischverbrauch, war unterschiedlich in der Reaktion und wies ein anderes Verhältnis auf.

In der Relation war Rindfleisch fast gleich, Kalb und Schweinefleisch etwas geringer geworden und nur bei Pferdefleisch zeigte sich eine gewisse Erhöhung. Pferdefleisch als Nahrungsmittel hat eine lange und umstrittene Tradition. „Da die oberen Schichten in Mitteleuropa allgemein den Verzehr von Pferdefleisch ablehnten, blieb dieses Fleisch im 19. Jahrhundert durchwegs den Unterklassen vorbehalten, die es des billigen Preises wegen aßen. So erhielt das Pferdefleisch zusätzlich zu seiner säkularisierten negativen Bewertung noch das Etikett eines ‚Genußmittels der Unterklassen‘ und wurde dementsprechend durch ein Klassenvorurteil entwertet[21].“ Der „überdurchschnittliche Verbrauch von Pferdefleisch“[22] mag daher charakteristisch für den Arbeitslosenhaushalt sein, seine Bedeutung wurde jedoch zumeist weit überschätzt. Im Durchschnitt der Jahre 1932 bis 1935 nahm er bei dem ohnehin geringen Fleischverbrauch der Arbeitslosen nur einen Anteil von 8 % ein. Sogar Kalbfleisch wurde fast gleich verbraucht, Rindfleisch lag 2,5mal und Schweinefleisch sogar 5,6mal darüber.

Die starke Verschiebung der Lebenshaltung drückte sich auf anderen Gebieten aus, am deutlichsten bei Wurst und Eiern. Auch bei dem Durchschnitt sämtlicher Haushalte wurde 1932 - 1935 nur mehr 86 % soviel Wurst wie 1929 konsumiert. Gemessen an diesem Jahr ging bei ben Arbeitslosenhaushalten der Wurstverbrauch wie folgt zurück:

Verbrauch an Wurstwaren im Arbeitslosenhaushalt im Verhältnis zum Jahre 1929:

1932	1933	1934	1935
78 %	74 %	63 %	62 %

Und während ein durchschnittlicher Arbeiterhaushalt im Jahr 1929 noch 219 Eier verbrauchte, betrug die Stückzahl bei den Arbeitslosen:

Verbrauch an Eiern im Arbeitslosenhaushalt:

1932	1933	1934	1935
150	128	116	98

[21] René König, Die soziale und kulturelle Bedeutung der Ernährung in der Industriellen Gesellschaft, in: René König, Soziologische Orientierungen, Vorträge und Aufsätze, Köln 1973, S. 496.

[22] Jahoda / Lazarsfeld / Zeisel, S. 27.

und lag damit etwa 40 % unter dem auch allgemein rückläufigen Verbrauch.

4. *Stärkste Einschränkungen und fast völliger Verzicht zeigten sich bei Genußmitteln und alkoholischen Getränken* mit Ausnahme von Kaffee und Kaffeesurrogaten. Die österreichische Wirtschaftspsychologische Forschungsstelle hat schon 1932 in einer Untersuchung auf die Rolle des Kaffees in der Ernährung minderbemittelter Volksklassen hingewiesen. „Es ergab sich hierbei die eigentümliche Doppelbedeutung des Kaffees als Nahrungsmittel, das zugleich noch deutlich als Genußmittel empfunden wird und deshalb gerade in den ärmsten Schichten im Mittelpunkt des Speisezettels steht[23]."

Der Kaffeverbrauch wich daher auch 1932 bis 1935 nicht mehr als 10 % von dem der nicht erwerbslosen Familien ab und zeigte mengenmäßig eine aufsteigende Tendenz. Der Verbrauch an alkoholischen Getränken ging jedoch auf Grund der Weltwirtschaftskrise und Arbeitslosigkeit deutlich zurück. Der durchschnittliche Bierverbrauch lag 1929 bei 21,6 Liter pro Kopf. Gemessen daran betrug er:

Anteil des Bierverbrauches pro Kopf in bezug auf das Jahr 1929

AL = Arbeitslosenfamilien, D = Durchschnitt aller Haushalte

Jahr	1932	1933	1934	1935
AL	22 %	10 %	5 %	7 %
D	67 %	51 %	48 %	35 %

Bei den Arbeitslosen wurde 1934 nur mehr ein Verbrauch von 1,13 Liter oder 5 % des Standes von 1929 festgestellt. Die Entwicklung war bei Wein wohl konstanter. Der allgemeine Verbrauch reduzierte sich von vier auf drei Liter und beim Arbeitslosen auf einen Liter. Daß es sich auch oder gerade bei den Arbeitslosen um echte Einschränkungen bei alkoholischen Getränken handelte, und nicht etwa um das Ausweichen auf billigere Spirituosen, zeigte der Verbrauch bei Rum und Likör, der ebenfalls auf etwa ein Drittel der Menge von 1929 zurückging.

5. *Der absolute Verbrauch an Nahrungsmitteln ging in allen Bereichen, Kalorien, Eiweiß, Fett und Kohlehydrate zurück.*

Auf Grund der Weltwirtschaftskrise ging der Kalorienverbrauch bei der Summe aller Haushalte von 3 260 (1929) auf etwa 3 000 Kalorien (1932 - 1935) pro Erwachsenen zurück. Bei den Arbeitslosenhaushalten betrug er nur noch etwa 2 500. Bei Eiweiß war der Verbrauch um 18 %, bei Fetten um 25 % und bei Kohlehydraten um 7 % niedriger als bei Durchschnitt. Auch innerhalb der einzelnen Bereiche lassen sich deutliche Verschiebungen erkennen. Zur Gesamtheit der Haushalte ging bei den Arbeitslosenhaushalten die Bedeutung der tierischen Nahrungsmit-

[23] Wirtschaftsstatistisches Jahrbuch, 1932, S. 338.

tel zugunsten der pflanzlichen stark zurück. Pflanzliche Kalorien stiegen von 61 % auf 66 % und pflanzliches Eiweiß von 48 % auf 57 % des Lebensmittelverbrauches an.

Von den 2 500 Kalorien, die einem Arbeitslosen noch durchschnittlich verblieben, waren etwa 300 Kalorien gratis, als Geldgeschenke von Privatpersonen. Dazu kamen noch Naturalien. „Die Zahlen zeigen zwar, daß in den von der Statistik erfaßten Haushalten von einer Unterernährung noch nicht gesprochen werden kann“, schrieb die Wiener Arbeiterkammer, „daß diese aber sofort eintreten müßte, wenn nicht die Geld- und Naturalgeschenke vorhanden wären. Beim Wegfall dieser Zuwendungen würde sich ein Durchschnittsverbrauch von etwa 2 000 bis 2 100 Kalorien ergeben[23].“

Jahresverbrauch pro Nahrungsmittelverbrauchseinheit in Arbeitslosenhaushalten und dem Durchschnitt sämtlicher Haushalte 1932 - 1935 (in Kilogramm)

		1932	1933	1934	1935
1. Mehl	Al	24,73	24,82	24,02	25,76
	O	25,61	27,83	27,10	27,48
2. Gries	Al	2,96	2,01	2,47	2,58
	O	2,24	2,41	2,51	2,58
3. Reis	Al	5,07	4,71	6,41	6,49
	O	4,92	5,33	6,22	6,10
4. Teigwaren	Al	1,48	0,99	0,56	1,07
	O	2,38	2,01	1,48	1,72
5. Rollgerste usw.	Al	0,19	0,08	0,12	0,14
	O	0,26	0,29	0,40	0,27
6. Schwarzbrot	Al	85,19	93,81	92,41	101,59
	O	74,13	79,21	80,25	88,61
7. Weißgebäck	Al	12,32	8,76	7,37	8,62
	O	18,96	16,43	15,72	15,16
8. Milchbrot	Al	2,92	1,10	1,06	1,22
	O	5,01	3,65	2,63	2,54
9. Brösel	Al	2,12	0,18	2,16	2,01
	O	2,59	2,63	2,70	2,59
10. Bäckereien	Al	0,39	0,40	0,41	0,35
	O	1,41	1,39	1,02	1,14
11. Milch	Al	125,57	132,86	111,51	116,46
	O	173,38	170,09	156,92	150,89
12. Rahm	Al	0,65	0,51	0,36	0,41
	O	1,57	1,46	1,36	1,37
13. Käse	Al	1,63	1,72	2,80	2,66
	O	2,89	3,07	3,21	3,18
14. Butter	Al	2,44	2,08	2,06	1,75
	O	4,53	4,56	3,90	3,62
15. Margarine und Pflanzenfette	Al	2,09	1,93	2,24	1,86
	O	2,33	2,63	2,82	2,74
16. Öl	Al	0,82	1,02	1,55	2,08
	O	1,29	1,61	1,71	2,06

			1932	1933	1934	1935
17.	Schmalz	Al	5,50	5,22	4,10	5,21
		O	3,56	2,70	2,27	2,70
18.	Speckfilz	Al	8,43	10,22	10,45	9,18
		O	11,50	13,14	13,71	13,29
19.	Fleisch und Knochen	Al	28,38	31,20	28,07	27,84
		O	47,07	45,20	41,69	39,21
	Rindfleisch	Al	6,49	4,74	4,25	6,29
		O	9,55	8,17	7,10	7,62
	Kalbfleisch	Al	2,13	2,72	1,12	1,47
		O	4,28	3,88	2,99	3,11
	Schweinefleisch	Al	11,87	12,49	13,12	10,98
		O	21,90	21,52	22,23	19,19
	Hammelfleisch	Al	0,01	0,03	0,09	0,14
		O	0,12	0,19	0,10	0,17
	Pferdefleisch	Al	1,01	3,18	1,91	2,86
		O	0,23	0,73	0,68	1,58
	Wild	Al	0,35	0,82	0,79	0,97
		O	0,63	1,00	0,89	0,89
	Geflügel	Al	2,34	1,10	1,96	1,64
		O	4,29	3,98	2,67	2,50
	Innere Organe	Al	3,34	2,74	2,35	1,22
		O	3,92	2,87	2,70	2,20
	Sonstiges Fleisch	Al	0,15	0,01	—	0,22
		O	0,37	0,33	0,03	0,16
	Knochen	Al	0,60	3,37	2,48	1,70
		O	1,78	2,53	2,30	1,74
20.	Wurst	Al	8,48	7,30	5,57	5,66
		O	10,88	9,86	8,90	9,15
21.	Fisch	Al	1,22	1,02	0,62	0,96
		O	2,51	2,26	1,59	1,65
22.	Eier	Al	150	128	116	98
		O	210	212	189	168
23.	Zucker	Al	24,24	20,08	20,73	19,71
		O	26,15	25,19	23,82	23,76
24.	Gemüse	Al	36,52	37,23	40,35	41,74
		O	45,99	46,36	48,57	46,76
25.	Kartoffeln	Al	55,96	50,37	59,35	60,81
		O	51,53	52,20	55,67	55,54
26.	Hülsenfrüchte	Al	3,26	3,98	3,06	2,76
		O	2,18	2,48	2,33	2,30
27.	Obst	Al	39,40	29,57	30,69	21,38
		O	53,08	51,47	48,27	38,16
28.	Marmelade	Al	0,46	0,69	0,57	0,51
		O	0,73	0,73	0,77	0,58
29.	Kaffee und Kaffeesurrogate	Al	4,84	5,33	5,62	5,43
		O	6,00	6,10	6,01	5,58
30.	Tee	Al	0,10	0,07	0,06	0,06
		O	0,11	0,10	0,08	0,09
31.	Kakao	Al	0,28	0,27	0,27	0,33
		O	0,39	0,30	0,33	0,34

		1932	1933	1934	1935
32. Schokolade	Al	0,78	0,40	0,54	0,61
	O	1,27	0,99	0,89	0,78
33. Salz	Al	2,75	2,66	3,26	3,42
	O	3,04	3,18	3,16	3,50
34. Bier	Al	4,76	2,19	1,13	1,49
	O	14,30	10,95	10,28	7,59
35. Wein	Al	0,76	1,83	0,90	0,73
	O	4,97	4,38	3,25	3,55
36. Rum, Likör	Al	0,39	0,37	0,38	0,41
	O	0,94	0,84	0,86	0,81

Quelle: Berrechnet nach: Haushaltsstatistiken der Wiener Arbeiterkammer, in: Wirtschaftsstatistisches Jahrbuch der Kammer für Arbeiter und Angestellte für Wien, 1933 bis 1937.

Als Arbeitslosenhaushalte gelten solche, deren Familienerhalter länger als 240 Tage des Jahres arbeitslos war.

Milch, Rahm, Wein, Rum, Likör, Bier in Liter, Eier in Stück.

Al = Arbeitslosenhaushalt, O = Durchschnitt sämtlicher Haushalte.

Kalorien und Nährstoffverbrauch in Arbeitslosenhaushalten im Vergleich zum Durchschnitt sämtlicher Haushalte

		1932	1933	1934	1935
Zahl der Haushalte	Al	13	14	19	20
	O	65	67	69	68
Tagesverbrauch pro NaVE					
Kalorien insgesamt	Al	2 597	2 555	2 496	2 525
	O	3 038	3 059	2 964	2 971
davon tierisch	Al	923	950	863	862
	O	1 258	1 257	1 181	1 170
in %	Al	33,5	37,2	34,6	34,1
	O	41,4	41,1	39,8	39,4
davon Fleisch, Wurst	Al	248	244	225	220
	O	402	380	358	349
in %	Al	9,5	9,5	9,0	8,7
	O	13,2	12,4	12,1	11,7
davon pflanzlich	Al	1 674	1 605	1 633	1 663
	O	1 780	1 802	1 783	1 801
in %	Al	64,5	62,8	65,4	65,9
	O	58,6	58,9	60,1	60,6
davon Zeralien	Al	1 061	1 062	1 048	1 097
	O	1 082	1 107	1 098	1 124
in %	Al	40,9	41,6	42,0	43,5
	O	35,6	36,2	37,0	37,9
Eiweiß insgesamt (Gramm)	Al	69,5	69,4	65,7	67,8
	O	85,7	84,5	80,9	81,1
davon tierisch (Gramm)	Al	31,8	31,8	28,6	29,4
	O	47,2	45,4	41,9	41,7
in %	Al	45,8	45,8	43,5	43,4
	O	55,1	53,7	51,8	51,4

		1932	1933	1934	1935
davon pflanzlich	Al	37,7	37,6	37,1	38,4
(Gramm)	O	38,5	39,1	39,0	39,4
in %	Al	54,2	54,2	56,5	56,6
	O	44,9	46,3	48,2	48,6
Fett insgesamt	Al	88,8	90,9	86,3	84,2
(Gramm)	O	118,5	120,1	114,9	113,9
davon tierisch	Al	77,2	80,0	73,1	69,7
(Gramm)	O	103,8	104,4	98,8	96,9
in %	Al	86,9	88,0	84,7	82,8
	O	87,6	86,9	86,0	85,1
davon pflanzlich	Al	11,0	10,9	13,2	14,5
(Gramm)	O	14,7	15,7	16,1	17,0
in %	Al	13,1	12,0	15,3	17,2
	O	12,4	13,1	14,0	14,9
Kohlehydrate	Al	360,7	345,8	346,0	359,6
insgesamt (Gramm)	O	379,9	383,1	376,3	381,4

Quelle: Haushaltsstatistik der Kammer für Arbeiter und Angestellte für Wien, abgedruckt in: Wirtschaftsstatistisches Jahrbuch der Kammer für Arbeiter und Angestellte in Wien, 1933 - 1937.

NaVE = Nahrungsmittelverbrauchseinheit nach S. Peller:

Alter	NaVE	
0 Jahre	0,20	
1 Jahr	0,25	
2 Jahre	0,30	
3 Jahre	0,35	
4 Jahre	0,45	
5 Jahre	0,50	
6 Jahre	0,53	
7 Jahre	0,57	
8 Jahre	0,60	
9 Jahre	0,63	
10 Jahre	0,66	
11 Jahre	0,70	
12 Jahre	0,73	
13 Jahre	0,76	
14 Jahre	0,80	
	männlich	weiblich
15 Jahre	0,83	0,80
16 Jahre	0,86	0,80
17 Jahre	0,89	0,80
18 Jahre	0,93	0,83
19 Jahre	0,96	0,83
20 Jahre und mehr	1,00	0,86

Unter Arbeitslosenhaushalte sind solche Haushalte enthalten, deren Familienerhalter länger als 240 Tage des Jahres arbeitslos war.

Von den Kalorien in den Arbeitslosenhaushalten waren gratis (Winterhilfe, etc.)

1932	1933	1934	1935
328	324	243	271

AL = Arbeitslosenhaushalte
O = Durchschnitt sämtlicher Haushalte.

3. Arbeitslosigkeit und soziale Indikatoren

Gesundheit

2 500 Kalorien pro Tag brachten einen erwachsenen Arbeitslosen nahe an die Grenze zur Unterernährung[1]. Welche gesundheitlichen Folgen zog die Arbeitslosigkeit, vor allem die langfristige Arbeitslosigkeit nach sich? Neben der unzureichenden Nahrung wurde der Mangel an Kleidern, körperlicher Fürsorge und Verschlechterung der Wohnungsbedingungen als „ernste Bedrohung der öffentlichen Gesundheit"[2] angesehen. Auch Berichte des Völkerbundes (1932) und des Internationalen Arbeitsamtes (1933)[3] über die Folgen der Arbeitslosigkeit drückten die Annahme aus, daß die Weltwirtschaftskrise nicht ohne Auswirkung auf den Gesundheitszustand geblieben sein konnte. So naheliegend diese Annahme war, belegt konnte sie jedoch nicht werden. Eine allgemeine Verschlechterung des Gesundheitszustandes entsprechend der Arbeitslosigkeit kann für die Zwischenkriegszeit nicht festgestellt werden. Im Gegenteil.

Nimmt man die Tuberkulose, eine zumindest vor dem Ersten Weltkrieg stark von wirtschaftlichen Verhältnissen abhängige Krankheit, und die allgemeine Sterblichkeit als soziale Indikatoren, so muß festgestellt werden, daß sie eine von der Arbeitslosigkeit völlig unabhängige Entwicklung nahmen. Die allgemeine Sterblichkeit und die Tuberkulosesterblichkeit wiesen sogar eine hohe negative Korrelation auf (— 0,8508 und — 0,8868), was formal heißen könnte, daß Arbeitslose länger leben, in diesem Fall aber deutlicher Ausdruck dafür ist, daß zwischen der Zahl der Arbeitslosen und der Zahl der Gestorbenen so gut wie kein Zusammenhang bestand. Die Korrelation ergibt sich dadurch, daß in der gesam-

[1] 2 400 Kalorien wurden bei einem erwachsenen Mann bei nicht körperlicher Arbeit als notwendig zur Aufrechterhaltung der Gesundheit angesehen, siehe dazu etwa: L'Alimentation des travailleurs et la politique social, Societé des Nations, Etudes et Document, Serie B, Nr. 23, Genf 1936, S. 7.

[2] Bericht des Internationalen Arbeitsamtes über die Kinder der Arbeitslosen, Genf 1933, in: Soziale Praxis — 1934, 43. Jg., Heft 46, S. 1377.

[3] La crise economique et la santé publique, Minaire preparé par la Section d'Hygiene, Societé des Nations, Genf 1932; siehe auch: Julius Moses, Arbeitslosigkeit und Volksgesundheit, Berlin 1931.

ten Zwischenkriegszeit — in der Grundtendenz — die Zahl der Arbeitslosen ständig stieg und die Sterblichkeitsziffer ständig zurück ging. In anderen Worten, daß trotz der schwierigen wirtschaftlichen Lage Österreichs auf medizinischem Gebiet weiterhin große Fortschritte erzielt werden konnten. Das gleiche gilt für Seuchen und Volkskrankheiten. So ging die Tuberkulose, die „Krankheit des Proletariats" mit kleinen Schwankungen seit 1919 ständig zurück und die Zahl der entlassenen Tuberkulosefälle weist mit + 0,4541 keine Korrelation mit der Arbeitslosigkeit auf.

Bereits einzelne zeitgenössische Untersuchungen waren sich über die gesundheitlichen Auswirkungen der Arbeitslosigkeit im Zweifel[4]. Während etwa ein Gewichtsrückgang bei den Arbeitslosen registriert wurde[5], aus dem ein Rückgang der körperlichen Widerstandskraft geschlossen wurde, stellte man auf der anderen Seite fest, daß die Arbeitslosen sogar gesünder geworden waren. „Zweifellos wirkt der Ausfall der lungenschädigenden Arbeit, der Ausfall an Schwerarbeit, überhaupt der häufige Aufenthalt in frischer Luft gesundheitsfördernd und seine Wirkung war vor allem in der ersten Zeit der Arbeitslosigkeit sicher festzustellen", bemerkte Lazarsfeld. „Dies gilt freilich nur für die Erwachsenen, die schon einmal gearbeitet haben[6]." Für die Frau und vor allem für die Kinder blieb „nur der verschlechternde Einfluß der veränderten Nahrung und der herabgesetzten Möglichkeiten der Körperpflege"[7].

Am größten erschien die gesundheitliche Gefährdung bei nicht schulpflichtigen Kindern, da die Ausspeisungen in den Schulen eine gewisse Erleichterung brachten. Eine Untersuchung von Kindern, die in einer Periode der Unterernährung geboren wurden (Erster Weltkrieg) stellte fest, daß diese bei Schulbeginn um 1,2 kg leichter und 5 cm kleiner waren als die üblichen Jahrgänge[8]. Aber auch bei den schulpflichtigen Kindern der Arbeitslosen wurde eine verminderte Widerstandskraft gegen Erkältungen, Entwicklungskrankheiten, vermehrte Zahnkrankheiten und schnellere Ermüdung festgestellt, die sich im Nachlassen der Schulleistung äußerte[9]. Lazarsfeld kam sogar zu einem direkten Zusammenhang zwischen Arbeitslosigkeit und dem Gesundheitszustand der Kinder. Bei

[4] Solche Zweifel wurden schon beim zitierten „Minaire" geäußert; ebenso: Bericht des Internationalen Verbandes zum Schutze des Kindes, 1933/34, in: Soziale Praxis, 1934, 43. Jg., Heft 46, S. 1376.

[5] So stellte die Wiener Arbeiterkammer bei den durch sie erfaßten Arbeitslosen (Durchschnittsalter 45 Jahre, Durchschnittsgröße 169 cm) von 1931 auf 1932 einen Gewichtsrückgang von 65,4 kg auf 63,7 kg fest. Siehe: Wirtschaftsstatistisches Jahrbuch, 1932, S. 338.

[6] Jahoda / Lazarsfeld / Zeisel, S. 35.

[7] Jahoda / Lazarsfeld / Zeisel, S. 35.

[8] Denkschrift des Preußischen Volkswohlfahrtsministeriums vom 2. 3. 1932 über den Gesundheitszustand der Kinder an den preußischen Volksschulen, Landesdrucksache Nr. 8375.

[9] Bericht des Internationalen Arbeitsamtes, S. 1377.

einer Schuluntersuchung in Marienthal hatten von den 16,4 % der Kinder mit einem Gesundheitsbefund „gut" 38,4 % der Väter Arbeit; von den 51 % der Kinder mit dem Befund „mittel“ waren 9,4 % der Väter beschäftigt, die Väter des letzten Drittels der Kinder mit dem Gesundheitsbefund „schlecht“ waren aber alle arbeitslos[10]. Dennoch bleibt bestehen, daß eine allgemeine gesundheitliche Verschlechterung auf Grund der Arbeitslosigkeit und des gesunkenen Lebensstandards nicht nachgewiesen werden kann. Es scheint, daß Arbeitslosenunterstützung, Geschenke und vor allem der Fortschritt auf hygienischem und medizinischem Gebiet einer solchen Entwicklung entgegen gewirkt haben.

Familie

Weit eindeutiger und klarer als auf gesundheitlichem Gebiet waren die Zusammenhänge, die zwischen Arbeitslosigkeit und den Indikatoren bestanden, die mit Begründung, Größe und Bestand der Familie zusammenhängen.

So zeigte sich eine enge Verbindung zwischen wirtschaftlicher Lage und der Möglichkeit, bzw. dem Willen eine Familie zu gründen, die sich in einer negativen Korrelation zwischen Arbeitslosigkeit- und Eheschließungsziffer von — 0,6349 ausdrückte. Klammert man bei den Heiraten den „Nachkriegsboom“ noch aus und betrachtet die Werte erst ab 1924, so erhöht sich die Korrelation auf — 0,8526. Es ist anzunehmen, daß absolut weniger Ehen geschlossen wurden, vor allem aber ergab sich eine Art „Aufschiebungseffekt“, ein Warten auf für den einzelnen bessere wirtschaftliche Zeiten, die sich in einer Erhöhung des mittleren Heiratsalters ausdrückte. Eine Entwicklung, die in der Weltwirtschaftskrise allgemein wurde, und um so bemerkenswerter war, als sie den langfristig sinkenden Trend des mittleren Heiratsalters umkehrte.

Noch stärker wirkte sich die Arbeitslosigkeit auf die Größe der Familie aus. Bereits Robert Malthus wies in seinem „Versuch über das Bevölkerungsgesetz“[11] auf den Zusammenhang zwischen Bevölkerungsvermehrung und Nahrungsmittelspielraum hin, der sich hier — in etwas gemilderter Form — zu bestätigen schien. Für den Arbeitslosen bestanden die größten Schwierigkeiten, „die bereits vorhandenen Kinder aufzuziehen und kaum eine Möglichkeit, neue in die Welt zu setzen“[12]. Die Arbeitslosigkeit wirkte verstärkend auf einen Trend, der in Österreich bereits Anfang des 20. Jahrhunderts seinen Ursprung hatte und nur

[10] Vgl. Jahoda / Lazarsfeld / Zeisel, S. 36 und 84.

[11] Robert Malthus, Versuch über das Bevölkerungsgesetz, London 1798, deutsch von F. Stöpel, Berlin 1878.

[12] Dazu der damalige Leiter der bevölkerungsstatistischen Abteilung des Bundesamtes für Statistik Wilhelm Winkler, Der Geburtenrückgang in Österreich, Wien 1935, S. 35.

durch den Ersten Weltkrieg unterbrochen wurde: dem allgemeinen Rückgang des Geburtenüberschusses[13], von dem man nicht recht wußte, was man von ihm halten sollte: „Wir finden ebenso Menschen, die unter Hinweis auf die herrschenden wirtschaftlichen Schwierigkeiten und die weitverbreitete Arbeitslosigkeit behaupten, Österreich beherberge zuviele Menschen, als solche, die unter Hinweis auf den ständigen Geburtenrückgang und den schon sehr geringen Geburtenüberschuß Österreichs befürchten, die österreichische Bevölkerung gehe dem Aussterben entgegen[14].“ Gegen die „zweite Ursache des Geburtenrückgangs“ wurde auch dementsprechend gewettert: „Man will von der gewohnten Lebenshaltung keinen Abstrich machen, ja man will nach Möglichkeit sozial höher steigen, um ein möglichst bequemes, breites Leben führen zu können[15].“ Trotz dieser Grendtendenz war die Korrelation mit der Arbeitslosigkeit sehr hoch. Bei der Zahl der Lebendgeborenen betrug sie — 0,8911, beim Geburtenüberschuß — 0,7645 und es kann angenommen werden, daß erst die hohe Arbeitslosigkeit und die damit verbundene wirtschaftliche Verunsicherung des Einzelnen die Entwicklung zu kleineren Familien und weniger Kindern so verstärkt hat, daß sie als dramatisch empfunden wurde. Während der Geburtenüberschuß von 1922 - 1928 noch durchschnittlich 4,8 betrug, war er von 1930 bis 1937 auf durchschnittlich 1,0 gesunken. Als Folge der Weltwirtschaftskrise und der anhaltenden hohen Arbeitslosigkeit wurde ab dem Jahr 1935 aus dem Geburtenüberschuß in Österreich ein „Geburtendefizit“. Der starke Einfluß der Arbeitslosigkeit auf die Zahl der Eheschließungen und auf die der Geburten kann daher mit hoher Wahrscheinlichkeit angenommen werden. Auf Grund der Folgeerscheinungen der Arbeitslosigkeit — Isolierung, Einkommensrückgang, Prestigeverlust — kann auch angenommen werden, daß sie sich auf den Bestand der Familie auswirkte. Die Korrelation der Arbeitslosigkeit mit der Anzahl der Scheidungen ergab jedoch einen extrem niedrigen Wert. Von der Korrelationsanalyse her ist + 0,18 eine eindeutige Aussage, daß keine Verbindung zwischen den beiden untersuchten Zahlenreihen besteht. Dafür bieten sich einige Erklärungen an, die zum Teil schon bei den Stadien der Arbeitslosigkeit angedeutet wurden[16]. Der Prozeß der Anpassung an die Arbeitslosigkeit, insbesondere das Stadium der Desorganisation, beinhaltete ohne Zweifel die Gefahr der Zerrüttung einer Ehe. Auf der anderen Seite wurde sowohl von Bakke als auch von Lazarsfeld die Beobachtung gemacht, daß manche Ehen sogar besser wurden. „In manchen Fällen ha-

[13] Siehe hierzu: Fritz Rager, Geburtenrückgang und Arbeitsmarkt, in: Arbeit und Beruf, Wien 1929, S. 32 ff. und: J. Kastner, Die Auswirkungen des Geburtenrückgangs, 1930, S. 501 ff.

[14] Winkler, Wilhelm, S. 7.

[15] Winkler, S. 35; siehe dazu auch insbesondere das Vorwort von Kardinal Theodor Innitzer zu Winklers Werk über den Geburtenrückgang.

[16] Siehe das Kapitel über die wirtschaftlichen Ursachen.

ben sich die Beziehungen der Ehegatten zueinander durch die Arbeitslosigkeit gebessert. Das ist z. B. in den bereits zitierten Familien der Fall, wo der Mann unter dem Einfluß der Not sich das Trinken abgewöhnt hat. Auch dort, wo die Frau sich vom Mann vernachlässigt gefühlt hatte, erlebt sie jetzt sein Zuhausesein als Befriedigung[17]." Daneben ist die Scheidung von der rechtlichen Situation in der Zeit und von der religiösen Haltung des Einzelnen abhängig. Vor allem aber kostete sie auch Geld. Als Scheidungsursache kann daher die Arbeitslosigkeit für die Zwischenkriegszeit ausgeschlossen werden. Obwohl sie Einfluß auf die Struktur und die Hierarchie der Familie hatte, scheint sie ihren Bestand nicht ernsthaft gefährdet zu haben. Die Zahl der offiziell getrennten Ehen als Ausdruck der Wirkung der Arbeitslosigkeit auf den Bestand der Familie ist jedoch nur ein beschränkt aussagekräftiger Indikator. Die Frage, wie hoch der Anteil der nicht offiziell geschiedenen aber dennoch auf Grund der Arbeitslosigkeit und wirtschaftlichen Not getrennten Familien war, bleibt weiter bestehen.

Kriminalität

Ein oft zitierter Zusammenhang wird zwischen Arbeitslosigkeit und Kriminalität angenommen. Seit G. v. Mayr[18] im Jahr 1867 den Einfluß der Getreidepreise auf die Diebstahlshäufigkeit nachweisen konnte und das Gesetz aufstellte: „daß in der Periode 1835 - 1861 so ziemlich jeder Sechser, um den das Getreide im Preis gestiegen ist, auf 100 000 Einwohner einen Diebstahl mehr hervorgerufen hat", fand die Vermutung eines Zusammenhangs zwischen Wirtschaftslage und Kriminalität eine stete Verbreitung. Wenig später erweiterte v. Oettingen diesen Ansatz: „Es ist ein Erfahrungsgesetz, daß die unsittliche Extravaganz des Gemeinwesens gegen die Person in günstigen Jahren ebenso wächst, als die Eigenthumsschädigungen sinken. Dort ist der gesteigerte Übermuth, hier das wachsende Elend die mitbedingende Ursache[19]", und wies damit sowohl der Hochkonjunktur, auf Grund des Alkoholmißbrauches, als auch der Depression, auf Grund der Not, eine typische Art des Verbrechens zu. Er schränkte jedoch bereits selbst ein, was bei seiner Zitierung häufig wegfällt: „Man sieht, die Verbrechen gegen die Person steigen zwar mit sinkendem Preise, und die gegen das Eigenthum nehmen ab bei größerer Wohlfeilheit. Aber es tritt diese Regel in sehr verschiedenem Maasse zutage, so dass andere Factoren offenbar mitwirkten[20]."

---

[17] Jahoda / Lazarsfeld / Zeisel, S. 86.

[18] G. v. Mayr, Statistik und Gesellschaftslehre, Band 3, Moralstatistik, Tübingen 1917, S. 950.

[19] A. v. Oettingen, Die Moralstatistik in ihrer Bedeutung für eine Sozialstatistik, III. Auflage, Erlangen 1882, S. 486 und 488.

[20] Oettingen, S. 488.

Die Bedeutung des Getreidepreises ging ab der Mitte des 19. Jahrhunderts mit dem steigenden Realeinkommen der Arbeiter ständig zurück und um die Jahrhundertwende mußte auch G. v. Mayr zugestehen, daß sein Gesetz nicht Anspruch auf unbeschränkte Geltung erheben konnte. Der Zusammenhang zwischen der Höhe der Getreidepreise und der Diebstahlskriminalität wurde als historische Kategorie erkannt. Wenn auch das Gesetz G. v. Mayrs seine Allgemeingültigkeit einbüßte, an Wirkung hatte es noch nicht verloren. Es galt zu untersuchen, ob dieses in Form eines Parallelismus zwischen der allgemeinen wirtschaftlichen Lage und der Kriminalität wieder auftauchte. So kam es zu einer ganzen Reihe von Untersuchungen über die Verhältnisse in der Zwischenkriegszeit, von genauen statistischen Berechnungen bis zu bloßen Annahmen, die zu analogen Ergebnissen kamen. Etwa: „daß ein Mehr oder Weniger von einer Million Arbeitsloser ein Mehr oder Weniger von 10 000 Diebstahlsverurteilungen zur Folge hat[21]" oder, „daß ein überdurchschnittlicher Anteil der jugendlichen Arbeitslosen auch mit einer besonders hohen Kriminalitätsziffer korrespondiert[22]" oder aber, um den Kern dieser Anschauung auszudrücken: „Kann dieser Besitzwunsch nicht auf ‚normalen' Wegen Befriedigung finden, so wird er sich auf kriminellen Wegen durchzusetzen versuchen." „Ohne Zweifel muß deshalb die Zunahme der Kriminalität in Krisenzeiten auch auf die wachsende Arbeitslosigkeit mit bezogen werden ...[23]„

Haben die Arbeitslosen wirklich mehr gestohlen? In Frage stehen nicht die kleinen Eigentumsübertretungen, wie sie etwa in Marienthal beschrieben wurden. „Wenn Katzen oder Hunde verschwinden, fällt es den Besitzern gar nicht mehr ein, die Anzeige zu erstatten: man weiß, daß sie von irgend jemand gegessen wurden und forscht nicht nach dem Namen. Bei Übertretungen des Fischrechtes und selbst bei kleinen Kohlendiebstählen auf der Bahn drückt man beide Augen zu." „Wenn den Bauern aus den Feldern Krautköpfe und Kartoffeln verschwinden, kümmern sie sich nicht darum[24]." Wenn es bei diesen Diebstählen überhaupt zu einer Anzeige kam, so wurden sie mit einer Verwaltungsstrafe belegt, die in keiner Statistik aufscheint. In Frage stehen Eigentumsdelikte, die vor Gericht kamen und über welche ein Urteil gefällt wurde.

---

[21] Exner, Kriminologie, in: Fritz Beermann, Arbeiterschicksal und Kriminalität der Jugendlichen, Arbeitslosigkeit und Berufsnot der Jugend, Hrsg. Deutscher Gewerkschaftsbund, Köln 1952, S. 255.

[22] Erhardt, Kriminalität der Jugendlichen, in: Z. f. ges. Strafw. Nr. 54, S. 671, siehe weiters in dieser Richtung: Eßlinger, Zusammenhang zwischen Teuerung und Kriminalität, Diss., München 1927; Josef Soudek, Soziale Auswirkungen der Konjunkturschwankungen, Bonn 1929.

[23] Paul Mattik, Arbeitslosigkeit und Arbeitslosenbewegung in den USA 1929 - 1935, Frankfurt 1969, S. 111 - 112.

[24] Jahoda / Lazarsfeld / Zeisel, S. 22 - 23.

Versuche, für die wichtigsten Gebiete Deutschlands über die Zeit von 1857 bis 1913 eine Korrelation zwischen der Arbeitslosigkeit und Diebstahl zu bestimmen, erbrachten einen Koeffizienten von + 0,25 und für die Unterperioden so verschiedenartige Werte, daß sich keine einheitliche Entwicklung erkennen ließ[25]. Und in einer Untersuchung über die frühen Zwanzigerjahre kam Schmölders zu dem Ergebnis: „daß die Kriminalität von der jeweiligen Wirtschaftslage wenig oder gar nicht beeinflußt zu sein scheint. Obgleich die Vermutung sehr nahe liegt, daß die Verbrechen gegen das Eigentum in Zeiten wirtschaftlicher Not, wie sie die industriellen Depressionen für die Arbeiterschaft darstellen, eine Zunahme erfahren, ließ sich dennoch keine besonders starke Korrelation für Konjunktur und Eigentumsdelikte finden[26]."

Eine ähnliche Aussage kann auch für Österreich gemacht werden. In der Zwischenkriegszeit war ein kausaler Zusammenhang zwischen der Höhe der Arbeitslosigkeit und der Zahl der Eigentumsübertretungen nicht festzustellen. Die Korrelation betrug bei leichtem Diebstahl (Übertretungen) — 0,2718 und bei schwerem Diebstahl (Verbrechen) sogar nur noch + 0,0227, eine der niedrigsten Korrelationen, die im Zusammenhang mit der Arbeitslosigkeit überhaupt gefunden wurden.

Dennoch konnte ein gewisser Zusammenhang zwischen Arbeitslosigkeit und Gesetzesübertretung festgestellt werden. Einmal in bezug auf das Landstreichereigesetz. Obwohl gerade die Verhaftungen wegen Landstreicherei, „die verspätete Fürsorge der Gesellschaft[27] stark von der sich ändernden Gesetzeslage, die sich in den Dreißigerjahren wesentlich verschärfte und auch weitgehend von der Handhabung durch die Exekutive abhing, zeigte sich dennoch eine positive Korrelation mit der Arbeitslosigkeit von + 0,7385. Dies deutet darauf hin, daß es doch eine nicht unbedeutende Zahl von Arbeitslosen gab, die auf „Wanderschaft" gingen und ohne festen Wohnsitz in Österreich umherzogen, um Gelegenheitsarbeit zu finden[28]. Auf der anderen Seite schien ein Zusamenhang in Hinblick auf die Arbeitslosigkeit vorbestrafter Personen zu bestehen. Das überproportionale Ansteigen der Arbeitslosigkeit, bei Personen, die sich bereits einer Gesetzesübertretung schuldig gemacht

---

[25] Günter Schmölders, Die Lehren der Reichskriminalstatistik, 1923 - 1925, in: Jahrbücher für Nationalökonomie und Statistik, 128. Band, 1928, S. 265; siehe aus: Franz Nadastiny, Die Arbeitslosigkeit und deren kriminelle Bedeutung, Wien 1905, S. 14.

[26] Schmölders, S. 265.

[27] Nadastiny, S. 14.

[28] Das läßt sich auch daraus schließen, daß in Österreich schon in den Zwanzigerjahren immer wieder die Forderung nach Herbergen für wandernde Arbeiter, etwa in der Zeitschrift Arbeit und Beruf oder dem Österreichischen Volkswirt erhoben wurde, obwohl eine Bestimmung der Zahl der Arbeitslosen auf „Wanderschaft" kaum möglich ist.

hatten, muß aber weniger als Ursache-Folge Wirkung, sondern als Interdependenz betrachtet werden. Bei hoher Arbeitslosigkeit war es für einen Vorbestraften äußerst schwierig, wenn nicht fast unmöglich noch eine Arbeit zu finden. „Wo auf einen freien Posten hundert unbescholtene warten, darf die Sondervermittlung für Vorbestrafte nicht in den Vordergrund gerückt werden[29]" war eine der Richtlinien der Arbeitsämter in der Weltwirtschaftskrise und drückt damit in Form der erschwerten Resozialisierung in Zeiten wirtschaftlicher Depression einen Zusammenhang zwischen Arbeitslosigkeit und Kriminalität aus.

Sonstige Indikatoren der Arbeitslosigkeit

Von den weiteren Reaktionsmöglichkeiten auf die Arbeitslosigkeit sollen noch drei herausgegriffen werden, die sich zur Quantifizierung eignen, eine hohe Korrelation zur Arbeitslosigkeit aufweisen und in ihrer Art — mit der Situation nicht fertig zu werden, sich einzufügen oder auszuweichen — drei mögliche Antworten auf die schwierige wirtschaftliche und soziale Lage des Arbeitslosen waren.

Selbstmord

Wenn der Satz aus der Soziologie zutrifft: „Sehr hohe Selbstmordraten dominieren in extremen Berufspositionen, und zwar denjenigen mit sehr hohem Einkommen und Prestige und denjenigen mit sehr geringem[30]", waren gerade Arbeitslose gefährdet. Einkommen, soziale Stellung und Prestige sanken bei ihnen auf ein Minimum. Tatsächlich ergab sich auch eine hohe positive Korrelation der Arbeitslosigkeit mit der Zahl der Selbstmorde von + 0,7925, die anzeigt, daß der Beschäftigungsstand mit einiger Sicherheit einen Einfluß auf die Zu- oder Abnahme der Selbstmorde hatte. Dementsprechend waren auch die Jahre 1932/33 die weitaus schlimmsten in der Zwischenkriegszeit.

Durch Krankheit ausgefallene Arbeitstage

Die Zahl der jährlichen Krankentage pro Mitglied der Arbeiterkrankenkasse wies mit der Arbeitslosigkeit die höchste Korrelation auf, die in diesem Zusammenhang überhaupt errechnet wurde.

---

[29] Otto Meister, Arbeitslosigkeit und Kriminalpolitik, in: Arbeit und Beruf, Wien 1930, S. 388. Nadastiny stellte schon vor dem Ersten Weltkrieg das starke Ansteigen der Arbeitslosigkeit der eingelieferten Häftlinge im Zuchthaus Stein in Zeiten schlechter wirtschaftlicher Lage fest, die weit über dem Stand der allgemeinen Arbeitslosigkeit war. So waren 1901 bis 1904 66 % der Eingelieferten arbeitslos; Nadastiny, S. 13.

[30] J. P. Gibbs, Suicide, in: R. K. Merton und R. Nisbet, R.: Contemporary Social Problems, New York 1961, S. 244.

Das mag zum Teil auf den relativ geringen Datenumfang zurückzuführen sein. 1927/28 wurde das System der Krankenkassen geändert und ein Vergleich mit den vorherigen Jahren ist schwer möglich.

Dennoch bleibt die Korrelation hoch — 0,9434, was nicht der gesundheitsfördernden Wirkung der Krise zuzuschreiben ist, sondern Ausdruck der Disziplinierung der Arbeiter durch die schlechte und unsichere wirtschaftliche Lage war. „Wait until depression comes, and work will become its sense again“[31] läßt Mills einen Unternehmer sagen und drückt damit die psychologische Situation des Arbeiters bei einer hohen Zahl von Arbeitslosen aus: die Angst, selbst den Arbeitsplatz zu verlieren, die Bereitschaft mehr zu arbeiten bei geringerer Vergütung, Lohnkürzung und Einkommensrückgang, Steigen der Arbeitsproduktivität und letztlich Rückgang der Krankentage bis an eine absolute Mindestgrenze.

Zahl der Studenten

Der Zusammenhang zwischen der Arbeitslosigkeit und der Zahl der Studenten wurde in der Weltwirtschaftskrise mit Erschrecken festgestellt. „Man behauptet neuerdings, die Überfüllung der Mittel- und Hochschulen sei eine Folge der Arbeitslosigkeit und Stellennot, man meint, daß viele den langen Studienweg über Gymnasien und Universität wählen, weil die Aussichten, rasch unterzukommen immer geringer werden. Es ist durchaus richtig, daß ein großer Teil unserer Hochschüler Verlegenheitsstudenten sind, die nicht aus innerem Antrieb und vom Drang nach höchster Bildung beseelt die Universität besuchen, sondern die studieren, weil sie nach der Matura keine Stellung bekommen und das Studium als Zeitausfüllung oder in der Hoffnung betreiben, später als Akademiker unterkommen zu können[32].“ Die beschriebene Haltung wird durch eine positive Korrelation von + 0,6698 zwischen der Zahl der Arbeitslosen und der der inländischen Studenten bestätigt. Ebenso wie durch die Erscheinung, daß gerade im Winter 1932/33, dem Höhepunkt der Weltwirtschaftskrise, die Zahl der inländischen Studenten ebenfalls auf einen bisher noch nicht erreichten Stand anstieg. Diese Erscheinung war nicht nur auf Österreich beschränkt. Deutschland etwa reagierte darauf mit einer Art „numerus clausus“, dem „Gesetz gegen die Überfüllung deutscher Schulen und Hochschulen“ (1933)[33] und auch Österreich setzte in diesem Jahr mit restriktiven Maßnahmen ein,

[31] Harry A. Mills, The economics of Labour, New York 1938.

[32] Otto Tumlirz, Die Berufsnot der studierenden Jugend, in: Arbeit und Beruf, Nr. 11, 1932, S. 159.

[33] Siehe hierzu als typische Kommentare: N. N., Maßnahmen gegen die Überfüllung akademischer Berufe und höherer Schulen, in: Soziale Praxis, 1933, 42. Jg., Heft 19, S. 5959 ff.; oder Gerhard Giese, Volksbiologische Schulpolitik, in: Soziale Praxis, 1934, 43. Jg., Heft 3, S. 65.

Arbeitslosigkeit und soziale Indikatoren

Jahr	Zahl der Arbeitslosen (in 1000)	Gestorbene	Tuberkolose Gestorbene	Tuberkolose Entlassene	Selbstmorde
Gesundheit und Sterblichkeit					
1919	355	20,4	21 784		
1920	79	19,0	17 349		
1921	28	17,0	13 415	13 391	1 437
1922	103	17,4	14 765	12 798	1 533
1923	212	15,2	13 464	16 321	1 822
1924	188	14,9	12 178	21 416	2 034
1925	220	14,3	11 299	18 669	2 129
1926	244	14,9	11 636	22 139	2 266
1927	217	14,9	11 063	23 672	2 180
1928	183	14,4	10 628	26 391	2 478
1929	192	14,5	10 046	24 013	2 434
1930	243	13,5	9 292	26 995	2 605
1931	334	13,9	9 420	25 931	2 775
1932	468	13,9	8 754	22 671	2 972
1933	557	13,2	8 117	24 297	2 805
1934	545	12,7	7 520	24 288	2 645
1935	515	13,6	7 343	21 591	2 506
1936	515	13,2	6 776	21 157	2 696
1937	464	13,4			2 557
1929 = 100					
1919	185	141	217		
1920	41	131	173		
1921	15	117	134	56	59
1922	54	120	147	53	63
1923	110	105	134	68	75
1924	98	103	121	89	84
1925	115	99	113	78	88
1926	127	103	116	92	93
1927	113	103	110	97	90
1928	95	99	106	110	102
1929	100	100	100	100	100
1930	127	93	93	112	107
1931	174	96	94	108	114
1932	244	96	87	94	122
1933	290	91	81	101	115
1934	284	89	75	101	109
1935	268	94	73	90	103
1936	268	91	68	88	111
1937	240	92			105
Korrelation					
r =	—0,8508		—0,8868	+0,4541	+0,7925
Jahre:	1921 - 37		1921 - 36	1921 - 36	1921 - 37

Arbeitslosigkeit und soziale Indikatoren

	Familie				
Jahr	Eheschließung	Mittleres Heiratsalter (Bräutigam)	Lebend Geborene	Geburtenüberschuß	Scheidungen
1919	12,5	30,8	18,5	—1,9	3 887
1920	13,3	29,9	22,7	3,7	4 993
1921	12,5	29,5	23,2	6,2	5 218
1922	11,4		23,1	5,7	4 914
1923	8,6		22,4	7,2	4 838
1924	8,0		21,6	6,7	4 836
1925	7,7		20,5	6,2	4 718
1926	7,2	28,6	19,1	4,2	
1927	7,3	28,6	17,8	2,9	4 634
1928	7,4	28,5	17,5	3,1	5 026
1929	7,7	28,6	16,7	2,2	5 359
1930	7,7	28,7	16,8	3,3	5 774
1931	7,4	28,8	15,8	1,9	5 703
1932	6,7	29,0	15,2	1,3	5 470
1933	6,5	29,1	14,3	1,1	5 610
1934	6,5	29,2	13,6	0,9	5 134
1935	6,8	29,3	13,2	—0,4	4 843
1936	6,9	29,7	13,1	—0,1	5 276
1937	6,9		12,8	—0,6	5 134
1929 = 100					
1919	162	108	111	— 86	73
1920	173	105	136	168	93
1921	162	103	139	282	97
9122	148		138	259	92
1923	112		134	327	90
1924	104		129	305	90
1925	100		123	282	88
1926	94	100	114	191	
1927	95	100	107	132	87
1928	96	100	105	141	94
1929	100	100	100	100	100
1930	100	100	101	150	108
1931	96	101	95	86	106
1932	87	101	91	59	102
1933	84	102	86	50	105
1934	84	102	81	41	96
1935	88	103	79	— 18	90
1936	90	104	78	— 5	99
1937	90		77	— 27	96
Korrelation					
r =	—0,8526 1924 - 37	—0,8911	—0,7645	+0,26	(1924 - 37)
	—0,6349 1919 - 37	1919 - 37	1919 - 37	+0,1807	(1919 - 37) (ohne 1926)

Arbeitslosigkeit und soziale Indikatoren

	Kriminalität				
	Diebstahl		Diebstahl		
Jahr	Verbrechen §§ 171 ff. StG	davon Jugendl.	Übertretung §§ 460, 463 StG	davon Jugendl.	Land-streicherei
1919					
1920					
1921					
1922					
1923					
1924	10 162	1 357	13 179	2 182	7 758
1925	9 241		11 169		8 391
1926	8 836	1 089	10 547	1 657	8 325
1927	6 803		10 785		7 752
1928	7 171		11 001		7 939
1929	7 205	818	10 559	1 430	6 660
1930	7 589		10 677		7 330
1931	7 353	863	10 434	1 163	7 292
1932	8 198		11 625		8 168
1933	8 280		11 486		8 930
1934	7 708		9 712		9 444
1935	8 424		10 438		15 827
1936	9 749	989	11 316	1 596	21 751
1937					
1929 = 100					
1919					
1920					
1921					
1922					
1923					
1924	141	167	125	153	117
1925	128		106		126
1926	123	133	100	116	125
1927	94		102		116
1928	100		104		119
1929	100	100	100	100	100
1930	105		101		110
1931	102	106	99	81	110
1932	114		110		123
1933	115		109		134
1934	107		92		142
1935	117		99		238
1936	135	121	107	112	327
1937					
Korrelation					
r =	+0,0227 1924 - 35		—0,2718 1924 - 35		+0,7385 1924 - 34

Arbeitslosigkeit und soziale Indikatoren

Jahr	Zahl der Arbeitslosen (in 1000)	Jährliche Krankentage pro Mitglied der Arbeiter-Krankenkasse	Zahl d. Studenten an den österr. Hochschulen Inländer, Durchschnitt pro Studienjahr
	Sonstige Indikatoren		
1919	355		
1920	79		
1921	28		
1922	103		
1923	212		
1924	188		15 682
1925	220		15 369
1926	244		14 791
1927	217		15 124
1928	183	14,8	15 570
1929	192	16,3	16 136
1930	243	14,2	16 781
1931	334	13,8	16 949
1932	468	13,0	18 459
1933	557	11,6	18 049
1934	545	11,4	17 438
1935	515	11,2	16 630
1936	515		16 426
1937	464		15 646
1919 = 100			
1919	185		
1920	41		
1921	15		
1922	54		
1923	110		
1924	98		97
1925	115		95
1926	127		92
1927	113		94
1928	95	91	97
1929	100	100	100
1930	127	87	104
1931	174	85	105
1932	244	80	114
1933	290	72	112
1934	284	70	108
1935	268	69	103
1936	268		102
1937	240		97
Korrelation			
r =		—0,9434 1928 - 35	+0,6698 1924 - 37

Quelle: Berrechnet nach den Daten der Statistischen Handbücher für die Republik Österreich, 1919 - 1937; Hrsg. Bundesamt für Statistik, Wien.

Zahl der Arbeitslosen:

Schätzung der Zahl der Arbeitslosen 1919 - 1922. Die Zahl der Arbeitslosen 1923 kann auf Grund der Volkszählung bestimmt werden. 1919 - 1922 wurde die Zahl aus der Zahl der Unterstützten in Wien geschätzt. Zwischen 1923 und 1926 betrug der Anteil Wiens an den Unterstützten 31 %. Da in Wien sehr schnell und umfassend von der Arbeitslosenunterstützung Gebrauch gemacht wurde, kann angenommen werden, daß dieser Wert auch in den Jahren 1919 - 1922 entsprach. Um den Gewöhnungsprozeß zu berücksichtigen, wurde der Prozentsatz von 27 % auf 30 % abgestuft. Nachdem 1924 50 % der Arbeitslosen in ganz Österreich in Unterstützung standen, wurde auch dieser Wert berücksichtigt und der Durchschnitt aus beiden geschätzt.

Gestorbene: auf 1 000 Einwohner

Tuberkolose: bis 1921 ohne Burgenland, Gesamtzahl, der Gestorbenen; Entlassene Pfleglinge nach Lungen-Tuberkolose

Eheschließung: auf 1 000 Einwohner

Mittleres Heiratsalter: Bräutigam, bis 1921 ohne Burgenland

Lebendgeborene: auf 1 000 Einwohner

Geburtenüberschuß: auf 1 000 Einwohner

Scheidungen: geschiedene Ehen überhaupt, ohne gerichtlich gelöste oder für ungültig erklärte. Für 1926 wegen Justizpalastbrand nicht zu ermitteln. 1919 - 1921 „Nachkriegsboom", während der Kriegsjahre fast überhaupt keine Scheidungen.

Diebstahl, Verbrechen: 1928 liegt im Statistischen Handbuch ein Druckfehler vor. Es wurde daher die etwas niedrigere Zahl der wegen „Diebstahl §§ 171 ff. StG verhängten Strafen" genommen.

Landstreicherei: Wegen Übertretung des Landstreichereigesetzes (ohne § 5) verurteilte Personen.

Zahl der Studenten: Durchschnitt der inländischen Studenten im Studienjahr (Sommer- und Wintersemester) bezogen auf die Zahl der Arbeitslosen im Jahr des Sommersemesters, „Zahl der österreichischen Studenten an Universitäten, Technischen Hochschulen und anderen höheren Lehranstalten.

„da der Andrang der österreichischen Jugend an die Hochschulen[34]" in keiner Weise mit der Aufnahmefähigkeit des Marktes für akademische Berufe in Einklang stand. Zusammen mit anderen Faktoren — sozialer Ehrgeiz, etc. — verstärkten die allgemein schlechten wirtschaftlichen Aussichten die Neigung zu einer verlängerten Ausbildung. Dabei sollte einmal der Eintritt in den Arbeitsmarkt verzögert werden (irgendwann mußte die Wirtschaftskrise ja aufhören) und zum Zweiten versprach man sich von einer qualifizierteren Ausbildung eine bessere Ausgangsposition, in der Hoffnung: „Ausbildung schützt vor Arbeitslosigkeit." Eine Annahme, die nur sehr beschränkt zutreffen sollte.

4. Spezielle Problemgruppen

Der überwiegende Teil der Arbeitslosen in der Zwischenkriegszeit war Arbeiter oder Angestellter, zwischen 25 und 50 Jahre alt, und hatte eine Familie zu erhalten.

Auf diesen „Durchschnittsarbeitslosen" waren die Maßnahmen gegen die Arbeitslosigkeit abgestimmt, seine soziale Stellung als Familienerhalter war die wesentlichste Rechtfertigung für die Arbeitslosenunterstützung, Alter, Familienstand und Zahl der Kinder für deren Gewährung und Höhe wichtiger als das Lohnniveau, und — ab einer gewissen Min-

[34] Österreichischer Volkswirt, Bd. 1, 1936/37, Wien, S. 337 - 338.

destgrenze — auch der Dauer und Höhe der Beitragszahlung. Das von der Praxis der damaligen „Arbeitslosenversicherung" her vielleicht sogar verständliche Primat dieser Beschäftigungslosen brachte andere gesellschaftliche Gruppen, die ebenfalls ohne Arbeit waren, in eine bedrängte Lage: Die Jugendlichen, die nach Schule und Ausbildung keine Stelle fanden, die sogenannten „alten" Arbeitslosen und die Frauen, denen das Recht auf einen Arbeitsplatz zum Teil sogar ganz abgesprochen wurde.

Jugendarbeitslosigkeit

Obschon den Jugendlichen von diesen Gruppen wohl die meiste Aufmerksamkeit zuteil wurde, wirkte sich die Arbeitslosigkeit gerade auf ihre Probleme verstärkend aus[1].

Bereits Rousseau bezeichnete die Jugend als eine Krise[2], aus welcher die zweite Geburt des Menschen hervorgeht. Im Vordergrund dieser Altersgruppe steht die Sozialisierung, der Übergang zum Erwachsenen, der nicht nur vom Lebensalter, sondern mehr noch von bestimmten Verhaltensweisen abhängig gemacht wird[3]. Eine dieser Verhaltensweisen ist die Erbringung einer individuellen Leistung durch den Jugendlichen. Die Bewährung, das erfolgreiche Durchlaufen dieser Lebensphase bietet die Ausgangsposition für den weiteren Lebenslauf und dient als Grundlage der „Statusallokation unter Erwachsenen". Wird den Erwartungen zuwidergehandelt, „so sind schwerwiegende, langfristig wirksame negative Sanktionen und kaum reversible Folgen kaum zu umgehen[4]". Der Eintritt der Arbeitslosigkeit mußte demnach die Erfüllung dieser „altersspezifischen Rollendisposition" erschweren. Mehr noch als bei den Erwachsenen, bei denen Arbeitslosigkeit „soziale Desintegration" zur Folge hatte, war die Arbeitslosigkeit der Jugend ein nicht vorhergesehenes Ereignis, für welches in der Entwicklung des Jugendlichen kein Platz war. Die Konzentration auf die berufliche Arbeit bedeutete „einen so starken Halt für die Entwicklung des jungen Werktätigen und den Aufbau seines ganzen Lebens, daß ihr Verlust zunächst einfach unersetzlich" war[5]. „Jugend braucht Beschäftigung"[6] und ein wesentlicher Teil der Sozialisierung erfolgte durch Arbeit und Beruf. Der Umfang der Jugendarbeitslosigkeit für die Zwischenkriegszeit ist schwer festzustellen. Schätzungen gehen bis zu einem Vier-

---

1 Zum Begriff Jugend siehe: Henrik Kreuz, Soziologie der Jugend, München 1974, S. 18 ff.

2 Jean Jaque Rousseau, Emile ou de l'Education, London 1774, S. 32.

3 Henrik Kreuz, S. 50.

4 Henrik Kreuz, S. 169.

5 Wilhelm Reinermann, Berufsschicksal der erwerbslosen Handwerksjugend, in: Soziale Praxis, 1933, 42. Jg., Heft 24, S. 733.

6 Wilhelm Reinermann, S. 733.

tel der gesamten Arbeitslosen. Wesentlich aber war, daß ab der Weltwirtschaftskrise „große Massen Jugendlicher unter den gegenwärtigen Verhältnissen eine systematische berufliche Ausbildung überhaupt nicht erhalten" konnte[7]. Von der gewerblichen Betriebszählung 1930 bis zur Volkszählung 1934 war die Zahl der beschäftigten Lehrlinge von 95 000 auf 59 600 um mehr als ein Drittel zurückgegangen[8].

Dabei war der österreichische Arbeitsmarkt bereits ab 1922 nicht mehr in der Lage, den Andrang der Lehrlinge aufzunehmen. Die Zahl der Bewerber war fast durchwegs doppelt bis dreimal so groß, wie die Zahl der offenen Ausbildungsstellen.

Lehrstellenstatistik 1920 — 1937

Andrangziffer: Auf 100 Lehrstellenangebote kamen Suchende:

1920	111	1929	222
1921	96	1930	190
1922	169	1931	188
1923	195	1932	225
1924	175	1933	244
1925	125	1934	250
1926	262	1935	265
1927	310	1936	278
1928	208	1937	383

Quelle: Statistisches Handbuch für die Republik Österreich, 1920 - 1938, Statistisches Zentralamt, Wien.

Aber selbst der Abschluß einer Lehre war problematisch. Eine erfolgreiche Ausbildung, als eine vom Jugendlichen erbrachte Leistung wurde nur mehr bedingt in Form einer günstigeren Ausgangsposition belohnt und konnte ebenso, zum Teil sogar verstärkt zu Arbeitslosigkeit führen. Es waren „besonders die Lehrjungen und Lehrmädchen nach der Freisprechung von der Gefahr der Arbeitslosigkeit in erhöhtem Maße bedroht, da die Unternehmer trachten, diese Arbeitnehmer, denen sie nach der Freisprechung die üblichen kollektivvertraglichen Gehilfenlöhne zahlen müßten, sofort zu entlassen und neuerdings Lehrlinge aufzunehmen, denen sie während der ersten Zeit des Lehrverhältnisses fast durchwegs überhaupt kein Entgelt entrichten. Unter diesen Umständen stellen gerade die arbeitslosen Lehrlinge ein überaus großes Kontingent zur Menge der Arbeitslosen[9]". Darauf deutet auch die Volks-

[7] Memorandum des Jugendbeirates bei der Kammer für Arbeiter und Angestellte in Wien an die Bundesregierung vom 9. Jänner 1931, Verwaltungsarchiv, Sozialpolitik, 112467/31.

[8] Östereichische Volkszählung 1934, Bundesstaatenheft, Tabelle 13, Österreichische Betriebszählung 1930.

[9] Stellungnahme der Kammer für Arbeiter und Angestellte für Wien zur Durchführungsverordnung zum Arbeitslosenversicherungsgesetz an das Bundesministerium für Soziale Verwaltung, 23. August 1922; Archiv des Tagblatt und des Klubs Sozialdemokratischer Abgeordneter, Arbeiterkammer Wien, Dokumentation.

zählung 1934 hin, die bei den nach Berufen angeführten Arbeitslosen einen stark überhöhten Anteil bei den 10- bis 25jährigen aufwies[10].

Die gesetzlich eingeführte Bestimmung, den Gesellen noch mindestens drei Monate nach seiner Lehrzeit zu beschäftigen[11], konnte daran auch nicht viel ändern. „Nach Beendigung der Lehrzeit blieben sie noch die vorgeschriebenen drei Monate im Betrieb, sodann wurden sie zum großen Teil entlassen[12]."

Was blieb war „das bittere Gefühl, daß man trotz aller aufgewandten Mühe, trotz allen Berufsstrebens, trotz Lehrzeit, Fortbildungskurse, Gesellenprüfung, Fachschulbesuch[13]" nun so weit wie vorher war.

Die Arbeitslosenunterstützung war gering.

Wurde sie überhaupt gewährt, so wegen des ausbildungsbedingten niederen Einkommens in der Lehrzeit gerade mit dem niedrigsten Satz. 1932 wurde auf Grund der schwierigen finanziellen Lage der Arbeitslosenversicherung die Altersgrenze für die Bezugsberechtigung noch auf 25 Jahre hinauf gesetzt. Der „normative Druck[14]" nach einer Leistung des Jugendlichen blieb jedoch weiter bestehen. Die Stellung in der Familie wurde immer schwieriger. Es wurden „vielen der erwerbslosen Jugendlichen Tag für Tag die bittersten Vorwürfe gemacht, weil sie keine Arbeit fanden[15]" und die häusliche Atmosphäre wurde für den Jugendlichen unter dem Druck der wirtschaftlichen Not zunehmend angespannt[16]. Zusätzlich bewahrheitete sich auch für den jungen Arbeitslosen „die fast allgemeingültig gewordene Beobachtung, daß jener, der aus dem Produktionsprozeß hinausgerät, nur noch in Ausnahmefällen wieder hineinkommt[17]". Eine Untersuchung in einer deutschen Großstadt ergab, daß ein Drittel der Lehrlinge nach Beendigung der Lehrzeit ausschied und 16 % sofort arbeitslos wurden. Nach vier Jahren (1932) arbeiteten noch 29 % in ihrem erlernten Beruf, 6 % in einem anderen und 65 % waren ohne Arbeit[18]. Bei der Vergabe einer Arbeitsstelle erhielt jedoch durchwegs der den Vorrang, der den Nachweis einer un-

---

[10] Vgl. N. N., Arbeitslosigkeit der Jugendlichen, in: Österreichischer Volkswirt, Band 2 1936, S. 675.

[11] Die Ergänzung zur Gewerbeordnung vom 19. März 1926 § 105 a bestimmte: „Der Gewerbeinhaber ist verpflichtet, den Lehrling nach ordnungsgemäßer Beendigung der Lehrzeit, drei Monate als Gehilfen in seinem Betrieb zu beschäftigen."

[12] Siehe: N. N., Arbeitslosigkeit der Jugendlichen, in: Österreichischer Volkswirt, Band 2, 1936, S. 657.

[13] Wilhelm Reinermann, S. 732 und VA; Sozialpolitik, 36226/33.

[14] Henrik Kreuz, a.a.O., S. 43.

[15] N. N., Aus der Praxis der Erwerbslosenhilfe an Jugendlichen, Berlin 1931, S. 7.

[16] N. N., Jugend für Jugend, in: Arbeiterzeitung, Wien, 24. 6. 1932.

[17] Wilhelm Reinermann, S. 733.

[18] Wilhelm Reinermann, S. 733.

unterbrochenen Beschäftigung erbringen konnte. Es war daher für den Jugendlichen günstiger, einkommenslos zu werden, als beschäftigungslos. „Nur nicht arbeitslos, lieber nochmals eine Lehre[19].“

Dem jugendlichen Arbeitslosen wurde große Aufmerksamkeit zuteil. Die ergriffenen Maßnahmen entsprachen jedoch in keiner Weise den Warnungen von allen Seiten, die in zum Teil dramatischer Art auf die Gefahren der Jugendarbeitslosigkeit aufmerksam machten.

Diese zwiespältige Haltung beschreibt auch der Soziologe James Anthony: „Wohl das hervorragendste Merkmal dieser kollektiven Reaktionen ist die Bemühung der Erwachsenen um den „Schutz“ der Jugendlichen. Dieser wird in zwei Hinsichten angestrebt: erstens im Schutz vor Sexualität, zweitens in der Abwehr von Aggression. Vordergründig ist dabei das Bemühen um die Abschirmung der Jugendlichen vor „schlechten“ Einflüssen . . . ist aber gleichzeitig von Ängsten und Befürchtungen der Erwachsenen selbst getragen. Zu verhindern gilt nicht nur die Bedrohung der Jugend, sondern auch die Bedrohung der Erwachsenen durch die Jugend[20].“ Zum einen wurde die „zukünftige Entwicklung der Gesellschaft und damit die weitere Zukunft jedes einzelnen Erwachsenen als von ihr abhängig empfunden“. „Die Aufrechterhaltung der kulturellen Tradition, ja selbst die materielle Absicherung der Gesellschaft auf lange Sicht hängt nicht unwesentlich davon ab, ob es gelingt, den Jugendlichen in der Gesellschaft zu integrieren.“ Andererseits aber wurde die Jugend als „aktuelle Bedrohung der Gesellschaft“ erlebt und befürchtet, daß sie in einer Krisensituation wie der Arbeitslosigkeit „resignativen und aggressiven Formen der Problembewältigung verfallen“ könnten[21]. Was unter „resignativen und aggressiven Formen der Problembewältigung“ zu verstehen war, drückte die Wiener Arbeiterkammer (1922) in einem Schreiben an das Bundesministerium für Soziale Verwaltung aus: „Es ist in Erwägung zu stellen, daß es gerade diese jugendlichen Elemente sind, die nach der Not der Verhältnisse zum Radikalismus neigen und bei Ausschreitungen der Arbeitslosen stets eine Rolle spielen[22].“ Ebenso hebt 1933 eine Untersuchung in England hervor: „Der junge Mann von mehr als 18 Jahren stellt als Arbeitsloser ein besonderes Problem dar. Fast einmütig wird bezeugt, daß er rascher in Verfall gerät als die älteren Männer. Selbstvertrauen, Gewohnheit zu arbeiten und die Unabhängigkeit des erwachsenen Menschen sind ihm noch neu und werden leicht über Bord geworfen, um schierem Müßig-

---

[19] Wilhelm Reinermann, S. 734.

[20] James Anthony, The Reactions of Adults to Adolescent and their Behavior, in: G. Caplan / S. Lebovici (Hrsg.), Adoles; zitiert in: Henrik Kreuz, S. 28.

[21] Henrik Kreuz, S. 29 bis 30.

[22] Stellungnahme der Arbeiterkammer Wien vom 23. August 1922, a.a.O.

gang Platz zu machen[23]." Und die Resignation unter den jugendlichen Arbeitslosen unterstreicht auch ein Bericht des Internationalen Arbeitsamtes (1935): Die Minderheit revoltiert, die Mehrheit wird apathisch und unachtsam." „Übereinstimmung herrscht auch über das enorme Anwachsen des Bettelns und die allgemeine Laxheit der Moral unter den jungen Leuten . . . fast alle Berichte melden eine wesentliche Wendung zum Schlimmeren im sexuellen Leben der Jugend[24]. Als befürchtete Folgen der Jugendarbeitslosigkeit wurden gesteigerte Aggressivität, Jugendkriminalität und -alkoholismus, Vagabundieren und Prostitution angeführt[25]. Diese Darstellungen dienten jedoch mehr als Hinweis auf die Dringlichkeit dieses Problems, denn als Beweis für die tatsächlichen Auswirkungen der Jugendarbeitslosigkeit. In den meisten Berichten konnte kein erkennbares Anwachsen der Vergehen und Verbrechen Jugendlicher festgestellt werden. Über die Prostitution waren sichere Angaben nicht vorhanden, in den meisten Ländern wurde eine Vermehrung aber nicht beobachtet[26]. Ebenso wie für Österreich ein Zusammenhang zwischen Kriminalität und Arbeitslosigkeit allgemein nicht nachgewiesen werden konnte, erlauben auch die vorhandenen Daten über Jugendkriminalität keinen solchen Rückschluß.

Auch in neueren Arbeiten werden Jugendalkoholismus, Vagabundieren, vor allem aber gesteigerte Aggressivität als Folgen der Jugendarbeitslosigkeit immer wieder angeführt[27]. Belegt können sie jedoch nicht werden. Für die Zwischenkriegszeit ergeben sich mehr Anzeichen dafür, daß die Jugendlichen bei Arbeitslosigkeit eher zu Überanpassung tendieren, höchstens resignativ, kaum aber aggressiv reagiert haben und sich eher konservativen Ideologien zuwandten[28], keineswegs aber in einem „unheilvollen Radikalismus ihr Heil[29]" suchten.

Als Hinweis dafür kann der zumindest „gemäßigte" Ton des Jugendbeirates der Kammer für Arbeiter und Angestellte in Wien angeführt werden, eine der wenigen Jugendorganisationen, die sich überhaupt

---

[23] N. N., Wirkungen der Arbeitslosigkeit in England, in: Soziale Praxis, 1933, 42. Jg., Heft 24, S. 736.

[24] Die Arbeitslosigkeit der Jugend, Internationales Arbeitsamt, Studien und Berichte, Reihe C, Genf 1935.

[25] Eine ausführliche Sammlung solcher Vorurteile findet sich etwa bei: Gilberta Haslinger, Das Problem der Jugendarbeitslosigkeit in Österreich, Diss. Graz 1952, S. 55 ff.

[26] Vgl. Arbeitslosigkeit und Jugend, Bericht des „The Save the Children International Union", in: Soziale Praxis, 1934, 43. Jg., Heft 47, 1399.

[27] Siehe dazu etwa die meisten Beiträge in: Jugendarbeitslosigkeit — Materialien und Analysen zu einem neuen Problem, Herausgegeben von Sybille Laturner und Bernhard Schön, Reinbek bei Hamburg, 1975.

[28] Bruno Hafeneger und Bernhard Schön, Politische Bildung und Jugendarbeitslosigkeit, in: Jugendarbeitslosigkeit, S. 140.

[29] N. N., Die Not der österreichischen Jugend, in: Neue Freie Presse, Wien, 4. Februar 1931.

mit dem Problem der Jugendarbeitslosigkeit befaßte und in der katholische, gewerkschaftliche und sozialistische Jugendverbände vertreten waren[30]. „Die Jugendverbände betonen grundsätzlich, daß sie vollständig von der Überzeugung durchdrungen sind, daß die gegenwärtige wirtschaftliche Lage Österreichs eine restlose Beseitigung der Erwerbs- und Berufslosigkeit Jugendlicher nicht zuläßt. Was unter den gegebenen Verhältnissen geschehen kann, ist die Schaffung von Ventilen, um Ausbrüche der Not und Exzesse Jugendlicher zu verhindern.“ Als ein noch deutlicheres Zeichen, und damit sind wir schon bei Maßnahmen gegen die Jugendarbeitslosigkeit, kann der Erfolg des Freiwilligen Arbeitsdienstes gewertet werden, der 1932 nach deutschem Vorbild auch in Österreich errichtet wurde und den anfänglichen Andrang kaum bewältigen konnte. Nicht ohne Grund versuchten die Gewerkschaften und die Sozialdemokratische Partei mit wirtschaftlichen und politischen Argumenten die Schaffung des Freiwilligen Arbeitsdienstes zu verhindern. „Gibt es aber rivalisierende Machteliten und kulturelle Traditionen“ schreibt Henrik Kreuz in „Soziologie der Jugend“, „so wird das Verhalten der Erwachsenen Jugendlichen gegenüber noch prekärer. In diesem Falle muß nämlich befürchtet werden, daß die rivalisierende Gruppe, Organisation oder Gesellschaft Einfluß über die Jugendlichen gewinnt. So kann sich z. B. die Auseinandersetzung zwischen sozialen Klassen darauf verlagern, Einfluß über die Jugend der anderen Klasse zu gewinnen und so die Auseinandersetzung für sich zu entscheiden[31]“.

Beim Freiwilligen Arbeitsdienst als „sozialpädagogische Einrichtung[32]“ um „die beschäftigungslose Jugend wieder einer geregelten Arbeit zuzuführen und sie in den Arbeitsdienstlagern auch erzieherisch zu beeinflussen[33]“ hatten die Gewerkschaften lediglich einen Einfluß auf die Art der durchzuführenden Arbeiten, um eine Konkurrenzierung mit dem Arbeitsmarkt zu verhindern. Trotz teilweise zugestandener Sicherungsmaßnahmen, stimmte die Sozialdemokratische Partei daher, wenn auch erfolglos, gegen das Gesetz zum Freiwilligen Arbeitsdienst, dessen Mißbrauch sie fürchtete. Einigkeit herrschte jedoch auf caritativem Bereich[34]. Es galt, „zehntausende erwerbsloser Jugendlicher, die auf sich selbst angewiesen, häufig genug tagsüber ohne Unterkunft und daher gezwun-

[30] Memorandum des Jugendbeirates vom 9. 1. 1931, S. 7; im Jugendbeirat waren vertreten: Reichsbund der katholisch-deutschen Jugend; Hauptstelle der christlichen Gewerkschaftsjugend; Reichsverband der katholischen Mädchenvereine; Verband der sozialistischen Arbeiterjugend; Lehrlingssektion des Bundes der freien Gewerkschaften Österreichs; Mädchenvereinigung im Verband der Sozialistischen Arbeiterjugend. Siehe hierzu: Verwaltungsarchiv, Sozialpolitik, 223/31 und 1112467/31; und: Antrag des Jugendbeirates, 80.346/34.

[31] Henrik Kreuz, S. 30.

[32] Österreichischer Volkswirt, Band 1, Wien 1934, S. 45.

[33] Österreichischer Volkswirt, Band 2, Wien 1932, S. 1127.

[34] Vgl. Henrik Kreuz, S. 45 ff.

gen sind, sich bei jeder Witterung in der Straße aufzuhalten" im „Interesse der Allgemeinheit[35]" eben von dieser Straße zu holen. Die von der Wiener Arbeiterkammer initiierte, von praktisch allen politischen Richtungen und vielen Privatpersonen unterstützte Aktion „Jugend in Not" war unter solchen Maßnahmen die bedeutendste. In den Wintern 1930 bis 1935 standen etwa 100 Heime den jugendlichen Arbeitslosen zur Verfügung, in welchen sie unter Aufsicht die Möglichkeit hatten, sich zwischen 9 und 19 Uhr in geheizten Räumen aufzuhalten und an Veranstaltungen zur Unterhaltung und berufskundlichen Weiterbildung teilzunehmen. Vor den etwa 600 000 bis 700 000 Besuchen pro Winter — davon 5 % bis 10 % Mädchen — waren etwa drei Viertel ohne jede Arbeitslosenunterstützung, weshalb der ausgegebenen warmen Mahlzeit einige Bedeutung zukam[36]. Einigkeit der verschiedenen politischen Richtungen herrschte aber auch bei Maßnahmen zur Verringerung der Konkurrenz durch Jugendliche auf dem Arbeitsmarkt. Da es ohnehin zu wenig Arbeitsmöglichkeiten gab, schien es sinnvoll, die arbeitenden Jahrgänge zu verringern und den Jugendlichen so spät wie möglich voll in den Arbeitsprozeß einzugliedern.

Einmal in Form staatlich subventionierter Verlängerung der Lehrzeit mit dem Argument: „Es ist weit besser (und auch billiger), wenn die Familie eines Lehrlings unterstützt wird, als wenn durch Einstellung eines jugendlichen Arbeiters ein älterer arbeitslos wird[37]", und zum anderen durch ein zusätzliches Schuljahr: „Ungefähr seit Beginn der Weltwirtschaftskrise im Jahr 1929 bildete die Arbeitslosigkeit der Jugendlichen in den verschiedenen Ländern einen der Gründe für die Forderung nach Verlängerung der Schulpflicht[38]." Diese Vorschläge kamen jedoch in den meisten Ländern über einen Gesetzesentwurf nicht hinaus. „In Österreich scheiterte die Verlängerung der Schulpflicht zum Zwecke der Verminderung der Arbeitslosigkeit, die seit 1930 beraten wurde, an der Unmöglichkeit der Aufbringung der dazu erforderlichen Mittel[39]." Und während diese Vorschläge noch diskutiert wurden, sah sich 1930 etwa die Niederösterreichische Landesregierung gezwungen, aus finanziellen Gründen 94 Schulklassen zu schließen[40].

---

[35] Verwaltungsarchiv, Sozialpolitik, 398/32, S. 8.

[36] Siehe dazu: Anton Kimml, Das größte Wiener Arbeitslosenhilfswerk „Jugend in Not", Wien 1935 und als Zusammenfassung: Haden, Johann: Jugend in Not, Diss. Wien 1938.

[37] Bodmann, Alte und Junge auf dem Arbeitsmarkt, in: Soziale Praxis, 1933, 42. Jg., Heft 44, S. 1273.

[38] Arbeitslosigkeit der Jugendlichen und Verlängerung der Schulpflicht, in: Soziale Praxis, 1935, 44. Jg., Heft 28, S. 823.

[39] Arbeitslosigkeit der Jugendlichen, S. 825.

[40] Schulkinder als Opfer der Krise, in: Neue Freie Presse, Wien, 13. 10. 1932.

Der Versuch, den Eintritt ins Berufsleben zu verzögern, der Situation: Schule — Ausbildung — Arbeitslosigkeit zu entkommen, spielte daher höchstens bei individuellen Überlegungen eine Rolle. So konnte eine Korrelation zwischen der Arbeitslosigkeit und der Zahl der Studenten nachgewiesen werden. Gesamtgesellschaftlich scheiterte er, trotz einiger Ansätze, an den dafür erforderlichen notwendigen Mitteln.

Die sogenannten „alten" Arbeitslosen

Bei den Bemühungen zur Einengung des Arbeitsmarktes auf weniger Jahrgänge und damit weniger „Arbeitsberechtigte" war die Jugend jedoch nur eine Seite. Die zweite Gruppe, deren Eliminierung aus dem Arbeitsprozeß mit mehr Erfolg betrieben wurde, waren die sogenannten „alten" Arbeitslosen. Spätestens mit der Weltwirtschaftskrise wurde die Siuation der stellenlosen äleren Arbeinehmer hoffnungslos. „Bei Männern über 50 herrscht Mutlosigkeit und Entbehrung vor[1]" bemerkte ein zeitgenössischer Bericht. „Wer mit 50 aus der Stelle kommt, hat regelmäßig keine Hoffnung je wieder eine zu finden[2]." Zum Teil galt das schon mit 40 Jahren.

Dementsprechend war auch ihr Anteil an der langfristigen Arbeitslosigkeit groß. Im Durchschnitt (1933) machten die über Fünfzigjährigen an der Notstandsunterstützung[3] — einer Art Verlängerung der Arbeitslosenunterstüzung — zwar nur 17,5 % der gesamen Unterstützten aus. Ein Prozentsatz, der durchaus ihrer Stellung innerhalb der beschäftigten Bevölkerung entsprach. Bei längerer Arbeitslosigkeit aber nahm der Anteil der älteren Arbeitslosen überproportional zu und läßt auf einen ursächlichen Zusammenhang zwischen Alter und Dauer der Arbeitslosigkeit schließen .

Anteil der über Fünfzigjährigen an der Dauer des Bezuges der Notstandsunterstützung (1933):

17,5 %	der gesamten Unterstützten
13,8 %	der bis zu einem Jahr Unterstützten
23,5 %	der über 1 Jahr Unterstützten
27,5 %	der über 2 Jahre Unterstützten
31,5 %	der über 3 Jahre Unterstützten
39,4 %	der über 4 Jahre Unterstützten
46,4 %	der über 5 Jahre Unterstützten
56,2 %	der über 6 Jahre Unterstützten
60,4 %	der über 7 Jahre Unterstützten
64,8 %	der über 8 Jahre Unterstützten

Quelle: Berechnet nach: Statistik zu Arbeitslosenversicherung, IV, Herausgegeben vom Bundesministerium für Soziale Verwaltung, Wien 1934, S. 9.

[1] Soziale Praxis, 1933, 42. Jg., Heft 24, S. 736.

[2] Bodmann, Alte und Junge auf dem Arbeitsmarkt, S. 1274.

[3] Die Gewährung erfolgte auf Grund der „Gefährdung des Lebensunterhalts", wobei den einzelnen Industriellen Bezirkskommissionen ein relativ großer Ermessensspielraum zugestanden wurde.

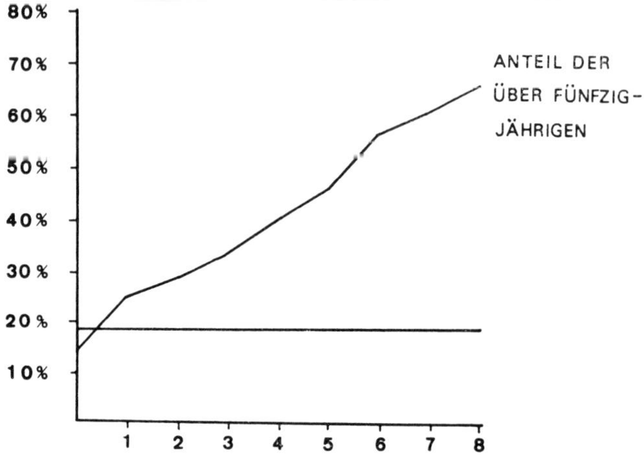

Die Graphik zeigt geradezu das Idealbild einer positiven Korrelation und bestätigt, daß die älteren Arbeitnehmer, einmal arbeitslos geworden, kaum mehr zu vermitteln waren.

Dabei muß das Bild, das durch die Notstandsunterstützung gegeben wurde, noch als günstig bezeichnet werden. Neben dieser Unterstützung befanden sich 1933 noch 79 000 Personen in der Altersfürsorge. Diese Rente wurde 1927 eingeführt, um die Situation der über 60 Jahre alten Arbeitslosen zu erleichtern und wurde als „großer sozialer Fortschritt[4]" begrüßt. Als Fortschritt, da „die alten ausgedienten Arbeiter nicht mehr wie bisher im Falle der Arbeitsunfähigkeit ohne jede Hilfe der größten Not ausgesetzt" waren, „sondern daß sie mit einer — wenn auch nicht großen, so doch sicheren — monatlichen Geldhilfe rechnen können und diese Geldhilfe nicht die Form einer Gnadengabe trägt, sondern auf Grund eines Rechtsanspruches erfließt[5]". Diese Rente war jedoch nur eine „Geldhilfe" und recht niedrig angesetzt. Schon die zeitlich befristete Arbeitslosenunterstützung war empfindlich weniger als das zu ihrer Berechnung herangezogene Einkommen. Die Notstandsunterstützung betrug noch 80 % der Arbeitslosenunterstützung. Die Altersfürsorgerente aber war noch um ein Drittel geringer und betrug 1928 durchschnittlich 540,— Schilling[6].

Der Weiterbezug der Notstandsunterstützung war demnach auf den ersten Blick auch für den älteren Arbeitslosen günstiger. Diese Unter-

---

[4] Arbeiterversicherungsgesetz 1. 4. 1927, BGBl. Nr. 125, §§ 265 - 273, Beginn 1. Oktober 1927, siehe hierzu: Franz Keller, Das österreichische Arbeiterversicherungsgesetz, in: Arbeit und Beruf, Nr. 15, 1927, S. 464; und: Fritz Rager, Die Altersfürsorgenrente, in: Arbeit und Wirtschaft, 1927, S. 539 - 540.

[5] Franz Keller, S. 464.

[6] Berechnet nach: Amtliche Nachrichten des Bundesministeriums für Soziale Verwaltung, Wien 1929.

stützung brachte jedoch eine Reihe von Unannehmlichkeiten mit sich. Die Notstandsunterstützung mußte in Abständen neu bewilligt werden. Außerdem bestand eine Meldepflicht — zweimal wöchentlich — und das Geld war persönlich abzuholen. Die Altersfürsorgerente aber, einmal gewährt, lief als Monatsrente bis zum Lebensabend und gestattete ab 65 sogar einen zusätzlichen Nebenerwerb[7]. Demnach war die Zahl der Altersrentner auch stark im Steigen begriffen:

Zahl der Altersfürsorgerentner
Jahresdurchschnitt

1928	27 596	1933	79 035
1929	38 148	1934	85 371
1930	48 589	1935	90 084
1931	59 749	1936	92 535
1932	69 886	1937	93 000

Quelle: Berechnet nach: Amtliche Nachrichten des Bundesministeriums für Soziale Verwaltung, Wien, 1928 - 1937.

Der Erfolg der Altersfürsorge täuschte jedoch über die Nachteile dieser Geldhilfe hinweg.

Die Zunahme der Fürsorgenrentner ergab sich nicht nur als Folge „daß die Rente die alten Arbeitslosen anreizt, die Arbeitssuche aufzugeben", wie dies das Institut für Konjunkturforschung annahm, sondern bewirkte ebenso, „daß die Rente auch die Hemmungen der Unternehmer weggeräumt hat, ihre alten Arbeiter zu entlassen[8]". Die Betriebe wollten sich vor „Überalterung" bewahren[9]. Dadurch verbesserte die Altersfürsorge zwar die Arbeitslosenstatistik, da die Rentner dort nicht mehr angeführt wurden, sie waren jedoch nur teilweise dem Arbeitsmarkt entzogen.

Dem Altersrentner stand es frei, auch weiterhin Arbeit anzunehmen und er war sogar dazu gezwungen, da die niedrige Rente seinen Lebensunterhalt nicht sicherte. Allerdings ermöglichte sie es dem älteren Arbeiter, für einen geringeren Lohn zu arbeiten[10].

Im Bereich der alten Arbeitslosen gab es keine Drohungen und Warnungen. Aufmerksamkeit wurde ihnen lediglich in ihrer Stellung als „Doppelverdiener" zuteil, wenn sie neben der unzulänglichen Rente noch eine Arbeit annahmen. Sonst gingen die Überlegungen eher dahin, wieviele ältere Arbeitnehmer in den Ruhestand zu versetzen wären, um der Wirtschaft einen entsprechenden Anteil junger Erwerbsloser wieder zurück zu geben[11].

[7] Franz Keller, S. 465.

[8] Österreichischer Volkswirt, Band 1 1929, S. 1039

[9] Bodmann, S. 1274.

[10] Österreichischer Volkswirt, Band 2 1927/28, S. 1127.

[11] Siehe etwa: Bemerkungen zum Arbeitslosenproblem, in: Neue Freie Presse, 23. November 1933.

Eine Rechnung, die kaum aufging, da die hohe Arbeitslosigkeit nicht nur von Entlassungen herrührte, sondern bei der schlechten Wirtschaftslage auch frei werdende Posten kaum mehr besetzt wurden[12]. Bei der hohen allgemeinen Arbeitslosigkeit wurde die Stellenlosigkeit der Alten zwar als bitter angesehen, aber letztlich doch als „vorwiegend ein Versorgungsproblem[13]". Doch auch dieses Problem wurde nur in sehr bescheidenem Rahmen gelöst.

Frauenarbeitslosigkeit

So wurde der Arbeitslosigkeit entsprechend dem Alter der Betroffenen ein unterschiedlicher Stellenwert eingeräumt. Hauptaugenmerk lag auf dem Beschäftigungslosen mittleren Alters, dem auf Grund seiner Stellung als Familienhalter die größte Bedeutung zugesprochen wurde. Damit rückten Arbeit und Beruf mit zunehmender Arbeitslosigkeit fast ausschließlich in das Licht der Erwerbsmöglichkeit und Erwerbsnotwendigkeit. „Das Recht auf den Beruf wird nicht nach Maßgabe des Wertes oder der Eigenart einer Leistung, sondern nach dem Grad der Bedürftigkeit beurteilt[1]." Dadurch gerieten sowohl alte wie jugendliche Arbeitslose ins Hintertreffen. Die Jugendarbeitslosigkeit wurde zwar als Problem erkannt und, wie es scheint, auch nicht untypische Maßnahmen dagegen ergriffen. Ältere Arbeitnehmer konnten dagegen auf Grund der hohen allgemeinen Arbeitslosigkeit kaum mit einer besonderen Berücksichtigung ihrer spezifischen Schwierigkeiten rechnen. Aber während man versuchte, der Jugendarbeitslosigkeit entgegenzuwirken und die alten Arbeitslosen zumindest zu versorgen, wurde die Arbeitslosigkeit der Frauen sogar gefördert.

Im Ersten Weltkrieg war die Frauenarbeit auf ein bis dahin ungeahntes Ausmaß angewachsen. Ihr Anteil an der Gesamtbeschäftigung wurde in Österreich mit etwa 40 % angenommen. Nicht nur der kriegsbedingte Mangel an Arbeitskräften führte zu dieser Entwicklung, sondern auch die wirtschaftliche Not. Die Steigerung der Lebenshaltungskosten war in Österreich stärker als in den meisten anderen kriegführenden Staaten und zwang viele Frauen, sich nach einem zusätzlichen Verdienst umzusehen. Mit Kriegsende ging der Anteil der Frauenarbeit zurück, blieb aber dennoch im Verhältnis zur Vorkriegszeit hoch[2]. Die problematische wirtschaftliche Entwicklung der Zwanzigerjahre, mit ihren nur kurzen konjunkturellen Erholungen, führte zu einer verstärkten Abneigung und Agitation gegen die Frauenarbeit, nicht nur in Österreich, sondern in

---

[12] Vgl. Lüdy, S. 350.

[13] Bodmann, S. 1274 f.

[1] Käthe Gaebel, Krisis des Frauenstudiums, in: Arbeit und Beruf, 25. 10. 1932, S. 302.

[2] Emmy Freundlich, Die industrielle Arbeit der Frau im Kriege, Wien 1918.

ganz Europa. Dabei läßt sich keine eindeutige Frontstellung erkennen. Die Meinungen waren selbst innerhalb der Frauenorganisationen geteilt und auch die Gewerkschaften schwankten zwischen dem „Recht auf Arbeit" und „Die Frau gehört ins Haus".

Wenn selbst die Frauenverbände die allgemeine „Animosität gegen die außerhäusliche Erwerbsarbeit der Frau" teilweise unterstützten, so entweder aus pragmatischen Gründen mit dem Argument: „Solange die Arbeitslosigkeit nicht zu beseitigen ist, müssen Männer als Familienerhalter und zukünftige -gründer bevorzugt in Beschäftigung gesetzt werden[3]" und Frauen, „deren wirtschaftliche Versorgung anderweitig gesichtet ist und die einen wichtigen Wirkungskreis in ihrer Familie zu erfüllen haben[4]" sollten daher von ihrem Dienstposten ausscheiden. Oder aber, um in aufopfernder Weise „um der Kinder willen" selbst die Forderung nach gesetzlichem Verbot der Erwerbsarbeit verheirateter Frauen zu fordern.

Dennoch versuchten gerade die Frauenorganisationen, vor allem der Gewerkschaften, gegen die zunehmende Agitation aufzutreten, die vielfach so scharf vorgetragen wurden, „daß sie Kampfcharakter angenommen haben[5]". Sie konnten sich jedoch nicht einmal in den Gewerkschaften selbst voll durchsetzen. „Die Frauenarbeit eine gesellschaftliche Erscheinung"?, argumentierte ein Funktionär, „aber das war auch die Kinderarbeit und man hat sich nicht davon abhalten lassen, ihre Aufhebung zu fordern. Die Frau hat eben im Leben eine andere Funktion als der Mann[6]." Bei der Diskussion gegen die Erwerbstätigkeit der Frau wurde zum Einen recht offen argumentiert: „Es handelt sich um die übermäßige und unselige Verwendung von weiblichen Arbeitskräften in den Betrieben, Kanzleien, Warenhäusern. Da gehören die arbeitslosen Familienväter hin[7]."

Zum anderen wurde die moralisch-ethische Argumentation der „Bestimmung der Frau" ins Treffen geführt, zur Rechtfertigung ihrer Verdrängung nicht nur vom Arbeitsplatz, sondern vom Arbeitsmarkt überhaupt, „der bevölkerungspolitisch begründete Wille, die Frau in größtmöglicher Zahl wieder ihrer Aufgabe im Haushalt und als Mutter zurückzuführen[8]". Die Gegenargumente basierten im wesentlichen auf dem

---

[3] Verteilung der Arbeitsplätze, 3. Folge, Frauenarbeit, in: Soziale Praxis, 1933, 42. Jg., Heft 43, S. 1237.

[4] Katholische Frauenorganisation der Erzdiözese Wien: Vorschläge zur Arbeitsbeschafftung, Verwaltungsarchiv, Sozialpolitik, 2910/33.

[5] Verteilung der Arbeitsplätze, S. 1237.

[6] Ist die Arbeit der verheirateten Frau zu verbieten?, in: Arbeit und Wirtschaft, S. 298.

[7] Schreiben eines Arbeitslosen an den Bundeskanzler, Verwaltungsarchiv, Sozialpolitik, 3672/33.

[8] Verteilung der Arbeitsplätze, S. 1237.

Prinzip der Gleichberechtigung. „Die Frau muß dasselbe uneingeschränkte Recht auf volle Entfaltung ihrer Kräfte nach Veranlagung und Fähigkeiten haben, wie der Mann[9].“ Ein Argument, das mit dem Steigen der Arbeitslosigkeit viel von seiner Überzeugungskraft verlieren sollte. Die Weltwirtschaftskrise ging an dieser Diskussion nicht ohne Folgen vorbei. Der Polemik der Zwanzigerjahre folgten konkrete Maßnahmen gegen die Frauenarbeit in den Dreißigerjahren.

Dabei griff man sowohl zu begünstigenden als auch zu restriktiven Maßnahmen.

Deutschland etwa führte das „Ehestandsdarlehen“ ein[10], das Frauen, die heiraten wollten, die finanzielle Möglichkeit der Aufgabe ihrer Erwerbsarbeit geben sollte. Diesem Beispiel folgte zum Teil auch die Privatindustrie. So beschloß die Zigarettenfabrik Reemtsma im Juli 1933, „daß jeder Arbeitnehmerin, die wenigstens ein Jahr in den Diensten der Firma steht und bis Dezember 1933 heiratet, eine zusätzliche Ausstattungshilfe von 600 M. in Form eines Barschecks zur Verfügung zu stellen. Sämtliche dadurch frei werdende Plätze werden, soweit technisch überhaupt möglich, durch Männer besetzt[11]“. Andere Tabakunternehmen, aber auch Betriebe der chemischen Industrie, des Handels und die Continental-Gummi-Werke schlossen sich an.

In anderen Branchen aber, etwa der Textilindustrie, wurden in Zusammenarbeit mit den Arbeitsämtern Richtlinien beschlossen, welche Berufsarten „in Zukunft den weiblichen Arbeitskräften noch zur Verfügung gestellt werden sollen[12]“. Abbaumaßnahmen im öffentlichen Dienst wurden jedoch frühzeitig vom Reichsinnenministerium abgewinkt, da in Deutschland eine gesetzliche Grundlage für ein allgemeines Vorgehen gegen weibliche Beamte und Lehrer nicht gegeben war. Grundsätzlich wurden zwar — nicht nur bei Arbeitslosigkeit — männliche Bewerber bevorzugt, im sozialen Bereich und zum Teil auch im Unterricht wurde jedoch auf das „Dienstliche Bedürfnis“ hingewiesen, das „die Verwendung weiblicher Arbeitskräfte in Beamten- und Angestelltenstellen[13]“ erfordere. In Österreich wurden Maßnahmen gegen die Frauenarbeit zwar spät, aber dafür um so konsequenter ergriffen. Die Lage der arbeitenden und arbeitslosen Frau war dementsprechend schwierig. Ihre Arbeitslosenunterstützung war in der Regel bedeutend geringer, als die ihrer männlichen Kollegen. Das lag einmal an den allgemein niedrigeren Löhnen der Frauenarbeit, die im Extremfall

---

[9] Ist die Arbeit der verheirateten Frau zu verbieten?, S. 297.

[10] Die Maßnahme wurde am 1. Juni 1933 eingeführt und gewährte eine Unterstützung von maximal 1 000 M.

[11] Verteilung der Arbeitsplätze, S. 1240.

[12] Verteilung der Arbeitsplätze, S. 1238.

[13] Verteilung der Arbeitsplätze, S. 1239.

sogar geringer sein konnten als die Arbeitslosenunterstützung[14]. Zum anderen war der Anteil der ungelernten Hilfsarbeiterinnen hoch und für etwa ein Drittel der weiblichen Arbeitslosen verantwortlich. Im Durchschnitt 1930 bis 1933 bezogen 78 % der arbeitslosen Männer den höchsten Unterstützungssatz (Lohnklasse X) aber nur 35 % der arbeitslosen Frauen. Bei der Notstandsunterstützung betrug das Verhältnis 83 % zu 39 %[15]. Setzt man das Ausmaß der Frauenarbeit 1933 mit etwa 30 % in Bezug zum Anteil der Frauen an der Arbeitslosenunterstützung mit etwa 20 %, so scheint dies ein relativ günstiges Bild zu geben. Dieses positive Ergebnis war jedoch Resultat zunehmender Benachteiligung bei der Arbeitslosenunterstützung. Frauen wurden Notstandsunterstützungen nur in geringem Maße oder überhaupt nicht gewährt. Vor allem die Verlängerung der Anwartschaftszeit zur Arbeitslosenunterstützung — die an sich eher gegen die ländlichen Arbeiter gerichtet war — wurde geradezu als „Frauenparagraph“ bezeichnet. So wurde 1931 die Berechtigung auf eine Arbeitslosenunterstützung von einer „dreijährigen, ununterbrochenen Beschäftigung in einem arbeitslosenversicherungspflichtigem Arbeitsverhältnis innerhalb der letzten zwölf Jahre[16]“ gebunden. Die Auswirkung dieser Bestimmungen zeigte sich in einer geradezu umgekehrten Altersstruktur bei der längerfristigen Arbeitslosenunterstützung. „Im Verhältnis zu den Männern ist die Zahl der arbeitslosen Frauen in den jungen und jüngsten Jahrgängen größer und nimmt in den höheren Jahrgängen rascher ab, doch ist diese Tatsache nicht so sehr auf eine geringere Arbeitslosigkeit der älteren Frauen, sondern auf die Härte, mit der gerade ihnen gegenüber bei der Zuerkennung der Notstandsaushilfe vorgegangen wird, zurückzuführen[17].“

Dieser Trend verstärkte sich noch in den Dreißigerjahren. Als Begründung für diese harten Maßnahmen wurde immer wieder das Argument angeführt: „daß häufige Mißbräuche der Arbeitslosenunterstützung bei den Frauen zu dieser Maßnahme zwinge[18]“. „Wenn Arbeiterinnen heute heiraten“, schrieb die Neue Freie Presse, „so suchen sie in erster Linie entlassen zu werden, um dann die normale Arbeitslosenunterstützung durch 32 Wochen zu erhalten. In den meisten Fällen wird auch eine Notstandsunterstützung zugebilligt. Nun muß man aber be-

[14] So etwa in der Textilindustrie im Viertel unter dem Wienerwald und im Waldviertel, vgl. Die Lage der arbeitenden Frau, in: Arbeit und Wirtschaft, Wien 1927, S. 932.

[15] Errechnet nach: Statistiken zur Arbeitslosenversicherung, herausgegeben vom Bundesministerium für Soziale Verwaltung, Wien 1934, S. 11.

[16] Vgl. Das Schicksal der notstandsunterstützten Frauen, in: Arbeit und Wirtschaft, Wien 1931, S. 129 - 130.

[17] Vgl. Das Alter der arbeitslosen Frauen in Österreich, Arbeit und Wirtschaft, Wien 1931, S. 757.

[18] Das Schicksal der notstandsunterstützten Frauen, S. 130.

denken, daß all diese Frauen nach der Heirat keiner Arbeit außer Haus nachgegangen wären[19]". Dagegen wies Bakke nach, daß gerade in Zeiten der Arbeitslosigkeit der Erwerbstätigkeit der Frau eine zunehmende Bedeutung zukam. Auch die Haushaltsstatistiken der Wiener Arbeiterkammer lassen diesen Schluß zu. Gerade in wirtschaftlich schlechten Zeiten versuchten die Frauen, auf Grund der Arbeitslosigkeit und des eingeschränkten Verdienstes des Familienhalters, selbst Arbeit zu finden. Wegen der geringeren Lohnansprüche und der hohen beruflichen Mobilität waren sie zum Teil sogar erfolgreicher bei der Arbeitsuche, als ihre männlichen Kollegen. „Unter dem Druck der wirtschaftlichen Zwangslage wird meistens jene Verdienstmöglichkeit ergriffen, welche sich gerade bietet. Die Arbeiterin, welche heute in einer Papierfabrik beschäftigt ist, geht morgen ohne weiteres in eine Metallwarenfabrik, wenn sie hiebei Aussicht auf höhere Entlohnung hat oder wenn die neue Arbeitsstätte näher an ihrem Wohnort gelegen ist[20]." Der höheren beruflichen Mobilität stand jedoch eine geringere örtliche Beweglichkeit gegenüber.

„Die arbeitssuchende Frau ist bei der Annahme eines auswärtigen Arbeitsplatzes stets durch die Rücksichtnahe auf ihre Familie gehemmt und setzt daher einer Vermittlung des Arbeitsnachweises nach auswärts von vornherein unüberwindliche Schwierigkeiten entgegen[21]." Der Versuch, die notwendige Erwerbsarbeit mit den Aufgaben in den Familien zu vereinen, war, oder ist, das grundlegende Problem der Frauenarbeit. „Einerseits drängt sie die wirtschaftliche Not zu einem Broterwerb, andererseits drachtet sie, die Behinderung der Fürsorge für ihre Familie auf ein Minimum herabzusetzen[22]." Diese Doppelfunktion war auch letztlich die Ursache des „Mißbrauchs" der Arbeitslosenunterstützung und diente der Arbeitslosenversicherung als Rechtfertigung ihrer Schlechterstellung. „Bei einer nicht zu unterschätzenden Anzahl von arbeitssuchenden Frauen, welche in den Bezug der Arbeitslosenunterstützung gelangt sind, ersetzt mehr oder minder das aus der Arbeitslosenunterstützung fließende Einkommen das im betreffenden Haushalt vorhandene Defizit am Existenzminimum. Die Unterstützungsempfängerin begnügt sich nicht selten mit dem zwar geringen Einkommen aus der Arbeitslosenunterstützung, behält aber hierbei die für sie viel wertvollere Gelegenheit der ungestörten Fürsorge für ihre Familie[23]." Als der Höhepunkt der Weltwirtschaftskrise bereits überschritten war und

[19] „Über ein Viertel der Arbeiterschaft feiert", in: Neue Freie Presse, Wien, 8. 2. 1930.

[20] Elsa Gasteigner, Schwierigkeiten bei der Vermittlung weiblicher Arbeitsloser, in: Arbeit und Wirtschaft, Wien 1929, S. 324.

[21] Gasteiger, S. 324.

[22] Gasteiger, S. 324.

[23] Gasteiger, S. 325.

in anderen Ländern die Maßnahmen gegen die Frauenarbeit bereits wieder im Abklingen waren, setzte die österreichische Regierung im Rahmen der Bekämpfung des „Doppelverdienertums" gesetzliche Maßnahmen gegen die Frauenarbeit. Das kriegswirtschaftliche Ermächtigungsgesetz diente auch als Grundlage einer Verordnung über den Abbau weiblicher Personen im Bundesdienst[24]. Der im Abbau seiner Beamten schon erfahrene österreichische Staat verfügte: „Verheiratete weibliche Bedienstete sind abzubauen, wenn ihr Mann in einem aktiven, mit Pensionsanspruch verbungenen Dienstverhältnis steht und ein monatliches Diensteinkommen von mehr als 340,— Schilling hat." „Hinsichtlich des Anspruches auf Ruhegenuß und Abfertigung werden die abgebauten Frauen so behandelt, als ob sie wegen Dienstunfähigkeit ausgeschieden wären." Die Verordnung sieht ferner weitgehende Beschränkungen für die Aufnahme verheirateter Personen in den Dienst des Bundes (Dorotheum, Bundesbahn, u. dgl.) vor. „Die Verehelichung einer im aktiven Dienstverhältnis stehenden Frau ist dem freiwilligen Dienstaustritt bzw. der Kündigung des Dienstverhältnisses gleichzuhalten[25]." Diese „Zöllibatsverordnung", die sich nicht mit dem Abbau weiblicher Beamter begnügte, sondern auch ein Eheverbot für diese enthielt, stieß vor allem bei den Lehrerinnen und insbesondere bei den Mittelschullehrerinnen auf starken Widerstand, die sich vor die Entscheidung „Beruf oder Familie" gestellt sahen. „Verfügungen, wie sie der vorliegende Entwurf des Doppelverdienergesetzes enthält" wandte sich der Bund Österreichischer Frauenvereine an den Bundeskanzler, „würden sich in Erschütterung der persönlichen Sicherheit, Umgehung der bürgerlichen Eheform und fortschreitendem Abbröckeln unseres Kulturguts auswirken[26]". Mit solchen Eingaben erschöpften sich aber die Aktionen der Frauenverbände und der Betroffenen, da eine Diskussion dieser Frage in der Öffentlichkeit und der Presse nur beschränkt möglich war und auch nicht stattfand. Dem wachsenden allgemeinen Druck gegen die Frauenarbeit, dem Appell an die wahren Aufgaben der Frau und dem in der Zwischenkriegszeit zum Schimpfwort gewordenen Vorwurf des „Doppelverdieners", den ehefördernden Maßnahmen und den gesetzlichen, zum Teil auch privaten Restriktionen auf dem Gebiet der Frauenarbeit und der Unterstützung weiblicher Arbeitsloser, blieb der Erfolg letztlich nicht versagt.

Die wenigen vorhandenen Zahlen weisen darauf hin, daß die Frauenarbeit ab dem Jahr 1928/29, wie in den ersten Nachkriegsjahren zurück-

[24] Verordnung der Bundesregierung vom 15. 12. 1933, BGBl. Nr. 545 über den Abbau verheirateter weiblicher Personen im Bundesdienst; Novellierung 8. Juni 1934; Verwaltungsarchiv, Sozialpolitik, 47/34.

[25] Comunique zum „Doppelverdienergesetz", Verwaltungsarchiv, Sozialpolitik, 447/34.

[26] Schreiben des Bundes österreichischer Frauenvereine an Bundeskanzler Dollfuß, 15. 12. 1933, Verwaltungsarchiv, Sozialpolitik, 3672/33.

gegangen war. Der Anteil der Frauen am Unterstütztenstand ging von 27 % im Jahr 1926 auf 20 % im Jahr 1933 zurück und der Anteil der Frauenarbeit überhaupt fiel von 29,7 % im Jahr 1934 auf 26,8 % 1937.

Anteil der Frauenarbeit und der Frauen am Unterstütztenstand der Arbeitslosenversicherung:

1926	26,06 %	
1927	27,03 %	
1928	29,50 %	
1929		
1930		
1931	21,50 %	
1932		
1933	20,50 %	
1934		29,77 %
1935		28,28 %
1936		27,29 %
1937		26,88 %

Quelle: Anteil der Frauen am Unterstütztenstand: Statistiken zur Arbeitslosenversicherung, 1930, 1932 und 1934, Bundesministerium für Soziale Verwaltung, Wien.
Anteil der Frauenarbeit: Österreichisches Institut für Konjunkturforschung, 1938, S. 42, Durchschnitt der ersten neun Monate.

5. Der Arbeitslose als gesellschaftliche Kraft

Bei den Untersuchungen über die Arbeitslosen von Marienthal entdeckte Lazarsfeld ein sozial-psychologisches Phänomen, von dem er annahm, daß es „wahrscheinlich erst wieder in geordneteren Zeiten in seiner vollen Bedeutung und Schwierigkeit erkannt werden wird[1]“. Bei den durchgeführten Befragungen wurde im Rahmen der Erfassung der Personaldaten die Frage nach dem Beruf der Arbeitslosen gestellt. Es gaben an:

Arbeitslos als Beruf	51,9 %
einen Beruf	24,7 %
einen Beruf mit dem Vermerk jetzt arbeitslos	23,4 %

Dazu Lazarsfeld: „Die Leute verlieren allmählich ihre Berufs- und Arbeitstradition; sie empfinden ‚arbeitslos sein‘ bereits als eigenen Stand. Und zwar sind weder die ganz jungen, die oft noch unmittelbar die Erinnerung an die eben erst abgeschlossene Lehrzeit haben, noch die Alten mit ihrer langen Berufstradition am gefährdetsten. Die Gefahr des Verlustes der Arbeits- und Arbeitermentalität ist am stärksten für jene mittlere Gruppe, die ja schon einmal — im Weltkrieg — aus ihrer Berufsstellung herausgerissen wurde.“ „Die mittleren Altersstufen verlieren offenbar mit der Zeit ihr Berufsbewußtsein und heben sich allmäh-

[1] Jahoda / Lazarsfeld / Zeisel, S. 84 f.

lich als Stand der Arbeitslosen ab." In ähnlicher Weise schrieb eine Vereinigung von Arbeitslosen zur Rechtfertigung ihres Bestandes: „Wir gehören den 600 000 Erwerbslosen an, die den fünften Stand der Gesellschaftsordnung, als Klasse der Verelendeten, wirtschaftlich Verzweifelten und deshalb zum Verhungern oder Selbstmord verurteilten österreichischen Staatsbürger bilden[2]." Ebenso führte Otto Bauer aus: „Wir haben nicht einmal mehr zwei Drittel der Arbeiter und Angestellten in den Betrieben und wir haben draußen eine ungeheure Masse von mehr als vierhunderttausend Menschen, die von der Arbeit ausgeschlossen sind. Darin liegt die ungeheure Gefahr, daß sich unterhalb der beschäftigten Arbeiterklasse eine Klasse von dauernd Arbeitslosen bildet, die in einen Zustand hoffnungsloser Verzweiflung geraten . . .[3]" Bildeten die Arbeitslosen wirklich einen eigenen Stand, eine Klasse oder eine Gesellschaftsschicht?

Organisierten sie sich, und wenn ja, wie und was waren die Ziele dieser Organisation? Und wie wirkte sich letztlich die Arbeitslosigkeit auf politisches Bewußtsein und Aktivitäten aus?

Die Arbeitslosen, eine Gesellschaftsschicht?

Unzweideutig gestaltet sich die Zuordnung der Arbeitslosen nach dem Zweiklassenschema von Karl Marx[4]. Per definitionem gehören die Arbeitslosen der Klasse an, die keine Verfügungsgewalt über die Produktionsmittel besitzt. Sie bilden als „industrielle Reservearmee" ein Reservat an menschlicher Arbeitskraft. Nicht mehr so eindeutig erscheint die Zuordnung nach dem Ansatz von Max Weber, auf den die Schichtungssoziologie aufbaut. Weber fügte als Bestimmungsmerkmal der Hierarchie in der Gesellschaft der wirtschaftlichen Schichtungsdimension noch zwei weitere hinzu: Macht und Prestige[4]. Soziale Schichtung wird demnach Ausdruck sozialer Ungleichheit, der „Eingliederung einer sozialen Gruppe oder Gesellschaft in die Hierarchie von Positionen, die in bezug auf Macht, Eigentum, soziale Wertschätzung und/oder psychische Belohnung ungleich sind[5]". Wobei nach Pearson die subjektive Beurteilung durch andere als Basis für die Bildung von Schichten, sozialen Einheiten und Positionen dient[6].

Entsprechend diesen Kriterien kann eine Veränderung der sozialen Schichtung vom Arbeitenden zum Arbeitslosen in der Zwischenkriegs-

[2] Vereinigung „Notwehr" Erwerbsloser Österreichs, Wirtschaftliches Programm an die Bundesregierung, 22. 12. 1932, Verwaltungsarchiv, Sozialpolitik, 223/31.

[3] Otto Bauer, Arbeit für 200 000, Wien 1933, S. 14.

[4] Karl Marx, Kritik der politischen Ökonomie; siehe auch: Melvin Tumin, Schichtung und Mobilität, München 1975, S. 20.

[5] Tumin, S. 29.

[6] Tumin, S. 25.

zeit nachgewiesen werden. Lang anhaltende Arbeitslosigkeit veränderte die Stellung des Betroffenen in der sozialen Hierarchie. Verfügte er am Arbeitsplatz auf Grund seiner Kenntnisse und Fertigkeiten — wenn auch beschränkt — über eine gewisse Macht, so war seine Verhandlungsposition als Arbeitsloser lediglich eine Demonstration seiner Bedürftigkeit. Seine Eigentumsbasis, verstanden als die Verfügungsgewalt über Gegenstände überhaupt, wurde schmäler und psychische Belohnungen in Form von Lob und Anerkennung praktisch Null. Vor allem aber erfuhr die subjektive Beurteilung durch andere und soziale Wertschätzung des Arbeitslosen, dem in einer arbeitenden Gesellschaft das Stigma des Nichtstuns anhaftete, eine weitgehende Minderung. Die hohe Dauerarbeitslosigkeit in der Zwischenkriegszeit brachte jedoch keine neue Gesellschaftsschicht hervor. Resultat war nicht der „Stand der Arbeitslosen", sondern schlicht das Absinken breiter Bevölkerungskreise in eine niedrigere Gesellschaftsschicht. Ein Prozeß sozialen Niedergangs, der eng mit den Themenkreisen „Niedergang des Mittelstandes" und „Verelendung des Proletariats" zusammenhing.

Nicht aber mit einer gesellschaftlichen Neubildung, Der Dauerarbeitslose sank in eine mindere Gesellschaftsschicht ab, mit allen Identifikations- und Persönlichkeitskrisen, die in den fünf Stadien beschrieben wurden, ob diese Schicht nun „Lumpenproletariat", wie bei Paul Mattik, oder Unterschicht oder gar Unter-Unterschicht wie bei Lloyd Warner bezeichnet wird[7]. Die hohe Dauerarbeitslosigkeit in der Zwischenkriegszeit wurde in ihrer gesellschaftsverändernden Wirkung bislang kaum betrachtet. Die meiste Aufmerksamkeit ging in die Richtung politische Auswirkung der Arbeitslosigkeit, wobei gerade hier eine Reihe von Aussagen zumindest in Frage gestellt werden müssen.

Zusammenschlüsse und Organisierung der Arbeitslosen

Eine gewisse Tendenz, die Arbeitslosen doch als eigene Gesellschaftsschicht abzugrenzen, bestand in den Versuchen, diese zu organisieren.

Der Höhepunkt dieser Bewegung war Anfang der Weltwirtschaftskrise, wo die Zahl der Arbeitslosen eine bis dahin ungeahnte Steigerung erfahren hatte.

Ein Großteil dieser Vereinigungen war jedoch im Jahr 1933 bereits wieder verschwunden oder befand sich in Auflösung. Spontane Aktionen von Arbeitslosen zur Durchsetzung ihrer Interessen waren eher selten. Solche traten etwa 1932 als Reaktion auf Verschärfungen der Bestimmungen zur Arbeitslosenunterstützung auf[8]. Der Anstoß zur Or-

---

[7] Paul Mattik, Arbeitslosigkeit und Arbeitslosenbewegung in den USA 1929 - 1935, S. 113.

[8] Siehe die Berichte der Bezirkshauptmannschaften und des Landeshauptmanns. Demonstrationen und Ausschreitungen wurden vor allem in Indu-

ganisation von Arbeitslosen kam aber vor allem von drei Seiten[9]. Einmal und in erster Linie von den bestehenden Interessenvertretungen und Parteien, welche die Arbeitslosen als Mitglieder gewinnen oder erhalten wollten. Dann von Einzelpersonen außerhalb der Arbeitslosen, die etwas für diese unternehmen wollten und letztlich auch von denkenden und ehrgeizigen Personen unter den Arbeitslosen, die sich mit den bestehenden Zuständen nicht zufrieden geben konnten. Wohl die frühesten und konsequentesten auf diesem Feld waren die Gewerkschaften und die kommunistische Partei. Die anhaltend schwierige wirtschaftliche Situation konfrontierte die österreichischen Gewerkschaften mit einer Art Zangenbewegung: Einerseits barg die hohe Arbeitslosigkeit die Tendenz einer Verringerung der Zahl der Gewerkschaftsmitglieder und damit einer Schwächung der Verhandlungsbasis in sich. Andererseits erhöhte die schlechte Lage die Konkurrenz der Arbeiter und Angestellten auf dem Arbeitsmarkt und verstärkte den disziplinierenden Druck in den Betrieben[10]. Sie errichteten daher bereits 1923 einen Arbeitslosenbeirat, um eine „vollständig geschlossene Organisation der Gewerkschaften mit den Arbeitslosen[11]" zu erreichen. Der Beirat wurde in Fragen, die Arbeitslosen betreffend sowohl von den Gewerkschaften als auch von der Arbeiterkammer gehört und kann vor allem wegen seiner Verbindung mit der Arbeiterkammer als eine der wichtigsten und wirkungsvollsten Arbeitslosenorganisationen angesehen werden. Eine weitere Maßnahme der Gewerkschaften bestand in einer direkten Unterstützungszahlung und Sammlungen für ihre arbeitslos gewordenen Mitglieder[12]. Während die Gewerkschaften vor allem versuchten, einer Schwächung entgegenzuwirken, erhoffte sich die Kommunistische Partei eine Stärkung ihrer eigenen Position. Auf ihre Anregung hin wählten die Arbeitslosen der verschiedenen Wirtschaftszweige Branchenkomittes, die in einem Zentralarbeitslosenkomitee zusammen geschlossen waren. Das Zentralarbeitslosenkomittee gab sich den Anschein der Überparteilichkeit, ver-

striegemeinden gemeldet: St. Pölten, Neunkirchen, Waidhofen a. d. Y., Traisental, Atzgersdorf, Graz, Gmunden, Zell am See, Steyr, Mödling, Lilienfeld, Frankenburg, Baden, Landeck, Eisenerz, Traun und andere Orte mehr. Siehe: Verwaltungsarchiv, Sozialpolitik, 834, 20645/33.

[9] Siehe hierzu: E. Wight Bakke, Citizens without work, S. 71 ff.

[10] Vgl. Ulrich Mückenberger, Gewerkschaftliche Jugendarbeit in der Wirtschaftskrise, in: Jugendarbeitslosigkeit, a.a.O., S. 118 ff. Dieser „disziplinierende Druck in den Betrieben" ließe sich an zahlreichen Beispielen darlegen. So hatte etwa die Alpine-Montan auf eine Erhöhung der Sozialleistungen durch ein Gesetz im Jahre 1932 in der Form reagiert, daß sie in ihrem Betrieb in Eisenerz 700 Arbeiter für 14 Tage gekündigt hatte, um sie nach dieser Zeit, bei einem entsprechend gekürzten Lohn wieder einzustellen; ebenso wie in der Landwirtschaft 1932 Arbeiter zur Hälfte des Mindestlohnes (Richtlohn von 80 Groschen pro Tag) eingestellt wurden und auch arbeiten. Verwaltungsarchiv, Sozialpolitik, Alpine: 48664/32; Landwirtschaft: 89626/32.

[11] Die Organisation der Arbeitslosen, Arbeiterzeitung, Wien, 24. 3. 1923.

[12] Siehe etwa: Die freien Gewerkschaften und die Arbeitslosen, in: Arbeit und Wirtschaft, Wien 1926, S. 295.

suchte für die Gesamtheit der Arbeitslosen aufzutreten und eine offizielle Anerkennung zu erlangen. Nach anfänglicher Zusammenarbeit gelangten sie jedoch bereits Mitte der Zwanzigerjahre auf Grund ihrer Agitation in zunehmenden Gegensatz zur Sozialdemokratischen Partei und den Gewerkschaften[13].

Zusätzlich aber entstanden noch eine ganze Reihe anderer Arbeitslosenorganisationen als Antwort und Reaktion der verschiedenen Weltanschauungen auf das Phänomen der Arbeitslosigkeit. Von unabhängigen über sozialistische und nationale, bis zum katholischen Weltverband zur Bekämpfung der Arbeitslosigkeit „Blauer Adler", der 1933 von Kardinal Innitzer im Wiener Hotel Bristol gegründet wurde[14]. Neben dem Versuch, die Beschäftigungslosigkeit und ihre Folgen kollektiv leichter zu überwinden, stellten die Zusammenschlüsse der Arbeitslosen das Bestreben dar, sie als Unsicherheitsfaktor auszuschalten oder ihre Energie in eine bestimmte politische Richtung zu lenken. Ihre Ziele und Forderungen waren kaum revolutionär und richteten sich nur am Rande gegen das bestehende gesellschaftliche System.

Die radikalsten Töne wurden noch bei den unparteilichen Vereinigungen angeschlagen, die von Arbeitslosen selbst errichtet wurden und in ihrem Bestand sehr labil waren. In der Vorgangsweise und der Art der Forderungen ähnelten sich jedoch alle Arbeitslosenorganisationen sehr. Ihre Aktivitäten erfolgten fast ausschließlich über Versammlungen und Demonstrationen. Hier wurden die Resolutionen angenommen und Entschließungen gefaßt, die der Öffentlichkeit und der staatlichen Verwaltung übergeben wurden, und die den Kern der meist unregelmäßigen Tätigkeit der Arbeitslosenorganisationen darstellten. Zur Illustration sei hier der Bericht der Bundespolizeidirektion Wien über eine von kommunistischer Seite initiierte Arbeitslosendemonstration vom 25. 2. 1931 wiedergegeben: „Am 25. Februar 1931 sammelten sich gegen 10 Uhr vormittags bei den vorher bestimmten Sammelplätzen Gruppen kommunistischer Arbeitsloser, hielten dort kurze Versammlungen unter freiem Himmel ab und zogen sodann unter Mitführung von Tafeln mit Aufschrift wie: ‚Für Brot, Freiheit und Arbeit', ‚Gebt uns Brot für unsere Kinder', ‚Heraus mit der Winterhilfe', ‚Heraus mit dem 7 Stundentag', ‚Gegen den Lohnraub', ‚Unentgeltliches Licht und Gas für alle Arbeitslosen' und dergleichen zum Schwarzenbergplatz, von wo sich um 1/2 12 Uhr vormittags ein etwa 2 500 Personen starker Demonstrationszug über die Ringstraße und Universitätsstraße zum Freiheitsplatz in Bewegung setzte. Während des Marsches wurde von kleinen, im Zug

[13] Vgl. Wer ist das Zentralarbeitslosenkomitee?, in: Arbeiterzeitung, 15. 3. 1925, und: Die Forderungen der Arbeitslosen, Arbeiterzeitung, Wien, 15. 2. 1922.

[14] Siehe: Neue Freie Presse, 24. 10. 1933, und auch: Verwaltungsarchiv, 223/31, 8810/33, 117491/35, usw.

verteilten Gruppen wiederholt die Rufe ‚Hunger, Arbeit' ausgestoßen. Nach dem Eintreffen des Zuges auf dem Freiheitsplatze hielt der in der Arbeitslosenbewegung tätige Kommunistenführer Ludwig Haas, der Redakteur der ‚Roten Fahne' Friedrich Hermann sowie mehrere andere Redner Ansprachen, worauf sich die Teilnehmer zerstreuten[15]."

In den Forderungen unterschieden sich die Arbeitslosenorganisationen wenig.

Adressat war die Regierung, der Staat, von ihm wurde Abhilfe erwartet, wobei sich die Forderungen auf drei Ebenen erstreckten: Der Staat sollte vor allem Arbeitsplätze schaffen und erhalten, in Form von öffentlichen Arbeiten, Schaffung von neuen Verdienstmöglichkeiten, Verbot von Betriebsstillegungen und Massenentlassungen. Daneben finden sich häufig gruppenegoistische Forderungen, wie Maßnahmen gegen Ausländer. Aber auch den burgenländischen und niederösterreichischen Bauarbeitern in Wien drohte man mit der Parole „Die Wiener Bauten den Wiener Bauarbeitern!" und in Vorarlberg mußte der Bund gegen die Ausweisung von Arbeitern aus anderen Bundesländern Einspruch erheben[16].

Eine weite Verbreitung fand auch die Forderung nach Verteilung der vorhandenen Arbeit auf mehr Arbeitnehmer. In Form von Kürzung der Arbeitszeit ohne Lohnsenkung, Eintreten für den 6 bis 7 Stundentag, bzw. 30 bis 40 Stundenwoche, Einstellung von Überstunden und Akkordarbeit, Bekämpfung des Doppelverdienertums und Frühpensionierung mit 50 Jahren. Dem schloß sich des öfteren eine Einkommenskritik an, wie die Kürzung aller Gehälter über 500,—, 800,— oder 1 000,— Schilling monatlich und die Forderung „gegen Doppelverdiener und Schwerverdiener". Auf der zweiten Ebene beschäftigten sich die Forderungen mit der Verbesserung der Situation der Arbeitslosen. Erhöhung oder zumindest keine Verschlechterung der Arbeitslosenunterstützung, Einstellung von Aussteuerungen und Kürzungen der Notstandsunterstützung und Erweiterung des Kreises der Unterstützungsberechtigten etwa auf die Land- und Forstarbeiter. Als dritte und niedrigste Ebene der Forderungen, sozusagen, wenn die vorhergehenden erfolglos sein sollten, wurden unentgeltliche Leistungen für die Arbeitslosen und vor allem für die Ausgesteuerten gefordert. Mietzinsbeiträge, unentgeltliches Heizmaterial, Wärmestuben in den Arbeitsämtern und kostenlose Ausspeisungen.

Neben dem Appell an die soziale Verantwortung der Regierung, des Staates und der Allgemeinheit, endeten die Resolutionen häufig mit der Drohung, daß Ruhe und Ordnung unter den Arbeitslosen nicht mehr

[15] Bericht der Bundespolizeidirektion Wien über die Arbeitslosendemonstration in Wien am 25. 2. 1931, Verwaltungsarchiv, Sozialpolitik, 19.222/31.

[16] Verwaltungsarchiv, Sozialpolitik, 16.932/33.

aufrecht erhalten werden kann: „Dem Hungertod werden sich jene Arbeiter, die 4 1/2 Jahre während des Weltkrieges und nach dem Zusammenbruch 13 Jahre in der Republik auf das Gewissenhafteste ihre Pflicht erfüllt haben, nicht wehrlos und tatenlos ausliefern lassen ... Eine zum Äußersten gereizte und des zum Leben notwendigen beraubte Arbeiterschaft könnte auch mit tausenden Gewehren und Maschinengewehren nicht davon abgehalten werden, sich das zum Leben notwendigste dort zu nehmen, wo es ist[17]." Besonders einfallsreich zeigte sich der Selbsthilfeverband der Arbeitslosen Österreichs, der bei Nichteinhaltung eines von ihm an die Behörden gestellten Ultimatums mit dem Besuch der feinen Wiener Restaurants durch Arbeitslose drohte, um dort à la Carte zu speisen, die Bezahlung zu verweigern und auf diese Weise die Aufmerksamkeit der Öffentlichkeit auf die Notlage der Arbeitslosen zu lenken[18]. Erzielten die meisten Aktionen auch wenig direkte Resultate, so wurden sie doch oft wegen ihres agitatorischen Wertes wiederholt. Die Idee der Zusammenschlüsse und Demonstrationen wurde bei den Arbeitslosen jedoch nicht populär und an den Märschen beteiligten sich stets nur eine kleine Minderheit. Die beschriebene Demonstration mit 2 500 Teilnehmern zählte bereits zu den großen. Bei den Versammlungen waren zumeist nur wenige hundert Personen anwesend, häufig war deren Zahl sogar unter hundert.

Während die in bestehende Organisationen und Interessenvertretungen eingefügten Arbeitslosenvereinigungen zumindest Bestand hatten, erwiesen sich die unabhängigen Organisationen als besonders labil, da ihre Zielsetzung bereits die Beseitigung der Ursache und des Motivs ihres Zusammenschlusses beinhaltete.

Die geringe Neigung, sich zu organisieren, um einen kollektiven Druck ausüben zu können, stellt eine Herausforderung an die „Theory of bargaining" dar, daß Verhandlungsschwäche Zusammenschlüsse und Organisationen stimuliert und fördert[19]. Neben dem Versuch durch eine Organisation ihre Lage zu verbessern, waren die Arbeitslosen doch „stets auf dem Sprung, ohne Rücksicht auf andere Momente, sich individuell zu helfen"[20]. Außerdem brachte die Zugehörigkeit zu solchen Zusammenschlüssen Arbeit und kaum sofortige Resultate, sondern bedeutete nur einen Extraaufwand an Geld, Zeit und Energie, den sich allgemein nur die Arbeiter erlauben konnten, denen es noch verhältnismäßig gut ging[21]. Dem entspricht die These von Lazarsfeld, daß mit steigender Not die

---

[17] Sozialdemokratische Betriebsorganisation Bruck, Schreiben an die Regierung vom 28. 11. 1931, Verwaltungsarchiv, Sozialpolitik, 8810/31.

[18] Forderungen des Vereins „Selbsthilfeverband der Arbeitslosen Österreichs", Verwaltungsarchiv, Sozialpolitik, 8810/31.

[19] Wight Bakke, S. 71.

[20] Paul Mattik, S. 113.

[21] Paul Mattik, S. 109.

Mitgliedschaft bei Vereinen aus einer Gesinnungssache zu einer Interessenangelegenheit wurde[22], ebenso wie die Klage Neustädter-Stürmers, „daß sicherlich viele junge Leute nur wegen Erlangung eines Einstellungsscheines in das Schutzkorps eintreten" ...[23], da damit eine Begünstigung bei der Zuteilung von Arbeit verbunden war.

„Nicht die Erweiterung ihres Horizontes, sondern die Verengung" entsprach den direkten Notwendigkeiten der Arbeitslosen am besten. „Die Organisationsaktivität würde sie in ihrem auch weiterhin individuell zu leistenden Existenzkampf eher behindern als unterstützen[24]." Daher ist es trotz Riesenarbeitslosigkeit den „Arbeitslosenbewegungen nicht gelungen zu wirklichen Massenorganisationen zu werden oder die Masse der Arbeitslosen für längere Zeit zu aktivieren"[25].

Politische Auswirkungen der Arbeitslosigkeit

Es gibt eine weit verbreitete These, derzufolge hohe Arbeitslosigkeit ihren politischen Ausdruck in einer Verstärkung radikaler Tendenzen findet[26]. Pitirim Sorokin schreibt in seiner „Soziologie der Revolution": „Fast alle Aufstände werden durch die Masse der Arbeitslosen ausgelöst. Wenn der Wunsch nach Ernährung oder der Ernährungstrieb ‚unterdrückt' wird, haben wir eine Ursache von Aufständen und Revolutionen. Wenn der Mangel an Unterkunft, Kleidung, Heizung usw. selbst bis zu einem Mindestmaß nicht befriedigt wird, haben wir eine weitere Ursache der Revolution[27]."

Auf Grund seiner Existenzbedrohung und Randstellung in der Gesellschaft wurde dem Arbeitslosen eine zunehmende Aufnahmebereitschaft für gesellschaftsverändernde Ideologien zugeschrieben.

Die hohe Dauerarbeitslosigkeit in Österreich während des Bestandes der Ersten Republik hätte daher zu einer politischen Aktivierung und Radikalisierung der Beschäftigungslosen führen müssen.

Die Ergebnisse der Wahlen während der Zeit der höchsten Arbeitslosensteigerungsraten (Gemeinderatswahlen 1929, Nationalratswahl 1930 und Landtagswahlen 1932) zeigten jedoch ein ganz anderes Bild und lassen einen solchen Schluß nicht zu[28], weder in ihrer Gesamtheit, noch in ihrem Resultat der „Arbeitslosengemeinde" Marienthal[29].

[22] Jahoda / Lazarsfeld / Zeisel, S. 43.

[23] Neustätter-Stürmer, Vortrag an den Ministerrat, Mai 1934 (Sozialminister), Verwaltungsarchiv, Sozialpolitik, 112/34.

[24] Paul Mattik, S. 109.

[25] Paul Mattik, S. 108.

[26] Siehe etwa: E. Wight Bakke, S. 46 ff.

[27] Pitirim Sorokin, Die Soziologie der Revolution, München 1928, S. 312.

[28] Der Vergleich der Nationalratswahlen 1927 und 1930 — Österreichisches Jahrbuch 1930, Hrsg. Bundespressedienst, 12. Folge, Wien 1931, S. 202 — und

„Untersuchungen von Sozialwissenschaftlern ergaben", bemerkte Paul Mattik für die USA, „daß mit steigender Verelendung der Massen eher eine Abnahme als eine Zunahme ihrer revolutionären Tendenzen verbunden ist. Die Riesenarbeitslosigkeit und das Elend der Depressionsjahre in Amerika haben jedenfalls, wenn von einzelnen spontanen Ausbrüchen abgesehen wird, keine bemerkbaren wesentlichen ideologischen Veränderungen unter den Arbeitslosen mit sich gebracht[30]." Die Wirkung der Verelendung der Arbeiterschaft zeigte sich eher in einer Abnahme des politischen Interesses.

So hatten auch in Marienthal die politischen Hauptvereine auf Grund der Arbeitslosigkeit durchwegs schwere Verluste erlitten[31]. Der Mitgliederstand der Sozialdemokratischen Partei betrug 1931 bezogen auf 1927 noch 33 %. Im Ort waren nur mehr die politisch tätig, die in Arbeit standen, Funktionäre legten durchwegs ihre Funktion zurück, wenn sie arbeitslos wurden. „Die Gesinnung wird nicht geändert, sie verliert nur gegenüber den Sorgen des Alltags an gestaltender Kraft", vermutete Lazarsfeld, „Früher habe ich die Arbeiterzeitung auswendig können", sagte einer der Arbeitslosen, „jetzt schau ich sie mir nur ein biß'l an und werf sie weg".

Das Unvermögen der Ersten Republik, das Problem der Arbeitslosigkeit zu lösen, mag zu einer Verstärkung „antidemokratischer Zeittendenzen"[32] geführt haben, zur Beziehungslosigkeit und passivem Mißtrauen der Arbeitslosen gegenüber der Demokratie, nicht jedoch zu direkten politischen Aktivitäten.

Die Arbeitslosen verarbeiteten ihre Lage auf politisch-bewußtseinsmäßiger Ebene insofern, als sie eher konservative, zum Teil auch atavistische Ideologien als Erklärungsmuster übernahmen, verbunden mit einem Mißtrauen gegenüber neuen, fremden Lösungsmöglichkeiten und dem Beharren auf bestehende, anerkannte Formen des Zusammenlebens[33]. Alle seine bisherigen Erfolge, Konsum, Prestige, Erziehung, Stellung, hatte er innerhalb des bestehenden Gesellschaftssystems erreicht. Die eigene Arbeitslosigkeit wurde wohl als Fehler des Systems erkannt, Argumenten der wirtschaftlichen Ungerechtigkeit wurde jedoch zumeist mit einem „Ja, aber . . ." geantwortet. Die Angst, das bisher erreichte — auch wenn es nur wenig war — zu verlieren und als

---

der Wahlen auf regionaler Ebene im Arbeitslosenort Marienthal, Jahoda / Lazarsfeld / Zeisel, zeigten keine wesentlichen Veränderungen, vor allem keine solchen, die als Ausdruck einer Radikalisierung gedeutet werden können.

29 Österreichisches Jahrbuch 1931, S. 202.

30 Paul Mattik, S. 190.

31 Jahoda / Lazarsfeld / Zeisel, S. 42.

32 Erich Zöllner, Geschichte Österreichs, Wien 1974, S. 508.

33 Vgl. E. Wight Bakke, S. 55 ff.

radikal bekannt zu werden, was sich als Hindernis bei der weiteren Arbeitssuche auswirken konnte, war ein weiterer Dämpfer für radikale Tendenzen. Vor allem aber waren die Arbeitslosen als Gruppe zu heterogen und zeigten nur wenig Tendenz und Neigung sich zu organisieren. Gesellschaftlich war die Arbeitslosigkeit ein dynamischer Prozeß, ein Vorgang mit „changing groups", die nur in einem gewissen Stadium der Arbeitslosigkeit für radikale Parolen besonders ansprechbar waren. Die politische Aggressivität der Arbeitslosen kann nicht einfach am Verlust an Vermögen, Einkommen und sozialer Stellung gemessen werden. Die Verarmung erfolgte nicht plötzlich, sondern langsam und mit der zermürbenden Dauer des Prozesses der Verelendung nahm auch die Widerstandskraft ab.

Sicher konnte es bei einer plötzlichen Erschwerung ihrer Lage zu Aktionen kommen. So etwa bei der 28. Novelle zur Arbeitslosenversicherung Ende 1932, die eine Einengung des Personenkreises der Berechtigten mit sich brachte. In verschiedenen Gebieten Niederösterreichs kam es am Auszahlungstag, in dem etwa 10 % der Arbeitslosen wieder weggeschickt wurden, zu Demonstrationen, „die teilweise recht bedenklichen Charakter" zeigten[34]. Die Bezirkshauptmannschaft Neunkirchen etwa befürchtete, daß die neuen Bestimmungen „im Bezirke eine Lage hervorrufen" könnten, „der sie mit den zur Verfügung stehenden Machtmitteln keineswegs gewachsen wären"[35], und die Sozialdemokratische Partei sah sich nicht mehr in der Lage, eine Verantwortung für die Veranstaltung einer Arbeitslosenversammlung zu übernehmen, die von ihren eigenen Mitgliedern und auch der Kommunistischen Partei verlangt worden war.

Die Unruhe wurde von der Regierung mit einem teilweisen Aussetzen der harten Maßnahmen im Winter 1932/33 abgefangen, um sie ein Jahr später ohne jeden Protest wieder voll in Kraft zu setzen. Anhaltende Arbeitslosigkeit dämpfte ganz allgemein Aktivität und Unternehmungsgeist des Betroffenen und auch der revolutionäre Elan ging damit weitgehend verloren. Interessenlosigkeit und mangelnde Solidarität verstärkten sich noch durch die Sozialpolitik. Unterschiedliche Arbeitslosen- und Notstandsunterstützung, Altersfürsorge, Aussteuerung und fehlende Unterstützungsberechtigung, produktive Arbeitslosenfürsorge und Freiwilliger Arbeitsdienst waren die Grundlagen einer heterogenen Interessenlage der Arbeitslosen, und verstärkten die Tendenz, eine Verbesserung individuell anzustreben und nicht politisch aufzu-

[34] Bericht des Landeshauptmanns von Niederösterreich an das Bundesministerium für Soziale Verwaltung, Verwaltungsarchiv, Sozialpolitik, 834/33.

[35] Bericht der Bezirkshauptmannschaft Neunkirchen an die niederösterreichische Landesamtsdirektion über die Auswirkungen der Richtlinien zur 28. Novelle des Arbeitslosenversicherungsgesetzes vom 7. Dezember 1932, Verwaltungsarchiv, Sozialpolitik, 20645/33.

treten. „Sie können nicht revolutionär auftreten“, resignierte Paul Mattik, „solange sie eine Minorität darstellen, in einer allgemein noch relativ stabilen Gesellschaft. Selbst eine Riesenarmee von Arbeitslosen ist außerstande die Gesellschaft zur Berücksichtigung ihrer Interessen zu zwingen, wenn die große Mehrheit noch imstande ist, auf Basis der bestehenden gesellschaftlichen Bedingungen auskömmlich zu leben[36].“

6. Zusammenfassung: Die soziale und gesellschaftliche Problematik der Arbeitslosigkeit

Für einen „Theoretiker der Revolution“ wie Sorotkin u. a. mag die Schlußfolgerung zwingend sein, daß ein Ausmaß an Arbeitslosigkeit von etwa 20 % der arbeitsfähigen und arbeitswilligen Bevölkerung, gut verteilt über ein ganzes Land, ein revolutionäres Potential erster Ordnung darstellte. Der mit der Arbeitslosigkeit verbundene Einkommensrückgang, die Not und das Gefühl der „Ungerechtigkeit der Gesellschaft“ mußte zu direkter Aktivität und kollektivem politischen Handeln führen.

Eine solche Entwicklung ist nicht eingetreten.

Die hohe Arbeitslosigkeit in Österreich zwischen den beiden Weltkriegen führte nicht zum verstärkten Klassenkampf, sondern höchstens zu Auseinandersetzungen zwischen verschiedenen Gesellschaftsgruppen mit scheinbar unterschiedlichen Interessen. Denn die Folgen der Arbeitslosigkeit waren weit differenzierter, als mit dem Schlagwort „Radikalisierung“ umschrieben werden kann. „Es ist als ob die kulturellen Werte, die im politischen Kampf stecken, erstarrt wären“, bemerkte Lazarsfeld, „oder sogar wieder primitiveren Formen des Kampfes Platz machten[1]“, und führte ein Beispiel aus dem Arbeitslosendorf Marienthal an: „Der Rückfall von der höheren kulturellen Stufe der politischen Auseinandersetzung auf die primitivere der individuellen gegenseitigen Gehäßigkeit ist fast aktenmäßig zu belegen ... Wir denken dabei an die anonymen Anzeigen, die wegen unbefugter Gelegenheitsarbeit trotz Bezug der Arbeitslosenunterstützung erstattet wurden. Die Strafe dafür ist oft lange dauernder Entzug der Unterstützung. Gewöhnlich sind diese Anzeigen eine Reaktion auf eine Veränderung der eigenen Unterstützungshöhe oder ein individueller Racheakt.“ Entscheidender aber zeigte sich das Sinken des Niveaus der Auseinandersetzung in Form von verstärkten Gruppenegoismen gegenüber gesellschaftlichen Randgruppen, nicht nur gegen Ausländer (Inlandsarbeiterschutzgesetz), sondern auch gegen Arbeiter aus anderen Bundesländern und anderen Berufen.

---

[36] Paul Mattik, S. 113.

[1] Lazarsfeld, S. 61.

Ebenso wurde nicht ohne Erfolg versucht, gesellschaftlich schwache Gruppen von den knapp gewordenen Arbeitsplätzen fernzuhalten oder zu verdrängen. Diese Versuche galten den Jugendlichen, den sogenannten „alten" Arbeitslosen, vor allem aber, unterstützt von einer von allen politischen Richtungen zumindest teilweise übernommenen Ideologie, der Erwerbstätigkeit der Frau.

Andere, an sich naheliegende Folgen der Not, die mit der Arbeitslosigkeit verbunden waren, konnten aber nicht belegt werden. So zeigte die Höhe der Arbeitslosigkeit weder einen direkten Einfluß auf Gesundheit und Sterblichkeit, noch auf das Ausmaß der Diebstahlkriminalität. Die Indikatoren haben nur dort eine Bestätigung erfahren, wo sie auf Einschränkung der Aktivität und der sozialen Äußerungen des Einzelnen zurückzuführen waren. Die Begleiterscheinungen der Arbeitslosigkeit, Einkommensminderung und Prestigeverlust, Isolierung und soziale Desintegration hatten eine belegbare Wirkung auf die Zahl der Familiengründungen und Geburten und die Höhe der Selbstmordrate. Ebenso wie das Ausweichen vom Arbeitsmarkt auf die Hochschulen und die Verminderung der Krankentage bei den Arbeitern als Zurückgehen der sozialen Aktivität interpretiert werden kann. Die Einengung des Horizonts und der Zukunftsplanung auf möglichst kurzfristige Perioden entsprach den Bedürfnissen der Arbeitslosen am besten, zumal die Ursachen der Arbeitslosigkeit, speziell der persönlich erlebten Arbeitslosigkeit, zumeist nicht einsichtig waren und nicht ohne weiteres verstanden werden konnten. Dementsprechend wurden zum Verständnis der eigenen Lage weitgehend irrationale Erklärungen übernommen; ob in deren Mittelpunkt die Juden, die Reichen oder die Banken waren, oder ob Zweifel an der Fähigkeit des industriellen Systems überhaupt angemeldet wurde. So ging die These der wirtschaftlichen und gesellschaftlichen Fehlentwicklung der industrialisierten Welt durch alle politischen Richtungen, fand einen Ausdruck in der Bewegung „Zurück aufs Land" und „Innenkolonisation" und kann letztlich auch als eine der Grundlagen des Ständestaates verstanden werden.

Während es der kommunistischen Partei, die in der Zwischenkriegszeit in Österreich wie keine andere auf die Arbeitslosigkeit gesetzt hatte, nicht gelang, die Betroffenen von einer Änderung des Gesellschaftssystems zu überzeugen und sie zu radikalisieren, versprachen die mehr oder weniger radikalen „rechts" stehenden politischen Richtungen eine Aufhebung oder doch zumindest Milderung der Arbeitslosigkeit innerhalb der bestehenden Gesellschaft oder in einem System, das auf „gesellschaftlichen Erfahrungen" der Vergangenheit aufbauen sollte.

Zusätzlich verband sie die Übernahme ihrer Gesellschaftsauffassung mit konkreten Vorteilen, sei es in bezug auf den Freiwilligen Arbeitsdienst oder der bevorzugten Arbeitsvermittlung für Angehörige des

Schutzbundes und der Vaterländischen Front. Wenn diesen Gruppen daher eine Stärkung ihrer Position durch die Arbeitslosigkeit zugesprochen wurde, so nicht, weil sie eine Antwort auf die Arbeitslosigkeit bereit hatten und auch nicht indem es ihnen gelang, die Betroffenen in ihrem Sinn zu radikalisieren, sondern, da sie konkrete, zum Teil ausgesprochen primitive Maßnahmen setzten. Gerade indem diese Maßnahmen unzulänglich waren und nicht alle Arbeitslosen einschließen konnten, war ihre Wirkung begründet. Die Mitgliedschaft bei Vereinen und politischen Parteien wurde bei langer Arbeitslosigkeit von einer Überzeugungssache zu einer Interessenangelegenheit, schrieb Lazarsfeld[2], und der Arbeitslose war stets auf dem Sprung, sich individuell zu helfen, bedauerte Mattik[3]. Die bevorzugte Arbeitsvermittlung, wie sie in Österreich nach 1933 für Mitglieder des Schutzbundes vorgesehen war und andere ähnliche Maßnahmen in dieser Richtung berücksichtigten diese Tatbestände weitgehend.

Damit konnten die politischen Parteien, die den Ständestaat trugen, ihre Position nicht trotz, sondern gerade wegen der hohen Arbeitslosigkeit festigen und eine Situation erreichen, auf der die extrem „linke" politische Richtung so intensiv hingearbeitet hatte.

Die Arbeitslosen waren wie gezeigt keine Klasse und keine eigene gesellschaftliche Schicht.

Auf Grund ihrer mißglückten Organisierung und fehlenden politischen Interesses oder gar Radikalisierung waren sie nicht mal eine entscheidende gesellschaftliche Kraft. Sie waren aber in ihrer Anwesenheit und ihrer Not eine Beunruhigung und Verunsicherung der arbeitenden Bevölkerung, die auch mit der Aufhebung der Arbeitslosigkeit, spätestens im Jahr 1938, noch nicht ihr Ende fand. In diesem Sinne kann der Arbeitslosigkeit in Österreich in der Zwischenkriegszeit eine langfristige, gesellschaftsverändernde Wirkung zugesprochen werden. Das Hauptaugenmerk bei der Untersuchung des Phänomens der Arbeitslosigkeit zwischen den beiden Weltkriegen wurde bislang auf die politischen Folgen gelegt; die Untersuchungen dieser Art befinden sich — zumindest teilweise — in einer Sackgasse. Die langfristigen gesellschaftlichen Wirkungen sind bislang aber kaum berücksichtigt worden.

So bestimmte die Arbeitslosigkeit der Dreißigerjahre entscheidend das wirtschaftliche Denken der Generation, die nach dem Zweiten Weltkrieg den Wiederaufbau bewerkstelligte und ist bis heute, nicht nur in der Wirtschaftstheorie, sondern auch in politischen Programmen und im Denken und Handeln des Einzelnen, zumindest in Österreich, wirksam.

---

[2] Lazarsfeld, S. 55.

[3] Paul Mattik, S. 112.

IV. Literaturverzeichnis

I. Ungedruckte Quellen

Verwaltungsarchiv Wien

Sozialpolitik folgende Bestände:

1918: 191, 253, 1.192
1919: 1.302, 2.072, 8.137, 21.072, 31.159, 35.688
1923: 9.586
1926: 38.727
1929: 625
1930: 75.657
1931: 223, 719, 8.810, 19.222, 112.467
1932: 398, 5.260, 40.475, 48.664, 89.626
1933: 834, 2.777, 2.910, 3.672, 5.875, 8.810, 16.932, 20.645, 36.226, 50.931, 62.557, 67.793, 74.142, 82.568, 86.242, 97.613
1934: 122, 447, 4.360, 80.346, 108.971, 112.447
1935: 59.028, 117.491

Archiv des „Tagblatt", Archiv des Clubs Sozialistischer Abgeordneter, Dokumentation der Kammer für Arbeiter und Angestellte für Wien.

Public Record Office, London

FO 37/16.647
FO 37/5.609
FO 37/22.320

II. Gedruckte Quellen

Bücher

Internationales Arbeitsamt und Publikationen des Völkerbundes:

- Das Problem der Arbeitslosigkeit in internationaler Betrachtung 1920 - 1929, Studien und Berichte, Serie C, Nr. 13, Genf 1929.
- Unemployment and Public Works, Studies and Reports, Serie C, Nr. 15, Genf 1931.
- La Crise economique et la santé publique, Minaire preparé par la Section Hygyene, Genf 1932.
- Bericht des Internationalen Arbeitsamtes über die Kinder der Arbeitslosen, Genf 1933.
- Die Arbeitslosigkeit der Jugend, Studien und Berichte, Serie C, Genf 1935.
- L'Alimentation des travailleurs et la politique social, Etudes et Documents, Serie B, Nr. 23, Genf 1936.

Adnert, Franz: Worauf warten wir noch? Bekenntnis eines arbeitslosen Sozialisten, Wien 1932.

Aichhorn, August: Verwahrloste Jugend, Wien 1936.

Aldcroft, Derek H.: From Versailles to Wall Street 1919 - 1929, History of the World Economy in the Twenthieth Century, General Editor: Wolfram Fischer, London 1977.

Alterthum: Die Entstehungsgründe und Folgeerscheinungen der Arbeitslosigkeit in ihrem historischem Zusammenhang und der Entwicklung des Wirtschaftslebens im 19. Jahrhundert, Erlangen 1911.

Bakke, E. Wight: Citizens without work, London 1947.

Balakan, David: Die Selbstversorgung der Arbeitslosen durch Arbeitslose, Wien 1937.

Bauer, Otto: Die Wirtschaftskrise in Österreich, Wien 1924.

— Arbeit für 200 000 — Ein Wegweiser aus der Not, Wien 1933.

— Zwischen zwei Weltkriegen? — Die Krise der Weltwirtschaft, der Demokratie und des Sozialismus, Prag 1936.

Beermann, Fritz: Arbeitserschicksal und Kriminalität, in: Arbeitslosigkeit und Berufsnot der Jugend, Hrsg.: Deutscher Gewerkschaftsbund, Köln 1952.

Berchtold, Klaus (Hrsg.): Österreichische Parteiprogramme 1868 - 1966, Wien 1967.

Berlepsch-Valendas, Erwerbslosenfreizeit, Dresden 1927.

Bester, Hans: „Arbeitslosigkeit", in: Staatslexikon, Freiburg 1957.

Beveridge, William H.: Vollbeschäftigung in einer freien Gesellschaft, Wien 1948.

Böhmer, Karl: Das natürliche Gesetz der Arbeit — Die Ursachen der Arbeitslosigkeit und ihre Bekämpfung, München 1926.

Brauer, Theodor: Sozialpolitik und Sozialreform, Jena 1931.

Braunthal, Julius: Die Sozialpolitik der Republik, Wien 1919.

Butler, N.: Unemployment, New York 1931.

Butscheck, W.: Die Arbeitslosenversicherung, Probleme und Lösungen, Wien 1937.

Caplow, Theodor: Soziologie der Arbeit, Meisenheim 1958.

Chmelar, Hans: Höhepunkte der österreichischen Auswanderung, Wien 1974.

Conrad, Otto: Absatzmangel und Arbeitslosigkeit als Dauerzustand, Wien 1926.

Deter, W.: Arbeitsbeschaffung und Konjunkturpolitik, Berlin 1934.

Deutsch, Julius: Geschichte der österreichischen Gewerkschaftsbewegung, Wien 1975.

Diakow, J.: Der Arbeitsdienst im Rahmen der Bundesdienstpflicht in Österreich, Graz 1936.

Dobb, Maurice: Vollbeschäftigung und Kapitalismus, in: Organisierter Kapitalismus, Frankfurt 1973.

Dobretsberger, Josef: Bemerkungen zu den Arbeitsbeschaffungsplänen. Jahrbuch für Nationalökonomie und Statistik, 137. Bd., 1932.

— Sozialpolitik im neuen Staat, Wien 1936.

— Katholische Sozialpolitik am Scheideweg, Graz 1947.

Douglas, P. and *D. Aron:* The Problem of Unemployment, New York 1931.

Ertl, Ferdinand: Arbeitsdienstpflicht, Wien 1930.

Eßlinger: Der Zusammenhang zwischen Kriminalität und Teuerung, Diss., München 1927.

Fehlinger, H.: Das Arbeitslosenproblem und die Internationale Arbeitsorganisation, Jahrbuch für Nationalökonomie und Statistik, 135. Bd., 1931.

Feigl, F.: Die Verhinderung der Arbeitslosigkeit in der kapitalistischen Wirtschaft, Wien 1934.

Ferenczi, J.: Die Erwerbslosigkeit der geistigen Arbeiter, Generalbericht an das Assamblé Général de l'Association international pour la lutte contre le chômage, Luxemburg 1923.

Fiala, Otto: Die Sozialpolitik in Österreich nach dem I. und II. Weltkrieg mit besonderer Berücksichtigung der Gemeinde Wien, Diss., Wien 1947.

Fibich, Alexander: Die Entwicklung der österreichischen Bundesausgaben in der Ersten Republik (1918 - 1938), Diss. Wien 1977.

Forchheimer, Karl: Arbeitslosenfürsorge und Arbeitsvermittlung, in: 10 Jahre Wiederaufbau, Wien 1928.

— Arbeitslosenversichenrung, Wien 1932.

Freundlich, Emmy: Die industrielle Arbeit der Frau im Kriege, Wien 1918.

Gamilschegg, Othmar: Neue Heimat, Innsbruck 1925.

Gansterer, R.: Bildungsarbeit an erwerbslosen Jugendlichen, Wien 1935.

Gessmann, Albert: Wie werden wir uns ernähren? — Innenkolonisation — Agrarfrage — Ernährungsproblem, Wien 1932.

— Neues Bauen, neue Arbeit, Bauwirtschaftliche Maßnahmen zur Behebung der Arbeitslosigkeit in Österreich, Wien 1932.

— Neuland in Österreich, Wien 1935.

Gibbs, J. P.: Suicide, in: R. K. Merton and R. Nisbet, Contemporary Social Problems, New York 1961.

Good, William J.: After Divorce, Glencoe 1956.

— Soziologie der Familie, München 1973.

Graf, Otto: Die Lösung der Arbeitslosenfrage, Wien 1930.

Grotkopp, Wilhelm: Die große Krise. Lehren aus der Überwindung der Weltwirtschaftskrise 1929/32, Düsseldorf 1954.

Gruhle, H. W.: Die Ursachen der jugendlichen Verwahrlosung und Kriminalität, Berlin 1912.

Haden, Johann: Jugend in Not, Diss. Wien 1938.

Hammerl, Josef: Der Freiwillige Arbeitsdienst in Österreich, Wien 1934.

Haslinger, Gilberta: Das Problem der Jugendarbeitslosigkeit in Österreich, Diss., Graz 1952.

Hauer, Anita: Die Arbeitslosen und Ausgesteuerten in der Ersten Republik, Diss., Wien 1975.

Hautmann, Hans, Ferdinand *Hanusch:* Der Staatssekretär, in: Ferdinand Hanusch, ein Leben für den sozialen Aufstieg (1866 - 1923), Wien 1973.

Hanschik, Theodor: Gesetzliche Arbeitsdienstpflicht, Wien 1933.

Herrnstadt: Die Lage der arbeitslosen Jugend in Deutschland, Berlin 1931.

Hertz, Friedrich: Ist Österreich wirklich lebensfähig?, Wien 1921.

Hexter, M. B.: Social Consequences of Business Cycles, New York 1925.

Hilgendag, Walter: Das Erlebnis der Arbeitslosigkeit in der deutschen Erzählkunst der Krisenzeit, Hamburg 1941.

Hobson, J. A.: The Economics of unemployment, London 1922.

Industrielle Bezirkskommission Wien, Die Industrielle Bezirkskommission in Wien und ihre Arbeitsämter 1918 - 1928, Wien 1928.

Jores, H.: Die bedeutsamsten Versuche zur Lösung des Problems der Arbeitslosigkeit in Deutschland in der Vorkriegs-, Kriegs- und Nachkriegszeit, Krefeld 1927.

Kautsky, Benedikt: Geistige Strömungen im österreichischen Sozialismus, Wien 1933.

Kellogg, Paul W.: Case Studies of Unemployment, University of Pennsylvania, 1931.

Kelsen, Hans: Sozialismus und Staat — Eine Untersuchung der politischen Theorie des Marxismus, Wien 1965.

Kimml, Anton: Das größte Wiener Arbeitslosenhilfswerk „Jugend in Not“, Wien 1935.

— 5 Jahre „Jugend in Not“, Wien 1935.

Kindleberger, Charles P.: Die Weltwirtschaftskrise, Geschichte der Weltwirtschaft im 20. Jahrhundert, Hrsg. Wolfram Fischer, München 1973.

Klezl, Felix: Die Sozialpolitik in Österreich, Wien 1930.

Klopfer, B.: Jugendpflege an erwerbslosen Jugendlichen, Berlin 1926.

Kluth, Heinz: Der arbeitslose Jugendliche in seiner Bindung an die außerfamiliäre gesellschaftliche Umwelt, Berlin 1952.

Knoll, August: Der soziale Gedanke im modernen Katholizismus, Wien 1932.

Kolbinger, Josef: Die Arbeitslosigkeit als Weltstrukturkrise, Diss., Wien 1948.

Komarovsky, Mirra: The unemployed man and his family, New York 1940.

König, René: Die soziale und kulturelle Bedeutung der Ernährung in der industriellen Gesellschaft, in: René König, Soziologische Orientierungen, Vorträge und Aufsätze, Köln 1973.

— Der Beruf als Indiz sozialer Integration, in: Soziologische Orientierungen, Köln 1965.

— Soziologie und Jugendkriminalität, Kölner Zeitschrift für Soziologie und Sozialpsychologie, Sonderheft 2, Köln 1958.

Koppe, Fritz: Jugendarbeitslosigkeit und ihre Bekämpfung, Die gegenwärtige Situation in Österreich, Wien 1954.

Kranebitter, Heinrich: Sozialindikatoren und Arbeitslosigkeit in Österreich in den Jahren 1924 - 1937, DiplA, Wien 1976.

Krasnek, Jean: Der Weg zur Arbeitsbeschaffung, Wien 1933.

Kresbach, Robert: Die Stellung des Arbeiters als Konsument, Diss., Graz 1953.

Kreuz, Henrik: Soziologie der Jugend, München 1974.

Kruse, Alfred: Technischer Fortschritt und Arbeitslosigkeit, München 1936.

Kunschak, Leopold: Österreich, 1918 - 1934, Wien 1935.

— Die christliche Arbeiterbewegung, 45 Jahre im Dienste Östereichs, Wien 1937.

Lampl, A.: Notstandarbeiten oder Lohnabbau — Kritik der Wirtschaftstheorie an der Arbeitslosenpolitik, Jena 1927.

Laturner, Sybille und Bernhard *Schön* (Hrsg.): Jugendarbeitslosigkeit — Materialien und Analysen zu einem neuen Problem, Reinbek 1975.

Lazarsfeld, P.: Jugend und Beruf, Jena 1927.

Jahoda / Lazarsfeld / Zeisel, Die Arbeitslosen von Marienthal, Wien 1960.

Lederer, Emil: Technischer Fortschritt und Arbeitslosigkeit, Tübingen 1931.

— Technischer Fortschritt und Arbeitslosigkeit, Genf 1938.

Lederer, Max: Grundriß des österreichischen Sozialrechts, Wien 1932.

— Bedeutungsvolle Reformen in der österreichischen Sozialversicherung, Rom 1935.

Leipold, Peter: Technologische Arbeitslosigkeit, Diss. Wien 1970.

Leser, Norbert: Zwischen Reformismus und Bolchewismus, Der Austromarxismus als Theorie und Praxis, Wien 1968.

— Die Entwicklung des Demokratieverständnisses in Österreich, in: Heinz Fischer (Hrsg.), Das politische System Österreichs, Wien 1974.

— Das Linzer Programm und der 15. Juli 1927 als Höhepunkte austromarxistischer Politik, Wiss. Kommission des Theodor-Körner-Stiftungsfonds und des Leopold-Kunschak-Preises zur Erforschung der österreichischen Geschichte der Jahre 1927 - 1938, Tagung am 15. Juni 1977.

Liebich, Alfred: Begünstigende Faktoren und Maßnahmenerfolge der staatlichen Sozialpolitik (Deutsch)österreichs im Zeitraum November 1918 bis Juli 1919, Diss. Wien 1977.

Löwe: Arbeitslosigkeit und Kriminalität, Berlin 1914.

Lütge, Friedrich: Die Wohnungsausgaben und das Schwabsche Gesetz in den letzten großen haushaltsstatistischen Erhebungen, in: Jahrbuch für Nationalökonomie und Statistik, Jena 1930, 133. Bd.

Mahr, Alexander: Die Stadtrandsiedlung, Ihre Bedeutung für die Bekämpfung der Krise und die Sicherung ihres wirtschaftlichen Erfolgs, Wien 1933.

Malthus, Robert: Versuch über das Bevölkerungsgesetz, Berlin 1878.

Mason, Timothy W.: Sozialpolitik im Dritten Reich, Opladen 1977.

Mattik, Paul: Arbeitslosigkeit und Arbeitslosenbewegung in den USA 1929 - 1935, Frankfurt 1969.

Mayr, G. v.: Statistik und Gesellschaftslehre, Band 3, Moralstatistik, Tübingen 1917.

Merton, R. K. and R. *Nisbet*: Contemporary Social Problems, New York 1961.

Messner, Karl: Jugend in Arbeit, Wien 1936.

Millis, Henry and R. *Montgomery*: The Economics of Labour, Vol. II., Labour Risk's and Social Insurance, New York 1938.

Mittag, Julius: Das Problem der Arbeitslosigkeit und der Arbeitslosenfürsorge in der Wirtschafts- und Sozialgeschichte, Diss. Göttingen 1931.

Moses, Julius: Arbeitslosigkeit und Volksgesundheit, Berlin 1931.

Mullins, G. W.: Unemployment, The Gateway to a new Life, London 1929.

Münz, L.: Die gesamten Vorschriften über den Arbeitseinsatz nach dem Vierjahresplan, Berlin 1937.

Nadastiny, Franz: Die Arbeitslosigkeit und deren kriminelle Bedeutung, Wien 1905.

Neustädter-Stürmer, Odo: Arbeitsbeschaffung, Wien 1934.

— Die berufsständische Gesetzgebung, Wien 1936.

v. Oettingen, A.: Die Moralstatistik und ihre Bedeutung für eine Sozialstatistik, Erlangen 1882.

Paon, Marcel: L'immigration en France, Paris 1926.

Paul, Gerhard und Ali *Wacker:* Staatsloyalität und Krisenbewußtsein — ein marxistischer Deutungsversuch, in: Jugendarbeitslosigkeit, Sibille Laturner und Bernhard Schön (Hrsg.), Reinbek 1975.

Plessl, Josef: Die Nebenerwerbssiedlung — Ein Weg aus der Wirtschaftskrise, Wien 1934.

Pfister, Rudolf: Vorschläge zur Behebung der Arbeitslosigkeit in Österreich, Wien 1932.

Preiß, Fritz und Mathilde: Brasilien als Asyl für Auswanderer deutscher Zunge, Wien 1925.

Rager, Fritz: Das Inlandsarbeiterschutzgesetz vom 19. Dezember 1925, Wien 1927.

— Der wirtschaftliche Widersinn des Arbeitsdienstes, Wien 1931.

Resch, Josef: Die Arbeitslosenversicherung in Österreich, Wien 1932.

— Die volkswirtschaftliche Bedeutung der Sozialversicherung, Wien 1935.

— Einführung in die Sozialversicherung, Wien 1936.

Rice, S. A.: The effect of unemployment upon the worker and his family, in: Business Cycles and unemployment, Part I, New York 1923.

Rousseau, Jean Jaque: Emile ou de l'education, London 1774.

v. Schanz, C.: „Arbeitslosigkeit", in: Wörterbuch zur Volkswirtschaft, Jena 1911.

Schilder, S.: Der Streit um die Lebensfähigkeit Österreichs, Stuttgart, 1926.

Schmitz, Hans: Die Sozialpolitik im autoritären Staat, Wien 1934.

Schmitz, Richard: Der Weg zur berufsständischen Ordnung in Österreich, Wien 1934.

— Reden und Aufsätze, Wien 1936.

Schuster, Ludwig: Gesetzmäßigkeit der Wirtschaft und Sozialpolitik, Wien 1933.

Silberbauer, Gerhard: Österreichs Katholiken und die Arbeiterfrage, Graz 1966.

Sliberschatz, M.: Die Lösung des Arbeitslosenproblems, Wien 1926.

Slavetinsky, Franz: Ist die Rationalisierung Schuld an der Krise?, Wien 1934.

Smelser, Neil J.: Soziologie der Wirtschaft, München 1972.

Sorokin, Pitirim: Die Soziologie der Revolution, München 1928.

Soudeck, J.: Die sozialen Auswirkungen der Konjunkturschwankungen, Bonn, 1929.

Supanz, Walter: Aufgaben, Probleme und Ziele der Innenkolonisation, Diss., Graz 1951.

Szél, Jenö: Kapitalismus ohne Arbeitslose, Wien 1933.

Tiffany, D. W.: The unemployed, Englewood Cliffs N. Y., 1970.

Tucker, A. C.: Some Correlations of certain attitudes of the unemployed, New York 1940.

Ulmer, F.: Kritik des Arbeitsdienstes, Innsbruck 1934.

— Der Freiwillige Arbeitsdienst der Tiroler Landesregierung im Jahre 1933, Innsbruck 1934.

Vogl, Helmut: Die Entwicklung der österreichischen Arbeitslosenversicherung seit 1918 und die ökonomischen Auswirkungen, Diss. Wien 1950.

Österreichische Völkerbundliga, Preisausschreiben Arbeitsbeschaffung in Krisenzeiten, Wien 1933.

Wagemann, Ernst: Struktur und Rhythmus der Weltwirtschaft, München 1932.

Wandruska, Adam: Österreichs politische Struktur. Die Entwicklung der Parteien und politischen Bewegungen, in: Heinrich Benedikt (Hrsg.), Geschichte der Republik Österreich, Wien 1954.

Weinzirl, Erika: Österreichs Katholiken und die Arbeiterfrage, Wort und Wahrheit, Wien 1957.

Winkler, Wilhelm: Der Geburtenrückgang in Österreich, Wien 1935.

Woytinsky, Wladimir: Drei Ursachen der Arbeitslosigkeit, Das Zusammenwirken von Bevölkerungsbewegung, technischem Fortschritt und wirtschaftlicher Entwicklung, Leipzig 1935.

— Les conséquences sociales de la crise, Genéve 1936.

Wright, Q. (Hrsg.): Unemployment as a World Problem, Chicago 1931

Zöllner, Erich: Geschichte Österreichs, Wien 1974.

Aufsätze, Zeitungs- und Zeitschriftenartikel

O., Dr. A.: Das neue Arbeitsförderungsprogramm, Österreichischer Volkswirt, Bd. 1, 1936/37, S. 384.

— Wirtschaftslage und Wirtschaftspolitik, Österreichischer Volkswirt, Bd. 1 1936/37, S. 439.

Bauer, Stephan: Achtstundentag, Handwörterbuch der Sozialwissenschaften, Göttingen 1923.

Bergmann, J.: Neues Lohnbewußtsein und Septemberstreiks, Kritisches Jahrbuch 72, Frankfurt 1972, S. 176.

Bodmann: Alte und Junge auf dem Arbeitsmarkt, Soziale Praxis, 1933, Heft 44.

Böhm, Johann: Ist die Arbeitslosigkeit wirklich ein unlösbarer Problem?, Arbeit und Wirtschaft, 1931, S. 51.

Bolz, Walter: Nebenerwerbssiedlung für Kurz- und Vollarbeiter, Berlin 1934.

Busemann, Adolf: Die Wirkung väterlicher Erwerbslosigkeit auf die Schulleistung der Kinder, Zeitschrift für Kinderforschung, Bd. 40 1932.

Bujak, Hans: Arbeitsmarkt und Gütermarkt, Arbeit und Wirtschaft, 1926, S. 275.

C., N.: Rechtsfragen der Arbeitslosigkeit, Österreichischer Volkswirt, Bd. 2 1934, S. 738.

Camuzzi, Siegfried: Genf zur Arbeitslosigkeit, Die Industrie, 12. 6. 1931.

— Die Arbeitsdienstpflicht, Die Industrie, 29. 4. 1932.

Camuzzi, Siegfried: Zur 40-Stunden-Woche, Die Industrie, 28. 10. 1932.
— Die Arbeitszeitverkürzung in ihrer Wirkung auf den Lohn als Kostenfaktor und auf den Lohn als Einkommensfaktor, Die Industrie, 27. 1. 1933.

Cassel, G.: Wird Arbeitslosigkkeit durch Notstandsarbeiten verringert?, Soziale Praxis, 1926, S. 177.

Dollfuß, Engelbert: Der Weg aus der Wirtschaftskrise, Die Industrie, 5. 1. 1933.

Delannoy, R. M.: Ein Forschungsinstitut für Innenkolonisation, Österreichischer Volkswirt, Bd. 1 1927, S. 539.

Diakow, Jaromir: Staatlicher Arbeitsdienst, Wochenschrift des Niederösterreichischen Gewerbevereins, 1933, S. 925.

Drexler, Ludwig: Arbeitsschlacht und Privatwirtschaft, Die Wirtschaftspolitik, 15. 5. 1935.

Ehrhart, Robert: Volkswirtschaft und Arbeitslosigkeit, Die Industrie, 5. 12. 1925.

Ehrhardt: Kriminalität der Jugendlichen, Z. f. ges. Straf., Nr. 54, 1926.

Ehrlich, Otto: Burgenländische Grenzsicherung und Innenkolonisation, Arbeit und Wirtschaft, 1927, S. 359.

Eidlitz, Franz: Produktive Arbeitslosenfürsorge als Wirtschaftsproblem, Wochenschrift des Niederösterreichischen Gewerbeverein, 1923, S. 281.
— Die Arbeitslosenversicherungsreform, ein unentbehrlicher Bestandteil der Budgetstabilisierung!, Wochenschrift des Niederösterreichischen Gewerbevereins, 1931, S. 451.

Einspinner, Heinrich: Schafft Arbeit!, Neue Freie Presse, 1. 2. 1930.
— Arbeitsmöglichkeiten für den Freiwilligen Arbeitsdienst, in: Studenten und Arbeitslose im Arbeitsdienst, Hrsg. Studentischer Arbeitsdienst, Wien 1932.
— Neues vom Freiwilligen Arbeitsdienst, Wochenschrift des Niederösterreichischen Gewerbevereins, 1933, S. 484.

Fehlinger, H.: Die Arbeitslosenversicherung, eine internationale Übersicht, Jahrbuch für Nationalökonomie und Statistik, 138. Bd., 1933.

Forchheimer, Karl: Die Organisation der Arbeitslosenfürsorge in Österreich, Archiv für Sozialwissenschaft und Sozialpolitik, Bd. 48, Heft 3, Tübingen 1920/21.
— Arbeitslosenfürsorge und Arbeitsvermittlung in Österreich, Arbeit und Beruf, 1926, S. 2.
— Der Mondsche Plan der produktiven Arbeitslosenfürsorge, Arbeit und Beruf, 1926, S. 695.
— Die Industriellen Bezirkskommissionen, Arbeit und Beruf, 1928, S. 598.
— Die Reform der Sozialversicherung in Österreich, Arbeit und Beruf, 1931, S. 111.

Fuhs, R.: Die Vermeidung der Arbeitslosigkeit durch Verkürzung der Arbeitszeit, Soziale Praxis, 1933, Heft 10, S. 365.

Gaebl, Käthe: Die Zusammensetzung der weiblichen Arbeitslosen, Soziale Praxis, 1934, Heft 28, S. 834.
— Krisis des Frauenstudiums, Arbeit und Beruf, 1932, S. 302.

Gasteiger, Else: Schwierigkeiten bei der Vermittlung der weiblichen Arbeitslosen, Arbeit und Wirtschaft, 1929, S. 324.

Giese, Gerhard: Volksbiologische Schulpolitik, Soziale Praxis, 1934, Heft 3, S. 86.

Görlich, N.: Das Recht auf Arbeit, Die Wirtschaftspolitik, 1. 9. 1934.

Hauser, P. M. und R. B. *Pearl*: Who are the unemployed, Journal of the American Statistic Association, New York 1950.

Hermens, F. A.: Öffentliche Investitionen und Konjunkturumschwung, Österreichischer Volkswirt, Bd. 2 1935, S. 543.

Herrnstadt: Einige Angaben über Doppelverdiener, Arbeit und Beruf, 1931, S. 85.

Hessler, O.: Die Verlängerung der Schulzeit als Mittel zur Entlastung des Arbeitsmarktes, Gewerkschaftszeitung, 22. 1. 1927.

Hönig, Fritz: Krise und Einkommen, Österreichischer Volkswirt, Bd. 1 1935/36, S. 443.

— Wiener Investitions- und Steuerpolitik, Österreichischer Volkswirt, Bd. 1 1937/38, S. 194.

Jacoby: Kriminalität der Jugendlichen, Z. f. ges. Strafw., Nr. 54, S. 671.

Jakonicq, Guido: Arbeitsbeschaffung durch Erweiterung des Exportvolumens, Die Industrie, 5. 1. 1933.

Jellinek, Josef: Aus- und Einwanderung in Österreich, Österreichischer Volkswirt, Bd. 2 1925, S. 965.

— Reform der Arbeitslosenversicherung, Österreichischer Volkswirt, Bd. 2 1926, S. 1081.

— Die sozialpolitische Belastung der Volkswirtschaft, Österreichischer Volkswirt, Bd. 2 1927/28, S. 623.

— Die österreichische Arbeitslosigkkeit, Österreichischer Volkswirt, Bd. 1 1929/30, S. 430.

— Sozialversicherung, Löhne, Preise, Österreichischer Volkswirt, Bd. 1, 1930/31, S. 301.

Kahn, R. F.: The relation of home investment to employment, Economic Journal, Juni 1931.

Kallbrunner, Hermann: Arbeitslosigkeit und Kleinbauern, Österr. Volkswirt, Bd. 2, 1930, S. 737.

Kastner, J.: Die Auswirkungen des Geburtenrückgangs, Arbeit und Beruf, 1930, S. 501.

Kautzky, Benedikt: Wirtschaftliche Entwicklung und Berufsberatung, Arbeit und Beruf, 1930, S. 480.

— Der Haushalt der Arbeiter und Angestellten in der Krise, Arbeit und Wirtschaft, 1931, S. 53.

Keller, Hans: Arbeitsmarktpolitik in Österreich, Arbeit und Beruf, 1926, S. 439.

— Das österreichische Arbeiterversicherungsgesetz, Arbeit und Beruf, 1927, S. 464.

— Arbeitslosigkeit in Österreich, Arbeit und Beruf, 1928.

— Der Freiwillige Arbeitsdienst im Jahre 1934, Die Wirtschaftspolitik, 15. 11. 1934.

— Der Arbeitsdienst in Österreich, Soziale Praxis, Heft 46 1934, S. 1380.

Kerschagl, Richard: Die Steuerbelastung der Wirtschaft in Österreich, Die Industrie, 25. 1. 1929.

Kerschagl, Richard: Probleme der Arbeitsbeschaffung, Die Industrie, 24. 2. 1933.

Korompay, Alfred: Die Wandlung der Arbeitslosenversicherung in den Jahren 1918 - 1928, Arbeit und Beruf, 1928, S. 600.

Kral, Beno: Ist Arbeitslosigkeit gleichbedeutend mit Erwerbslosigkeit?, Arbeit und Beruf, 1929, S. 259.

Kröll, Michael: Die Arbeitslosigkeit in den nächsten Jahren, Österreichischer Volkswirt, Bd. 1 1928/29, S. 567.

— Ist die Rationalisierung Schuld an der Krise, Österreichischer Volkswirt, Bd. 1 1934/35, S. 484.

Kuhn, Carl: Produktive Arbeitslosenfürsorge in Österreich, Arbeit und Beruf, 1928, S. 608.

Leichter, Käthe: Frauenarbeit und Berufswahl im Zeichen der Arbeitslosigkeit, Arbeit und Beruf, 1931, S. 202.

Leinweber, Bruno: Innenkolonisation, Österreichischer Volkswirt, Bd. 2 1929, S. 756.

Leinweber, Fritz: Freiwilliger Arbeitsdienst und Allgemeine Arbeitsdienstpflicht, „Tat", März 1932.

Lüdy, Elisabeth: Die Notlage der wissenschaftlichen, sozialen und pädagogischen Berufe, Arbeit und Beruf, 1932.

Mahler, Robert: Überwindung der Arbeitslosigkeit, Die Wirtschaftspolitik, 1. 1. 1935.

Margaretha, Eugen: Arbeitsbeschaffung für die abgerüsteten Schutzkorpsangehörigen, Die Industrie, 23. 3. 1934.

Martell, P.: Zur Geschichte der Arbeitslosigkeit, Arbeit und Beruf, 1933, S. 337.

Meister, Oscar: Die Bedeutung des Doppelverdieners für den Arbeitsmarkt, Arbeit und Beruf, 1928, S. 18.

— Arbeitslosigkeit und Kriminalpolitik, Arbeit und Beruf, 1930, S. 388.

Metzky, Ernst: Um das neunte Schuljahr, Arbeit und Beruf, 1931, S. 57.

Mire, Josef: Arbeitsdienst und Arbeitslosigkeit, Arbeit und Wirtschaft, 1932, S. 681.

Neustädter-Stürmer, Odo: Der Freiwillige Arbeitsdienst in Österreich, Die Wirtschaftspolitik, 1. 8. 1934.

Nolde: Maßnahmen zur Bekämpfung der Not der arbeitslosen Jugend, Arbeit und Beruf, 1931, S. 89.

Palla, Edmund: Ein Jahr Arbeitslosenfürsorge in Österreich, Amtliche Nachrichten des Staatsamtes für soziale Fürsorge, 1919, S. 845.

— Für die Arbeitslosen, Arbeit und Wirtschaft, 1927, S. 608.

— Unsere Pflicht gegenüber den Arbeitslosen, Arbeit und Wirtschaft, 1931, S. 266.

— Das Problem der Arbeitslosigkeit in Österreich, Neue Freie Presse, 12. 1. 1931.

Pallasmann, Karl: Innenkolonisation, Stadtrandsiedlung und Krisensiedlung, sowie gartenwirtschaftliche Siedlung, Die Wirtschaftspolitik, 15. 12. 1935.

Preiß, Fritz: Das Arbeitslosenproblem und die Auswanderungsfrage, Wirtschaftliche Nachrichten für Handel, Gewerbe und Industrie, Wien, 8. Juni 1925.

Preiß, Fritz: Arbeitsvermittlung durch Beschaffung von Arbeitsgelegenheiten im Ausland (Übersee), Arbeit und Beruf, 1927, S. 493.

Pribram, Karl: Die Arbeitslosenfürsorge in Deutsch-Österreich, Österreichischer Volkswirt, Bd. 1 1918/19, S. 453.

— Die gesetzliche Regelung der Arbeitslosenunterstützung, Österreichischer Volkswirt, Bd. 2 1920, S. 542.

— Die Sozialpolitik im neuen Österreich, Archiv für Sozialwissenschaft und Sozialpolitik, 48. Bd., Tübingen 1920/21.

Rager, Fritz: Das sozialpolitische Werk Ferdinand Hanusch, Arbeit und Wirtschaft, 1923, S. 770.

— Das Inlandsarbeiterschutzgesetz angenommen, Arbeit und Wirtschaft, 1926, S. 19.

— Die Bedeutung der Auswanderung für Österreich, Arbeit und Beruf, 1926, S. 309.

— Die Altersfürsorgenrente, Arbeit und Wirtschaft, 1927, S. 539.

— Die Altersfürsorgerente, Arbeit und Wirtschaft, 1927, S. 539.

— Neue Richtlinien für die produktive Arbeitslosenfürsorge, Arbeit und Wirtschaft, 1927, S. 582.

— Geburtenrückgang und Arbeitsmarkt, Arbeit und Beruf, 1929, S. 32.

— Die österreichische Auswanderung nach Frankreich, Österreichischer Volkswirt, Bd. 1 1929/30, S. 458.

— Auswanderung und Arbeitsvermittlung, Arbeit und Beruf, 1931, S. 241.

Reinermann, Wilhelm: Berufsschicksal der erwerbslosen Handwerksjugend, Soziale Praxis, 1933, Heft 24.

Resch, Josef: Der Freiwillige Arbeitsdienst, Die Reichspost, 21. 8. 1932.

Roth, Rudolf: Lohnpolitik und Arbeitslosigkeit, Wochenschrift des Niederösterreichischen Gewerbevereins, 1931, S. 251.

Rothschild, Kurt W.: Staatengröße und Lebensfähigkeit, Das Beispiel Österreichs, Zeitschrift für Nationalökonomie, Bd. XIX, 1959.

Saitzew, Michael: Die Arbeitslosigkeit der Gegenwart, Schriften des Vereins für Sozialpolitik, München, 1932.

Schlesinger, Therese: Doppelverdiener, Arbeit und Wirtschaft, 1926, S. 93.

Schmitz, Richard: Die Arbeitsbeschaffung durch die Stadt Wien, Die Wirtschaftspolitik, 1. 8. 1934.

Schmölders, Günter: Kriminalität und Konjunktur, Jahrbuch für Nationalökonomie und Statistik, 128. Bd., 1928.

Schneider, Theodor: Soziale Verwaltung und Budgetberatung, Die Industrie, 14. 11. 1925.

— Die Auswirkungen des jetzigen Arbeitslosenversicherungsgesetzes auf die Wirtschaft, Arbeit und Beruf, 1928, S. 127.

Schorsch, Johann: Wirtschaftskrise und Arbeitslosigkeit, Arbeit und Wirtschaft, 1930, S. 922.

— Wirtschaftskrise, Arbeitslosigkeit und Gewerkschaft, Wien 1931.

— Die Notwendigkeit der Arbeitsbeschaffung, Arbeit und Wirtschaft, 1932, S. 16.

Seipel, Ignaz: Europäische Wirtschaftsfragen, Die Industrie, 13. 3. 1926.

Steinhardt-Radlow, Hugo: Die geregelte Zuführung der Jugend in das Erwerbsleben, ein Dienst an der Wirtschaft, Die Wirtschaftspolitik, 15. 12. 1934.

Strigl, Richard: Arbeitslosenversicherungsnovelle, Österreichischer Volkswirt, Bd. 2 1930, S. 877.

— Der Aufbau des österreichischen Arbeitsmarktes, Monatsberichte des österreichischen Instituts für Konjunkturforschung, 1932, Heft 6.

— Der Nachwuchs auf dem österreichischen Arbeitsmarkt, Monatsberichte des österreichischen Instituts für Konjunkturforschung, 1937, Heft 2.

Streeruwitz, Ernst: Ursachen und Bekämpfung der Arbeitslosigkeit, Wochenschrift des Niederösterreichischen Gewerbevereins, 1933, S. 364.

Stark, Eduard: Wert und Unwert der Arbeitslosenstatistik, Österreichischer Volkswirt, Bd. 2 1937, S. 688.

Tippelmann: Über die Auswirkung der Arbeitslosigkeit auf die Jugendlichen, Freie Wohlfahrtspflege VI, Berlin, 7. 10. 1931.

Temin, Peter: General-Equilibrium Models in Economic History, Journal of Economic History 31, 1971.

Tumin, Melvin: Schichtung und Mobilität, München, 1975.

Tumlirz, Otto: Die Berufsnot der studierenden Jugend, Arbeit und Beruf, 1932, S. 159.

Uhlirs, Julius: Abbau der Arbeitslosen durch Innenkolonisation, Arbeit und Wirtschaft, 1932, S. 173.

Uranitsch, Egon: Das österreichische Invalidenbeschäftigungsgesetz, Arbeit und Beruf, 1927, S. 234.

— Der Arbeitsnachweis in den Ländern Österreichs, Arbeit und Beruf, 1928, S. 605.

— Stellungnahmen der Wirtschaftsorganisationen zum Reformentwurf der Sozialversicherung, Arbeit und Beruf, 1931, S. 114.

— Der Entwurf der Novelle zum Arbeitslosenversicherungsgesetz, Arbeit und Beruf, 1931, S. 194.

— Grundsätzliches zum Freiwilligen Arbeitsdienst, in: Studenten und Arbeitslose im Arbeitsdienst, Hrsg. Studentischer Arbeitsdienst, Wien 1932.

Urban, Ludwig: Arbeitsbeschaffung als industrielles Problem, Die Wirtschaftspolitik, 13. 11. 1934.

Weidenhoffer, Emanuel: Die sozialpolitische Belastung der österreichischen Volkswirtschaft, Die Industrie, 17. 2. 1928.

Wilhelm, Julius: Innenkolonisation, Österreichischer Volkswirt, Bd. 1 1924/25, S. 625.

— Arbeitslohn, Arbeitszeit und Arbeitslosigkeit, Österreichischer Volkswirt, Bd. 1 2925/26, S. 242.

— Auswanderung oder Innenkolonisation, Österreichischer Volkswirt, Bd. 2 1927/28, S. 681.

Willeke, Eduard: Über Wesen und Begriff der Arbeitslosigkeit, Arbeit und Beruf, 1927, S. 3.

— Arbeitslosigkeit, in: Handwörterbuch der Sozialwissenschaften, Göttingen 1956, S. 305.

Wlcek, Franz: Zwangsverordnung über die Beschäftigung von Arbeitern, Österreichischer Volkswirt, Bd. 1 1926/27.

Wolf Georg: Auswirkungen der Arbeitslosigkeit auf die Volksernährung, Arbeit und Wirtschaft, 1931, S. 75.

Woytinsky, Wladimir: Arbeitslosigkeit und Kurzarbeit, Jahrbuch für Nationalökonomie und Statistik, 134. Bd., 1931.

— Das Gebot der Stunde: Arbeitsbeschafftung, Arbeit und Wirtschaft, 1932, S. 163.

Zell, Otto: Bewirtschaftung des Arbeitsmarktes, Österreichischer Volkswirt, Bd. 2 1938, S. 596.

Zwiedenick-Südenhorst: Beiträge zur Erklärung der strukturellen Arbeitslosigkeit, Vierteljahresschrift zur Konjunkturforschung, Ergänzungsheft 2, Berlin 1927.

Ohne Autorenangabe

— Wirtschaftsrechnungen von Wiener Arbeiterfamilien, Arbeitsstatistisches Amt, Wien 1916.

— Bericht des Vollzugsausschusses über Arbeitsvermittlung und Arbeiterschutz, Sten. Protokolle des provisorischen Nationalrats, 30. 10. 1918.

— Die Fortführung der Arbeitslosenfürsorge in Deutschösterreich. Amtliche Nachrichten des Staatsamtes für soziale Fürsorge, Wien 1919, S. 167.

— Die Wiederaufbauarbeit in Frankreich und die deutschösterreichische Bauindustrie, Wochenschrift des Niederösterreichischen Gewerbevereins, 1919, S. 296.

— Bericht des Ausschusses für soziale Verwaltung betreffend das Gesetz über die Unterstützung der Arbeitslosen, Sten. Protokolle der konstituierenden Nationalversammlung, 783 der Beilagen, 1920.

— Gesetz über die Arbeitslosenversicherung, Amtliche Nachrichten des Bundesministeriums für soziale Verwaltung, Wien 1920.

— Erläuternde Bemerkungen zum Gesetz über die Arbeitslosenversicherung, Sten. Protokolle des Nationalrats, 680 der Beilagen, 1920.

— Die Forderungen der Arbeitslosen, Arbeiterzeitung, Wien, 15. 2. 1922.

— Die Organisation der Arbeitslosen, Arbeiterzeitung, Wien, 24. 3. 1923.

— Arbeitslose Jugendliche in Lehrlingsheimen, Arbeit und Wirtschaft, 1923, S. 262.

— Herbergen für Arbeitslose auf dem flachen Lande, Arbeit und Wirtschaft, 1923, S. 852.

— Unemployment and Child Welfare, US Department of Labour, Childrens Bureau, Bureau Publication 125, New York 1923.

— Bericht des Bundesministers für soziale Verwaltung an den Nationalrat über die Ergebnisse der Produktiven Arbeitslosenfürsorge 1923, Amtliche Nachrichten des Bundesministeriums für Soziale Verwaltung, 1924, S. 79.

— Wer ist das „Zentralarbeitslosenkomitee"?, Arbeiterzeitung, 15. 3. 1925.

— Zeitweilige Beschränkung der Einstellung und Beschäftigung ausländischer Arbeiter und Angestellter in Österreich, Amtliche Nachrichten des Bundesministeriums für Soziale Verwaltung, 1925, S. 256.

— Der Mond-Plan, Österreichischer Volkswirt, Bd. 1 1925/26, S. 410.

— Bund und Gemeinde, Österreichischer Volkswirt, Bd. 1 1925/26, S. 608.

— Abänderung des österreichischen Arbeitslosenversicherungsgesetzes, Amtliche Nachrichten des Bundesministeriums für Soziale Verwaltung, 1926, S. 149.

— Die freien Gewerkschaften und die Arbeitslosen, Arbeit und Wirtschaft, 1026, S. 206.
— Arbeitslosigkeit und Innenkolonisation, Arbeit und Wirtschaft, 1926, S. 628.
— Die Auswanderung nach Frankreich, Arbeit und Wirtschaft, 1926, S. 629.
— Eine bewegte Debatte im Nationalrat, Die Reichspost, 1. 7. 1926.
— Im Kampf gegen die Arbeitslosigkeit, Maßnahmen des Arbeitsamtes Düsseldorf, Herausgegeben vom Verwaltungsausschuß des öffentlichen Arbeitsnachweises Düsseldorf Stadt und Land, Düsseldorf 1926.
— Das Alter der Arbeitslosen Frauen, Arbeit und Wirtschaft, 1927, S. 757.
— Rücküberführung Arbeitsloser in die Landwirtschaft, Amtliche Nachrichten des Bundesministeriums für Soziale Verwaltung, 1927, S. 46.
— Die Produktive Arbeitslosenfürsorge 1926, Amtliche Nachrichten des Bundesministeriums für Soziale Verwaltung, 1927, S. 186.
— Arbeitslosigkeit, Österreichischer Volkswirt, Bd. 2 1927/28, S. 282.
— Überführung von Industriearbeitern in die Landwirtschaft, Arbeit und Wirtschaft, 1928, S. 107.
— Ist die Arbeit der verheirateten Frau zu verbieten?, Arbeit und Wirtschaft, S. 297.
— Arbeitslosigkeit, Österreichischer Volkswirt, Bd. 2 1929, S. 1039.
— Altersfürsorge, Österreichischer Volkswirt, Bd. 2 1929, S. 1149.
— Hilfsprogramm der Gewerkschaften gegen Arbeitslosigkeit, Österreichischer Volkswirt, 1929/30, Bd. 1, S. 419.
— Überstundenarbeit und Doppelverdiener, Amtliche Nachrichten des Bundesministeriums für Soziale Verwaltung, 1930, S. 142.
— Memorandum der Gewerkschaften an die Bundesregierung, Wien, 8. 1. 1930.
— Über ein Viertel der Arbeiterschaft feiert, Neue Freie Presse, 8. 2. 1930.
— 15 000 österreichische Arbeiter nach Frankreich, Neue Freie Presse, 25. 4. 1930.
— Die Decke ist zu kurz, Neue Freie Presse, 13. 12. 1930.
— Brot der Schauspiele, Die Reichspost, 17. 12. 1930.
— Verkürzung der Arbeitszeit, Österreichischer Volkswirt, Bd. 1 1930/31, S. 563.
— Doppelverdiener, Österreichischer Volkswirt, Bd. 1 1930/31, S. 610.
— Die Not der österreichischen Jugend, Neue Freie Presse, 4. 2. 1931.
— Die Kolonisierungspläne des Minister Thaler, Neue Freie Presse, 26. 2. 1931.
— Nicht die Hoffnung fallen lassen, Die Reichspost, 7. 3. 1931.
— Arbeitslosigkeit und Volksgesundheit, Arbeit und Wirtschaft, 1931, S. 75.
— Das Schicksal der notstandsunterstützten Frauen, Arbeit und Wirtschaft, Wien 1931, S. 129.
— Erläuterungen zur XXIV. Novelle des Arbeitslosenversicherungsgesetzes, Amtliche Nachrichten des Bundesministeriums für Soziale Verwaltung, 1931, S. 200.
— Enquête über die Verkürzung der Arbeitszeit, Amtliche Nachrichten des Bundesministeriums für Soziale Verwaltung, 1932, S. 52.
— Ein Programm des Lebenswillens — Die Regierungserklärung im Nationalrat, Die Reichspost, 28. 5. 1932.
— Wirtschaftskrise und Gesundheitszustand, Arbeit und Wirtschaft, 1932, S. 500.

— Schulkinder als Opfer der Krise, Neue Freie Presse, 13. 10. 1932.
— Bemerkungen zum Arbeitslosenproblem, Neue Freie Presse, 23. 11. 1932.
— Arbeitslosenelend, Österreichischer Volkswirt, Bd. 1 1932/33, S. 222.
— Arbeitsbeschaffungsplan der Industriellen, Österreichischer Volkswirt, Bd. 1 1932/33, S. 474.
— Arbeitsbeschaffungsplan der Arbeiterkammer, Österreichischer Volkswirt, Bd. 1 1932/33, S. 599.
— Die gesundheitlichen Wirkungen der Weltwirtschaftkrise, Soziale Praxis, 1933, Heft 18, S. 554.
— Maßnahmen gegen die Überfüllung der akademischen Berufe und der höheren Schulen, Soziale Praxis, 1933, Heft 19, S. 595.
— Wirkungen der Arbeitslosigkeit in England, Soziale Praxis, 1933, Heft 24, S. 736.
— Verteilung der Arbeitsplätze — Frauenarbeit, Soziale Praxis, 1933, Heft 43, S. 1237.
— So leben die Arbeitslosen, Arbeiterzeitung, 30. 7. 1933.
— Weltverband zur Bekämpfung der Arbeitslosigkeit, Neue Freie Presse, 24. 10. 1933.
— Eheprämie zur Erleichterung des Arbeiterinnenabbaus, Arbeit und Wirtschaft, 193, S. 224.
— Der Freiwillige Arbeitsdienst, Arbeit und Wirtschaft, 1933, S. 242.
— Die Verschlechterung der Arbeitslosenfürsorge, Österr. Volkswirt, Bd. 2 1933, S. 670.
— Arbeitsbeschaffungsprogramm des Niederösterreichischen Gewerbevereins, Österreichischer Volkswirt, Bd. 2 1933, S. 696.
— Zur Frage der Arbeitsbeschaffung, Wochenschrift des Niederösterreichischen Gewerbevereins, 1933, S. 434.
— Erhebung der Kammer für Arbeiter und Angestellte für Tirol und Vorarlberg über die Lebensverhältnisse Arbeitsloser, 1933.
— Der Aufbau des österreichischen Siedlungswerkes, Österreichisches Kuratorium für Wirtschaftlichkeit, Wien 1933.
— Handbuch der Frauenarbeit in Österreich, Wien 1933.
— Die Entwicklung der österreichischen Wirtschaft 1923 - 1932, Österreichisches Institut für Konjunkturforschung, Wien 1933.
— Treffer-Anleihe, Österreichischer Volkswirt, Bd. 1 1933/34, S. 130.
— Öffentliche Arbeiten, Österreichischer Volkswirt, Bd. 1 1933/34, S. 352.
— Arbeitsvermittlung von abgerüsteten Schutzkorpsangehörigen, Österreichischer Volkswirt, Bd. 1 1933/34, S. 556.
— Reform der Sozialversicherung, Österreichischer Volkswirt, Bd. 1 1933/34, S. 556.
— Arbeitslosigkeit und Jugend, Soziale Praxis, 1934, Heft 47, S. 1399.
— Die Bestimmungen für die Beurteilung der Gefährdung des Lebensunterhalts, der Notlage und der besonderen Notlage, Industrielle Bezirkskommission Wien, 1934.
— Arbeitsvermittlung abgerüstete Schutzkorpsangehöriger, Amtliche Nachrichten des Bundesministeriums für soziale Fürsorge, 1934, S. 68 und S. 153.
— Arbeitsdienst und Höhenstraße, Österreichischer Volkswirt, Bd. 1 1934/35, S. 45.
— Arbeitslosenfürsorge, Amtliche Nachrichten des Bundesministeriums für Soziale Verwaltung, 1935, S. 193.

— Die Lage der schulentlassenen Jugend in Österreich mit besonderer Berücksichtigung Steiermarks, Lehrlings-, Jugend- und Berufsfürsorge, Nr. 1/2, Wien 1935.
— Das Programm der Arbeitsschlacht, Die Wirtschaftspolitik, 15. 5. 1935.
— Beschränkung der Arbeit von Ausländern in europäischen Ländern, Soziale Praxis, 1935, Heft 22, S. 650.
— Arbeitslosigkeit der Jugendlichen und Verlängerung der Schulpflicht, Soziale Praxis, 1935, Heft 28, S. 723.
— Berufliche Bildungsmaßnahmen für arbeitslose Jugendliche im Ausland, Soziale Praxis, 1935, Heft 27, S. 793.
— Über die Lebensverhältnisse Arbeitsloser in Polen, Soziale Praxis, 1935, Heft 45, S. 1299.
— Vierzigstundenwoche in Österreich, Österreichischer Volkswirt, Bd. 2 1935, S. 517.
— Wiener Arbeitsschlacht, Österreichischer Volkswirt, Bd. 2 1935, S. 557.
— Die Arbeitsanleihe, Österreichischer Volkswirt, Bd. 2 1935, S. 576.
— Unsichtbare Arbeitslosigkeit, Österreichischer Volkswirt, Bd. 2 1935, S. 617.
— Öffentliche Meinung und Doppelverdiener, Österreichischer Volkswirt, Bd. 1 1935/36, S. 681.
— Bewegung der Realeinkommen, Österreichischer Volkswirt, Bd. 1 1936/37, S. 225.
— Arbeitslosigkkeit der Jugendlichen, Österreichischer Volkswirt, Bd. 2 1936, S. 657.
— Einkommensverwendung, Östereichischer Volkswirt, Bd. 1 1936/37, S. 225.
— Akademikernot, Österreichischer Volkswirt, Bd. 1 1936/37, S. 337.
— Einfluß der Arbeitslosigkeit auf die Lebenshaltung des Arbeiters, Soziale Praxis, 1938, Heft 5, S. 278.
— Österreichs Wirtschaftsnot und Wirtschaftspolitik vor der Eingliederung in das Deutsche Reich, Monatsberichte des österreichischen Instituts für Konjunkturforschung, 11. 4. 1938, S. 86.
— Trotz Arbeitsbeschaffung Volksverelendung, Österreichischer Volkswirt, Bd. 2 1938, S. 493.
— Kräftige Arbeitsmarktentlastung, Österreichischer Volkswirt, Bd. 2 1938, S. 589.
— Erfolg am Arbeitsmarkt, Österreichischer Volkswirt, Bd. 2 1938, S. 603.
— Arbeitsbeschaffung und Steigerung der Kaufkraft in der Ostmark, Österreichischer Volkswirt, Bd. 2 1938, S. 700.
— „Arbeitslosigkeit", Brockhaus Enzyklopädie, Wiesbaden 1966.
— „Arbeitslosigkeit", Meyers Enzyklopädisches Lexikon, Mannheim 1971.

Statistiken

— Österreichische Betriebszählung 1930, Bundesamt für Statistik, Wien 1931.
— Österreichische Volkszählung 1934, Bundesamt für Statistik, Wien 1935.
— Haushaltsstatistiken von Wiener Arbeiterfamilien, Kammer für Arbeiter und Angestellte für Wien, Wien 1925 - 1938.
— Statistische Handbücher für die Republik Österreich, Bundesamt für Statistik, Wien 1919 - 1938.
— Statistik zur Arbeintslosenversicherung, Bundesministerium für Soziale Verwaltung, Wien 1929 - 1934.

Zeitschriften und Periodika

Amtliche Nachrichten des Bundesministeriums für Soziale Verwaltung, Wien.

Arbeit und Beruf — Halbmonatszeitschrift für Fragen des Arbeitsmarktes und der Erwerbslosenfürsorge, Wien - Berlin.

Arbeit und Wirtschaft, Wien.

Arbeiterschutz, Wien.

Arbeitsschlacht, Wien.

Arbeiterzeitung, Wien.

Archiv für Sozialwissenschaft und Sozialpolitik, Tübingen.

Schriftenreihe „Blauer Adler", Wien.

Der Stempler, Wien.

Jahrbuch für Nationalökonomie und Statistik, Jena.

Österreichische Jahrbuch, Bundespressedienst, Wien.

Wirtschaftsstatistisches Jahrbuch der Kammer für Arbeiter und Angestellte für Wien.

Internationale Rundschau der Arbeit, Internationales Arbeitsamt, Berlin.

Der jugendliche Arbeiter, Zeitschrift für die Interessen der Arbeiterjugend, Wien.

Lehrlingsschutz, Arbeiterkammer Wien.

Zeitschrift für Lehrlings-, Jugend- und Berufsfürsorge, Arbeiterkammer Wien.

Monatsberichte des Österreichischen Instituts für Konjunkturforschung, Wien.

Neue Freie Presse, Wien.

Die Reichspost, Wien.

Soziale Praxis — Zentralblatt für Sozialpolitik und Wohlfahrtspflege, Berlin.

Der Österreichische Volkswirt, Wien.

Die Wirtschaftspolitik, Wien.

Stenographische Protokolle des österreichischen Nationalrats

1918:	2. Sitzung	30. 10. 1918
	5. Sitzung	22. 11. 1918
	11. Sitzung	9. 12. 1918
1922:	105. Sitzung	3. 5. 1922
	114. Sitzung	7. 6. 1922
	139. Sitzung	19. 7. 1922
1923:	169. Sitzung	20. 2. 1923
1926:	136. Sitzung	12. 3. 1926
	149. Sitzung	30. 6. 1926
	106. Sitzung	24. 11. 1926
1930:	118. Sitzung	29. 1. 1930
	138. Sitzung	11. 6. 1930
	5. Sitzung	16. 12. 1930
	8. Sitzung	30. 12. 1930
1931:	13. Sitzung	10. 2. 1931
	21. Sitzung	6. 3. 1931
	46. Sitzung	30. 9. 1931
1932:	89. Sitzung	1. 7. 1932
	98. Sitzung	17. 8. 1932
	106. Sitzung	24. 11. 1932